재미한인 기업의 네트워크

재미한인 기업의 네트워크

**저자**

**임채완** 전남대학교 정치외교학과 교수, 전남대학교 세계한상·문화연구단 단장, 정치사회학박사
Chaewan Lim

**장선미** 원광대학교 국제통상학부 전임강사, 경영학박사
Sunmi Chang

**김태기** 전남대학교 경제학부 교수, 경제학박사
Taegi Kim

**손기형** 전남대학교 경영학부 교수, 경영학박사
Kihyoung Son

**이승준** 전남대학교 경제학부 교수, 경제학박사
Seungjun Lee

**홍성우** 전남대학교 경제학부 교수, 경제학박사
Seongwoo Hong

전남대학교 세계한상·문화연구 3차총서 **1**

# 재미한인 기업의 네트워크

2007년 12월 20일 초판 인쇄
2007년 12월 25일 초판 발행

지 은 이 　임채완, 장선미, 김태기, 손기형, 이승준, 홍성우
펴 낸 이 　이찬규
펴 낸 곳 　**북코리아**
등록번호 　제03-01240호
주　　소 　121-020 서울시 마포구 공덕동 115-13번지 201호
전　　화 　(02) 704-7840
팩　　스 　(02) 704-7848
이 메 일 　sunhaksa@korea.com
홈페이지 　www.ibookorea.com

값 13,000원

ISBN 978-89-92521-48-2 94320
ISBN 978-89-92521-47-5 (전11권)



이 총서는 2003년도 한국학술진흥재단의 지원에 의하여 연구되었음.
(KRF-2003-072-BL2002)

전남대학교 세계한상·문화연구 3차총서 **1**

# 재미한인 기업의 네트워크

## Korean-American Business Network

임채완, 장선미, 김태기, 손기형, 이승준, 홍성우 지음

북코리아

21세기에 들어서 세계적으로 가속화되고 있는 초국가적인 인구이동과 더불어 다문화시대가 도래하면서 민족간 공생의 개념이 점점 확산되고 있다. 이러한 시대적 배경 속에서 이 총서는 2003년 9월 한국학술진흥재단 기초학문육성사업 인문사회과학 분야의 연구과제로 선정된 전남대 세계·한상문화연구단의 '세계한상네트워크 구축과 한민족공동체 조사연구' 사업의 3차년도 연구성과를 집약하여 출판한 것이다.

이번에 출판으로 완성된 3차년도 연구과제는 제1차년도 재외한인 사회의 경제환경 및 문화영역, 제2차년도 재외한인 기업의 경영활동 및 사회·문화영역에 이어 각 영역별로 재외한인의 네트워크 실태를 진단하고 지구적 차원에서 민족네트워크 구축을 위한 전략 및 구체적인 대안을 제시하는 데 초점이 맞추어져 있다.

제1차 총서와 제2차 총서에 이어 세 번째로 발간되는 이번 총서는 『재미한인기업의 네트워크』, 『재일한인기업의 네트워크』, 『중국조선족기업의 네트워크』, 『러시아·중앙아시아 고려인기업의 네트워크』, 『재외한인 민족교육 네트워크』, 『재외한인 권익보호단체 네트워크』, 『재외한인 언론인 네트워크』, 『재외한인 여성공동체 네트워크』, 『재외한인 정보자원 네트워크』, 『재외한인 사회단체 네트워크』, 『재외한인 문화예술인 네트워크』 등 총 11권으로 구성되어 있다. 각 지역별 재외한인사회의 특성을 반영하되 글로벌 수준의 디아스포라 네트워크 구축이라는 공동적인 주제로 집약되어 발간되는 이번 총서는 연구단이 1년간에 걸쳐 수행한 연구성과들이 체계적으로 집약되어 있다. 또한 세부과제팀별로 지구화 시대 글로벌 네트워크 구축이라는 큰 틀 속에서 재외한인들의 자본, 노동력, 정보교류의 특징 등을 상세히 분석하고 있다.

이번 총서는 2005년 9월부터 1년간 67명의 연구원을 비롯해 총 200여명의 국내외 연구자와 현지조사자들이 투입된 연구결과물이다. 이 연구의 대상 및 국가는 재외한인들이 가장 많이 밀집되어 있는 미국, 일본, 중국, 러시아·중앙아시아 지역의 25개 재외한인 거점지역들이다. 연구단이 3차년도에 수집한 연구성과 중에서 재외한인 관련 데이터베이스 및 네트워크 구축의 가치가 있는 주요 성과들을 살펴보면 다음과 같다.

먼저 한상분야에서, 미국한상연구팀은 재미한인 기업연감 4,000개 리스트, 재미한인 9개 금융기관 리스트, 재미한인기업 리스트 252개, LA 재미한인 의류업 리스트 104개 등을 확보했다. 기타 재미한인 사회단체 리스트 341개, 사진 100장, 오디오 파일 20개를 입수했다. 재일한상연구팀은 기업가 리스트 1,059개, 뉴커머 기업가 리스트 195개, 기업가 관련 사진 80장, 개인 디렉토리 12,000여건, 단체 디렉토리 20건 등을 확보하였다. 중국한상연구팀의 경우, 기업 디렉토리 300개, 명함 100장, 기업가 및 각종 사진 900장, 오디오 30여건 등을 입수하였다. 러시아·중앙아시아 한상팀은 고려인 기업 87개, 고려인 자영업자 48개, 고려인 단체 26개, 고려인 교민단체 39개, 한국진출기업 리스트 151개, 한국진출 교민 자영업 리스트 191개 등을 수집하였다. 이처럼 풍부한 자료들은 그동안 공식·비공식적으로 산재하였던 각종 문헌들을 재조사하거나 현지조사 과정을 통해 직접 입수한 자료들로서 한상의 실태에 대한 학문적, 실용적 기초자료로서 가치를 지닌다 하겠다.

　다음으로 재외한인 교육연구팀에서는 재미한인학교 100개, 재일조선인 학교 140개, 중국조선족 학교 240개, 러시아·중앙아시아 한인학교 230개 리스트를 확보하였고, 기타 관련사진 27장, 오디오 파일 33개를 수집하였다. 재외한인 사회단체팀에서는 미국한인단체 100개, 일본한인단체 100개, 중국한인단체 100개, 개인 디렉토리 60개, 단체 디렉토리 90개 리스트, 사진 55장을 수집하였다. 재외한인 언론팀에서는 개인 디렉토리 89개, 단체 디렉토리 86개, 국가별 신문과 언론인 사진 60장, 오디오 파일 6개 등을 수집하였다. 재외한인 법률인권팀에서는 개인 디렉토리 101개, 단체 디렉토리 65개 등을 수집하였는데, 구체적으로 중국조선족 변호사 리스트 110명, 중국조선족 변호사 인적사항 52명, 중국조선족 로펌 및 변호사 소개 32건, 재외한인 법적 분쟁 및 제한사례 208건, 재외한인 제한 법령 50건을 수집하였다. 재외한인 집거지 사회문화팀에서는 개인 디렉토리 197개, 단체 디렉토리 79개, 사진 200장, 비디오 및 DVD 1건, 재외한인 문화예술인 리스트 300개, 재외한인 문화예술공간 리스트 50개, 재외한인 집거지 사진 550매를 수집하였다. 재외한인 정보자원팀에서는 개인 디렉토리 65개, 단체 디렉토리 57개, 사진 1400장, 오디오 파일 28개, 중국 조선문 정보자원, 중국조선족 자작곡 및 악보, 동영상 빛 영상, 러시아·중앙아시아 고려인 정보자원 등

다수를 발굴하였다. 재외한인 여성팀에서는 개인 디렉토리 377개, 단체 디렉토리 58개, 사진 209장, 오디오 파일 97개, 그리고 여성지도자 활동사 100건, 여성활동가 103명, 재외한인 여성의 사회적 불평등사례 94건, 여성활동가 녹취자료 85건, 재외한인 여성단체 및 복지기관 58개 리스트를 확보하였다.

이처럼 제3차년도 연구총서는 세계 주요 국가에 분포한 재외한인을 대상으로 수집한 자료를 바탕으로, 그들의 경제와 교육, 문화, 사회, 언론, 인권, 여성, 정보자원 등 광범위한 영역에 걸친 활동상황 및 네트워크 구축실태에 관한 풍부한 정보를 담고 있다. 11권의 책들은 주요 한인 집중 거주지역인 5개 지역에 걸쳐 11개 팀의 연구자들이 그동안 조사한 자료를 바탕으로 수차례에 걸친 국제학술회의 등을 통해 전문가 집단의 논평과 보완과정을 거쳤으며 전문가 초청 집담회와 워크숍 등의 과정을 통하여 수정 보완한 내용들을 토대로 완성된 것이다. 이번 제3차 총서 발간을 계기로 해외 각지에 분포된 재외한인의 연결망과 교류실태에 관한 더욱 실감나고 흥미 있는 정보들을 얻을 수 있을 것으로 기대한다. 주지하다시피, 제1차 총서와 제2차 총서의 발간은 국내외 학계와 관련단체는 물론 연구자들의 큰 관심과 반향을 불러 일으켰고 그 중 7권은 대한민국학술원과 문화관광부로부터 우수도서에 선정되는 성과를 거두기도 하였다.

우리 연구단은 이번 총서를 통하여 재외한인 연구가 학문적으로 더욱 심화되어 작금에 국내에서 논의되고 있는 '재외동포학' 내지 '디아스포라 연구'가 새롭게 정초되는 기회가 되었으면 하는 바람을 가져본다. 이를 위해서는 재외동포사회에 대한 연구가 일회적 산물로 그치지 않고, 향후 전문교재의 발간, 학제간 강좌의 개발 등 구체적인 프로그램 개발은 물론 '디아스포라와 인문학' '디아스포라 연구의 인문학적 지평' 등 인문학적으로 참신한 의제(agenda)를 개발하여 이를 한국사회 내에 담론화시켜 내는 데 성공해야 할 것이다.

　이 총서가 발간되기까지 많은 사람들이 물심양면으로 지원을 아끼지 않았다. 무엇보다도 지난 3년간 현지조사과정에서 만났던 수많은 재외한인 관련 단체장, 기업가, 연구조력자, 현지조사자의 노고에 깊이 감사드린다. 그분들의 순수한 열정과 도움없이는 이 총서가 완성되기 힘들었을 것이다. 또한 연구과제를 지원해 주고 연구과정이 원활하도록 배려를 아끼지 않으신 한국학술진흥재단의 허상만 이사장님과 관계자들, 전남대학교 강정채 총장님과 산학협력단 관계자들, 국내외 학술회의 참가자 및 전문가, 연구단 홍보를 위해 지원을 아끼지 않으신 사회단체 및 언론사 관계자, 비좁은 연구실에서 밤잠을 설쳐가며 함께 노력해 온 연구단 식구들께 진심으로 감사를 드린다. 또한 총서의 출간을 허락해 준 북코리아출판사 이찬규 사장님과 편집자들께도 심심한 감사의 뜻을 전한다.

2007년 12월

용봉골 연구동에서

세계한상·문화연구단장　임　채　완

　오늘날 우리 사회에서 초국가주의와 디아스포라에 관한 담론은 더 이상 낯선 주제가 아니다. 국경을 넘는 지구적인 인구이동 과정에서 새로운 삶의 터전을 형성한 이산민족 집단, 즉 '디아스포라(diaspora)'의 실존적 경험에 관해 한국사회가 학문적인 관심을 갖기 시작한 지 십년이 넘고 있다. 재외한인분야에서 시작한 이러한 관심은 점차적으로 타민족의 경험을 반영한 보편적 디아스포라 현상과 다문화주의에 대한 새로운 담론으로 증폭되고 있다.

　한국사회가 건국 후 60년 만에 세계 10위권의 교역강국으로 부상하면서 세계의 주목을 받은 것처럼 재외한인들도 현지에서 경제적 지위나 문화적 영향력을 강화시키며 사회의 주역으로 성장해 왔다. 어느새 145년을 넘긴 한인디아스포라의 역사는 전 세계 174개국에 걸쳐 수많은 한인공동체를 정착시키고 있다. 재외한인은 한반도 전체인구의 10% 정도인 700만 명을 넘어섰다. 이들은 유럽과 북미지역뿐만 아니라 중국, 러시아, 일본, 아프리카, 알래스카, 브라질 등 다양한 지역과 영역에서 활동하고 있다.

　재외한인들은 일찍부터 거주지에서 민족고유의 문화유산을 계승발전하면서도 다양한 민족과 교류하면서 현지화를 추구하였다는 점에서 모국에 살고 있는 한국인들보다 먼저 국제화의 길을 개척했다. 모국이 척박한 가난을 극복하고 선진국의 대열에 도달하는 동안에도 재외한인들이 낯선 이역에서 정착해 온 과정은 결코 순탄치 않은 역경이었다. 그러나 민족의식을 결절(結節)로 한 초국가적인 네트워크의 출현으로 세계 각국에 분산되었던 한민족은 통합적인 구심력과 함께 원거리 디아스포라 공동체의 가능성을 얻게 되었다.

그런가 하면 세계 전역에 걸친 한인공동체의 존재만큼이나 한국사회 내에도 지구상의 어느 곳 못지않게 다양한 인종과 민족이 혼거하는 다문화사회로 변모하고 있다. 1980년대 말 이후 한국에 직장을 구해 장기적으로 체류하는 외국인력은 약 100만 명에 달하고 있다. 인구통계에 따르면 한국에서 국제결혼을 통해 성립된 다문화가정은 전체적으로 11만 쌍이 넘으며 출신국가도 무려 112개국에 달한다. 뿐만 아니라 2025년에는 한국에 상주하는 외국인의 규모는 250만 명에 달할 것으로 보인다. 이처럼 한국은 바야흐로 이민송출국에서 이민대상국으로 변모하고 있는 것이다.

지난 수년간 한국사회는 국제이주여성, 외국인노동자문제 등과 같은 다문화사회의 도전과 충격을 겪으면서 글로벌 시대에 대한 준비의 부족을 질책하는 목소리가 작지 않았다. 재외동포재단, 노동부, 법무부 등의 관련기관에 의해 부분적인 지원책이 모색되었지만, 글로벌 사회공동체 패러다임을 주도할 학술적 기반을 제공하는 전문기관은 많지 않다.

이 점에서 세계한상·문화연구단의 재외한인과 디아스포라 연구는 그동안 근대적 영토공간의 경계 안에 제한되어 있던 민족구성원에 대한 관심을 탈영토적인 공간으로 확장시켰으며, 초국가적인 인구이동의 흐름과 정착과정에 대한 생생한 경험들을 학문적으로 정립하였다는 점에서 의미를 높이 평가할 만하다. 더욱이 재외한인에 대한 연구를 보편적인 '디아스포라' 현상에 대한 관점에서 바라보게 함으로써 최근의 다문화주의 담론과 연결시켜 생각할 수 있게 하였다는 점에서 우리 사회에 기여한 바가 크다 하겠다. 세계한상네트워크와 한민족문화공동체 조사연구가 가진 학술적 가치는 디아스포라, 국제인구이동, 해외정보, 초국가 민족연결망, 국제교류, 국제비즈니스 등에 걸친 다양한 학제적 연계성을 제공하는 단초를 마련했다는 점이라 할 수 있다.

전남대학교 세계한상문화연구단이 적극적으로 제기했던 디아스포라 연구의 중요성은 이제 사회적으로 큰 관심사로 등장하고 있다. 첫째, 초국가적 디아스포라 네트워크에 대한 관심이 크게 증가했다. 거대 중국대륙을 부활시킨 세계 화상(華商), 브릭스(BRICs) 경제권의 축인 인도인상(印商), 미국과 러시아 경제에 막강한 영향력을 가진 유대인네트워크는 글로벌 시대 국가경쟁력의 표상이 되고 있다. 둘째, 노동력의 국제이동에 따른 다양한 사회현상에 대한 관심도 크게 증가하고 있다. 중국, 중앙아, 동남아 외국인노동자의 국내유입이나 한국인의 캐나다, 인도, 호주, 중남미, 북미, 유럽 등 세계각지로의 초국가적 이동현상은 유출국과 유입국 모두의 관심을 증가시켰다.

이 책자는 지난 2003년 8월 이후 3년간 한국학술진흥재단의 지원을 받아 진행된 "세계한상네트워크 구축과 한민족공동체 조사연구"의 연구성과를 집약하여 연구총서 형태로 발간한 것이다. 총서의 매 책장 마다 지난 5년간 이 역작을 발간하는데 참여했던 연구책임자를 비롯한 연구원들의 땀과 노력의 흔적이 각인되어있다. 우리는 해외한인사회에 대한 다양한 기초조사를 바탕으로 엮어진 이 총서가 그 동안 관심영역 밖에 머물던 재외한인 문제에 대한 지속적인 관심과 통찰력 있는 시각들을 제공할 것으로 기대한다.

하나의 책자가 세상의 빛을 보기 위해 생명력을 가지는 첫걸음이 길고 지루한 활자화 과정이라면 두 번째의 생명력은 독자들에게 남겨진 몫이다. 여러모로 한정된 연구의 제약여건을 극복하고 마침내 활자로 탄생한 이 책의 행간에 축약된 의미들은 독자들이 재해석하고 새롭게 보완해가야 할 것이다. 그렇게 함으로써 이 총서는 단순히 한 시대에 읽도록 재단된 책으로 끝나지 않고, 역사 속에 길이 쓰여지는 텍스트로 완성될 수 있을 것이다. 한 가지 덧붙여 강조하고 싶은 점은 이 책의 진정한 주인이 척박한 이역의 땅에서 민족의 맥을 이어온 재외동포들이라는 점이다. 총서의 한 장 한 장마다 고난의 역사 속에서 명멸을 거듭한 재외동포들의 땀과 눈물이 숨어 있음을 기억하며 넉넉한 마음으로 일독할 것을 추천하는 바이다.

2007년 12월
재외동포재단 이사장   이 구 홍

| 서 문 |

일찍이 중국의 화상(華商)과 인도의 인상(印商)은 모국과 재외교포와의 네트워크를 통해 공동의 발전에 성공하고 있으며, 세계 곳곳에 흩어져 있는 유태인은 강한 응집력으로 어느 민족 못지않은 경제력을 유지하고 있다. 한국도 해외 교포경제와 모국경제 간의 네트워크를 구축함으로써 상호발전을 도모할 필요가 있다. 이를 위해서는 해외 교포경제의 핵심이 되는 교포기업에 대한 기초적인 자료의 축적과 연구가 요구된다. 특히 재미 한인경제는 세계 각국에 흩어져 있는 교포경제 중에서 가장 경제력이 크다는 점에서 재미 한인기업에 대한 연구는 무엇보다도 중요한 부분이라고 할 수 있다.

이 책은 학술진흥재단의 지원으로 지난 2003년 9월부터 시작된 전남대학교 세계한상연구단 미국연구팀의 제3차년도(2005년 9월~2006년 8월) 연구 결과물이다. 이에 앞서 제1차년도와 2차년도의 연구결과물은 각각 『재미한인사회의 경제환경(2005년)』과 『재미한인기업의 경영활동(2006년)』으로 출간되었다. 제1차년도의 연구결과인 『재미한인사회의 경제환경(2005년)』은 재미한인들의 소득, 소비, 직업 등 다양한 경제환경을 조사 정리한 것이고, 제2차년도 연구결과물인 『재미한인사회의 경제환경(2005년)』은 재미한인기업을 대상으로 매출, 업종, 판매 등 다양한 경영환경을 조사 정리한 것이다.

제3차년도 연구는 그간의 연구결과를 총정리하며, 개별 경제단위간, 혹은 경제집합체간 연결고리, 즉 네트워크를 연구하는 데 그 목적을 두고 있다. 이에 재미 한인기업의 네트워크적 특성과 실태를 체계적으로 정리하기 위해 기존 문헌과 미국 통계국의 경제센서스 자료를 정리하였다. 또한 유태인, 중국인, 인도인 등과 같이 성공적인 민족네트워크를 구축하고 있는 타민족의 네트워크를 연구하였으며, 현지 재미 한인기업을 대상으로 네트워크 관련 설문조사를 실시하였다. 이를 통해 재미 한인기업의 네트워크 현황과 실태, 그리고 효과적인 네트워크 구축방안을 모색하고자 하였다.

이 책은 재미 한인기업에 대한 각종 연구성과와 기초자료를 체계적으로 정리했음에도 불구하고, 재미 한인경제를 이해하기 위한 연구의 출발점에 불과하다. 이 책이 바탕이 되어 한인 기업에 관한 여러 분야의 연구주제에 대해 보다 깊이 있는 접근이 이루어져야 할 것으로 생각한다. 이 책은 재미 한인기업에 대한 여러 문제를 비교적 평이하게 접근하고 있다는 점에서, 일반인들에게는 재미 한인기업에 대한 이해의 폭을 넓히는 데 도움을 주고, 연구자들에게는 보다 깊이 있는 연구를 수행하는 데 기초자료로 활용될 수 있을 것이다.

재미한인에 관한 번잡한 조사와 자료정리 작업이 연구결과로 탄생할 수 있도록 아낌없는 조언을 주신 전남대학교 사회과학원 세계한상문화연구단 연구원들께 감사드린다. 그리고 연구의 시작부터 끝까지 끊임없는 조언과 도움을 주신 캘리포니아 주립대 유의영 교수님과 현지 설문조사를 대행해주신 한길리서치의 서○○님, 또 미국 현지조사에 많은 도움을 주신 뉴욕 Queens College의 민병갑 교수님께 감사를 드린다. 마지막으로 재미 한인경제 연구를 위해 항상 수고를 함께 한 한상미국팀 공동연구원들과 그리고 자료수집, 통계정리를 도와준 대학원생 조수미, 첨군항에게 감사한다.

2007년 12월

저자대표  임 채 완

## Ⅲ 미국내 소수민족 경제: 중국인 · 인도인 · 한인을 중심으로

## 표 차례

## 그림 차례

# I
# 머리말

## 1. 연구의 목적과 필요성

한상 네트워크의 형성은 한국 및 한민족 경제의 경쟁력과 위상을 제고할 것이다. 즉 한상 네트워크의 형성은 한민족 간의 노동과 자본 등 생산요소와 재화 및 용역 등 상품의 교류를 확대함으로써 교포경제와 한국경제 모두의 성장과 발전에 기여할 것이다. 이 책은 한민족 공동체의 구심점 역할을 수행할 수 있는 엔진으로서의 경제네트워크, 즉 한상 네트워크 구축방안을 모색하기 위해 재미 한인기업의 네트워크 현황을 조사하고 이를 바탕으로 한국경제와 해외 한인공동체간 상호번영을 위한 한상네트워크 구축 방안을 검토하고 있다.

이 책은 한국학술진흥재단의 지원으로 2003년 9월부터 시작된 전남대학교 세계한상연구단 미국연구팀의 제3차년도(2005년 9월~2006년 8월) 연구결과물이다. 본 연구팀은 제1차년도와 제2차년도의 연구결과물로 이미 두 권의 책, 즉『재미한인사회의 경제환경』(2005년)과『재미한인기업의 경영활동』(2006년)을 출간하였다. 1차년도의 연구결과인『재미한인사회의 경제환경』은 소득, 소비, 직업 등 다양한 재미한인들의 경제환경을 조사 정리한 것이고, 2차년도 연구결과물인『재미한인기업의 경영활동』은 재미 한인기업을 대상으로 매출, 업종, 판매 등 다양한 경영환경을 소사 정리한 것이다.

이 책은 기존의 2년간 연구 성과를 확장하여 한인기업 간 네트워크, 즉 재미 한인공동체, 제3국의 한인공동체, 그리고 한국 경제간의 네트워크에 관한 현황을 조사 연구한 것이다. 한민족 경제네트워크는 같은 민족이라는 점에서 네트워크 형성의 동기가 있지만, 이것만으로는 충분하지 않다. 같은 민족이라는 점 이외에도 '경제적 동기'가 부여되지 않으면 쌍방의 경제교류의 필요성이 약화되어 네트워크 구축이 쉽지 않다. 이런 관점에서 본 연구는 한인기업 간 상호 연계성의 현황을 먼저 파악하고, 이를 바탕으로 효율적인 연계가능성 및 방향을 모색하고자 한다. 그리고 성공적인 민족네트워크를 형성하고 있는 타민족의 네트워크 현황과 실태를 통해 한민족의 네트워크 구축을 위한 효과적인 정책방안을 검토하고자 한다.

한인경제의 네트워크는 세 가지 측면에서 살펴볼 수 있다. 첫째는 재미 한인경제 내부에 있는 경제단위 간의 네트워크이다. 재미한인기업들 간의 업종별 협회나 기업간 경제교류를 한인네트워크의 하나로 볼 수 있다. 한인기업들은 의류, 세탁소, 청과, 주류, 네일사롱 등 특정 업종에 집중되는 경향이 있고, 각 업종별로 협회를 결성하고 있다. 이들 협회들이 네트워크의 형성을 통해 경제활동에 일정한 역할을 하고 있다. 또 한인기업들은 경제거래에서 다른 한인기업과 거래를 선호하는 경향이 있다. 예를 들어 한인기업들은 금융거래에서 한인이 설립한 은행에 대한 수요가 상대적으로 크다. 이러한 네트워크는 모두 한민족이라는 공통점에서 비롯되고 있다.

둘째는 재미한인경제와 한국경제와의 네트워크에 대한 연구다. 한인경제에 대한 연구 결과에 의하면 재미한인들의 한국경제와의 연관성은 경제적인 측면에서 그렇게 높지 않다. 하지만 한인들은 정서적으로 모국과 경제교류를 확대하고자 하는 의사가 있고, 또 몇몇 기업들은 실제로 한국경제와 교류가 활발하다. 따라서 한인기업과 한국경제와의 네트워크를 강화하기 위한 방안이 무엇인가를 검토해야 한다.

셋째는 재미한인경제와 다른 국가에 있는 한인경제와의 네트워크 강화에 대한 연구이다. 외교통상부에 의하면 세계에 흩어져 있는 한인의 수는 약 650만이다. 이들의 모국과의 교류도 중요하지만 필요에 따라 이들 교포경제 간의 네트워크를 강화할 필요가 있다. 미국 LA의 한인의류업 조사에 의하면, 많은 의류가 중국에서 생산되어 들어오고 있다. 중국에 사는 조선족의 수가 적지 않고 조선족의 경제력이나 성실성이 타민족에 비해 뒤지지 않는다는 점에서 재미한인기업과 중국 조선족 기업과의 연결을 꾀하는 한인경제 간의 네트워크를 강화하는 방안에 대한 연구가 필요하다.

한인 네트워크 연구는 이들 세 부문, 즉 재미한인경제 내부의 네트워크, 재미한인경제와 한국경제와의 네트워크, 재미한인경제와 타국가의 한인경제와의 네트워크의 세 가지 네트워크를 유기적으로 연결할 수 있는 방안을 검토해야 한다. 그리고 이러한 네트워크의 구성에는 각 한인경제마다 특성에 차이가 있다는 점에서 거기에 맞는 실천적인 방안들이 제시되어야 한다. 일례로 교포의 한인기업들은 대부분 소규모기업들이고 대기업이 많지 않다는 점에서 대규모 투자를 목적으로 하는 경제네트워크 구상은 실효성을 거두기가 어렵다는 점을 시사한다.

한민족 경제네트워크의 활성화는 해외 한인경제의 활성화만이 아니라 한국경제의 성장에도 도움이 될 것이다. 지금까지 이러한 네트워크 활성화를 위한 부분적인 노력들이 없지는 않았지만, 한민족 네트워크에 대한 체계적인 연구는 거의 없는 실정이다. 한민족 네트워크는 중국이나 인도 등 타민족 네트워크에 비해 미흡한 수준이라는 점에서 재미한인기업의 네트워크에 대한 본 연구는 한상네트워크의 추진과 발전에 기여할 것으로 생각한다.

## 2. 연구 내용과 방법

### 1) 연구 내용

이 책은 한인기업들의 경제교류 및 연계관계의 현황과 문제점을 파악하고 발전방향을 모색하고 있다. 이를 위해 타민족 경제네트워크의 현황을 살펴보고, 미국의 경제센서스통계를 이용해 미국내 소수민족, 즉 중국, 인도인 등의 경제현황을 정리하였다. 그리고 재미한인기업을 대상으로 설문조사를 통해 경제네트워크의 현황과 발전방안을 조사하였다.

재미한인기업에 대한 네트워크 조사에서는 재미한인 경제공동체 간, 재미한인공동체와 한국경제 간의 경제적 교류실태를 살펴보았다. 공동체간의 상품교류, 재미한인 경제공동체의 모국투자와 한국기업의 미국지역 투자 현황을 파악하였다. 또한 한국의 미국 투자기업과 재미한인 경제공동체의 관계를 분석했다. 재미한인의 피고용 실태, 투자 규모와 형태, 기술이전 현황 등을 파악하는 한편 한국 기업이 진출하는 데 재미한인이 수행해온 역할을 살펴보았다. 마지막으로 이러한 조사연구의 결과로부터 한상네트워크 구축을 위한 정책방안을 제안한다.

### 2) 연구 방법

연구 방법으로는 각종 문헌과 통계자료를 이용하고 미시적인 분석을 위해 한인기업네트워크에 대한 설문조사와 연구자의 면접조사를 시행하였다.

### 3) 문헌조사

각종 선행연구, 즉 논문, 서적, 연구보고서 등을 참고하여 기업의 네트워크와 특성들을 정리했다. 이들 연구의 주제는 네트워크의 개념과 적용, 화교, 유태인, 인도인의 민족네트워크, 한민족네트워크 형성 및 발전 방안의 5가지 주제들로 분류되며 각 주제별로 기존의 연구논문, 서적, 보고서를 분류하여 재정리하였다. 또한 이들 연구를 통해 네트워크 조사연구를 위한 연구의 모형을 제시하였다.

### 4) 통계자료 정리

미 상무성이 5년마다 실시하는 경제센서스 중에서 가장 최근의 자료인 2002년의 자료, 즉 Economic Census 2002의 소수민족 자료를 이용해 아시아 소수민족의 경제통계자료를 정리하며 특히 중국인, 인도인, 한인의 자료를 비교 분석하였다. 또한 일부나마 유태인관련 자료도 함께 정리하여 미국내 성공적인 민족 네트워크를 구축하고 있는 소수민족에 관한 전반적인 경제관련 자료를 정리하였다.

### 5) 설문 및 면담조사

미국의 LA, 뉴욕을 중심으로 한인기업에 대한 네트워크 설문조사를 하였다. 설문조사는 2006년 1월부터 3월까지 약 3개월 동안 이루어졌고, 설문조사는 LA의 한길리서치 미주법인에서 대행하였다. 설문조사 대상 업체는 해외 또는 미국내 타기업과 교류를 하고 있는 163개 업체이다. 대상 업체의 선정은 연구팀에서 한인기업의 목록을 제공하고, 현지조사기관의 조사원이 접촉 가능한 업체에 직접 방문하여 조사하였다.
그리고 LA와 뉴욕 지역의 한인 기업인과 전문가에 대한 면담조사가 이루어졌다. 이는 2006년 1월 23일부터 2월 5일까지 연구원이 직접 방문해 조사하였다.

## 6) 통계분석

자료의 분석에 있어서는 사스(SAS)와 액셀(Excel)을 이용해 기본적인 자료정리와 통계분석을 실시하였다. 수집된 자료를 체계적으로 정리하고 분석하기 위하여 기본적인 통계량(평균, 표준편차 등)을 제시하고, 빈도분석과 분산분석 등을 실시하였다.

## 7) 연구 모형

Beije and Groenewegen(1992), Capineri and Kamann(1998), 그리고 신동호(2003) 등의 네트워크 개념에 따라 〈표 I-1〉과 같은 네트워크연구를 위한 모형을 설정하였다. 이들 연구에서의 네트워크는 시장에서 기업이 다른 경제주체들과 맺는 관계로 파악되며, 기업과 다른 경제주체들 간의 상호의존성과 기업 및 시장의 변화가 강조된다. 네트워크는 경제주체들 간 관계를 연결하는 결절들(nodes)로 여기에서는 개체(agency)와 연계(linkage)를 정의하여야 한다.

우선 기업에 영향을 미치는 개체(agency)는 5개로 ① 타기업, ② 단체, ③ 정부기관, ④ 금융기관, ⑤ 대학·연구소이다. 이들 5개 개체들은 기업과 연계(linkage)를 형성하고 있다. 이들 연계는 ① 상품(서비스), ② 원자재, ③ 자본, ④ 기술, ⑤ 인력 등을 통해 이루어지는 것으로 본다.

〈표 I-1〉 네트워크의 모형

| 개체(agency) | 연계(linkage) | 범 위 |
|---|---|---|
| 타기업 | 상품(서비스) | 미국내 |
| 단체 | 원자재 | 미국내 |
| 정부기관 | 자본 | 국제 |
| 금융기관 | 기술 | 국제 |
| 대학·연구소 | 인력 | 국제 |

그리고 네트워크의 범위는 연구대상지역인 미국 내의 네트워크와 국경을 초월한 국제적 네트워크로 한다.

네트워크의 범위, 즉 미국 내와 미국 이외 지역을 고려하면 개체와 연계는 다음과 같이 구체화될 수 있다.

① 거래를 하는 다른 기업은 소재에 따라 미국 내에 있는 기업과 외국에 있는 기업으로 나누어진다. 미국 내에 있는 기업은 소유주에 따라 다시 한인기업, 미국인기업, 외국인기업, 한국투자기업으로 나누어지며, 외국소재기업은 역시 그 소유주에 따라 한인기업과 외국인기업으로 나누어진다.

② 단체는 그 성격에 따라 기업가 단체와 공공단체로 나눌 수 있다. 기업가 단체는 기업가들의 업종별 직능단체 등이 있고, 공공단체는 기업가들의 단체가 아니면서 정부기관도 아닌 공공의 성격을 가진 단체이다.

③ 정부기관은 한인기업에 영향을 주는 정부로 한국정부와 미국정부의 두 국가 정부로 나눌 수 있다.

④ 금융기관은 한인금융기관, 미국 금융기관, 그리고 한국에서 미국으로 진출한 금융기관으로 나누어진다.

〈표 Ⅰ-2〉 네트워크 모형과 세부 구성요소

| 개체(agency) | 세부개체(agency) | 연계(linkage) | |
|---|---|---|---|
| 타기업 | ·미국내 기업: 한인기업, 미국인기업, 외국인기업, 한국투자기업<br>·외국소재기업: 한인기업, 외국인기업 | 상품(서비스) | 무역 |
| | | 원자재 | |
| 단체 | ·기업가단체: 직능단체 등<br>·공공단체: KOTRA 등 | 자본 | 투자 |
| 정부기관 | ·미국정부<br>·한국정부 | | |
| 금융기관 | ·한인금융기관<br>·현지국 금융기관<br>·한국 진출 금융기관 | 기술 | 기술제휴 |
| 대학·연구소 | ·대학·연구소 | 인력 | 고용 |

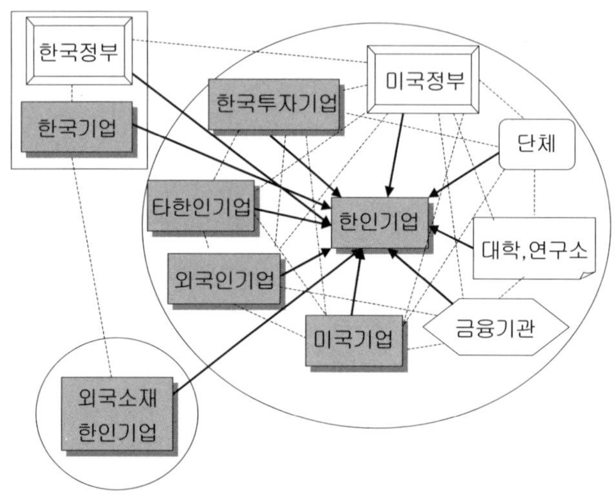


〈그림 I-1〉 네트워크 모형

⑤ 대학·연구소는 한국의 대학이나 연구소와 미국에 있는 대학, 연구소로 나눌 수 있다.

연계는 상품(서비스), 원자재의 교역은 무역으로, 자본의 교역은 투자로, 기술의 교역은 기술제휴로, 인력의 교역은 고용으로 나타낼 수 있다. 〈표 I-1〉을 구체화하여 정리하면 〈표 I-2〉와 같으며, 그림으로 도시한 것이 〈그림 I-1〉이다.

〈그림 I-1〉에서 실선은 국경을 나타내며, 점선과 화살표는 개체간 관계, 즉 연계를 나타낸다. 특히 화살표는 본 연구에서 구체적으로 확인하고자 하는 연계들이다.

먼저 기업간 연계로 미국 내 한인기업과 다른 한인기업, 미국기업, 한국투자기업, 외국인기업과의 관련성을 살펴본다. 그리고 한국에 있는 한국기업과의 관련성을 살펴보고, 한국과 미국을 제외한 제3국에 있는 기업과의 관련성을 살펴본다. 두 번째로 단체와의 관련성으로 기업가 단체와 공공단체와의 관련성에 대해 살펴본다. 세 번째로 정부와의 관련성으로 미국정부와 한국정부의 영향에 대해 살펴본다. 네 번째로 금융기관과의 관련성으로 여기에는 한인금융기관, 미국 금융기관, 한국에서 진출한 금융기관과의 관련성을 살펴본다. 다섯 번째로 대학, 연구소와의 관련성을 살펴본다.

## 3. 이 책의 구성

이 책은 머리말에 이어 총 5장으로 구성되어 있다. 먼저 제1장 머리말에서는 연구의 목적을 밝히고 연구방법 및 내용에 관해 간략히 설명하고 있다. 또한 네트워크 실태를 조사를 위한 연구 모형을 제시하고 있다. 제2장은 민족네트워크에 관한 기존문헌을 정리하고 있다. 민족네트워크에 관한 선행연구들로 관련된 서적과 논문, 보고서를 주제별로 정리하였다. 우선 네트워크의 개념에 대해 명확히 정의를 하고, 그 다음으로 세계적으로 유명한 민족네트워크를 구축하고 있는 중국인, 유태인, 인도인의 민족네트워크에 대해 살펴보았다. 그리고 이를 바탕으로 한민족네트워크의 현황과 발전방안에 대해 논의하고 있다. 제3장은 미국 내 대표적인 아시아계 소수민족으로 중국인, 인도인, 그리고 한인을 중심으로 민족경제의 현황을 살펴보고 있다. 이들 민족과 한인경제의 현황과 변화과정을 비교 정리하였다. 국내외 각종 통계자료와 특히 미국 상무성의 2002년 경제센서스 소수민족 관련 통계를 이용해 민족별 현황을 비교 분석하였다. 제4장은 한인기업들의 네트워크 실태에 대한 설문조사 결과를 분석하였다. 설문조사는 로스앤젤레스(LA)와 뉴욕을 중심으로 그 외 샌프란시스코, 시카고, 시애틀 지역에 있는 한인기업들을 대상으로 2006년 1월부터 3월까지 약 3개월 동안 설문조사한 결과를 분석하였다. 제5장은 맺음말로 연구의 성과를 정리하고 한상네트워크 활성화를 위한 몇 가지 정책적 방안을 제시하고 있다.

# II
# 네트워크 개념과 민족네트워크 현황

## 1. 네트워크의 개념과 적용

### 1) 네트워크의 개념

경제학적 개념에서 네트워크는 아주 광범위하게 사용되지만, 크게 세 가지의 흐름으로 분류할 수 있다. 첫째, 네트워크 산업과 관련된 이론, 둘째, 기업과 경제주체들로 이루어진 네트워크 시장이론, 셋째, 경제적 균형이론이다. 각각에 대해 간략히 정리하면 다음과 같다.

첫째, 네트워크 산업이론은 수송, 통신, 정보, 철도, 항공 등의 네트워크 산업을 대상으로 하여 네트워크의 경제적인 특성을 파악하는 것이다. 일반적으로 네트워크가 생산 및 소비 외부성을 갖는다는 점에 초점을 두고 그것을 모델화하고 그 근본적인 원인을 밝히고자 한다(Economides 1994).

둘째, 네트워크 시장이론은 네트워크를 시장에서 기업이 다른 경제주체들과 맺는 관계로 파악하고, 시장 내에서의 기업의 행동을 묘사하고 시장의 발전과 변화를 설명하는 개념틀로 사용한다. 이 접근법에서는 기업과 다른 경제주체들 간의 상호의존성과 기업 및 시장의 변화가 강조되며, 경제과정 분석에서 전통적 시장분석과는 달리 경제변수 뿐만 아니라 사회적 변수, 심리학적 변수, 윤리적 변수까지 포괄적으로 고려하고 있다(Beije and Groenewegen 1992).

셋째는 네트워크 균형이론으로, 경제적 균형문제를 네트워크의 개념 속에서 분석한다. 이 접근법은 경제문제 이면에 있는 네트워크를 확인하여 균형분석과 계산에 새로운 차원을 추가하려고 한다. 그래서 공간 가격 균형, 교통네트워크 균형, 인구이동 균형, 과점시장 균형, 환경 네트워크 균형, 지식 네트워크 균형 등 여러 가지 경제문제에 네트워크의 차원을 도입하여 이론적으로 균형해를 모색하고 현실에 응용하고자 한다(Nagurney, 1999).

또한, 네트워크를 실체를 연결하는 결절로 이해하는 이론도 있다. 이는 네트워크를 실체들(entities; 재화, 자동차, 승객, 서비스, 전력)의 이동경로가 되는 시설물들(facilities; 연결고리, 호, 매듭, 관계, 파동)로 연결된 결절들(nodes)의 집합체로 정의한다. 여기서 네트워크는 도로와 같은 실물일 수 있고, 관계와 같은 비실물일 수도 있다(Capineri and Kamann, 1998).

### 2) 민족네트워크

민족네트워크란 혈통과 문화적 공통성(언어, 전통, 역사, 관습 등)을 기초로 한다. 이는 모국과 주변국가에 거주하는 민족 구성원의 관계네트워크와 정보네트워크를 형성하고 다양한 상호작용을 통해 공동의 유대와 귀속감을 발전시키며, 문화적·경제적 교류를 통해 생존, 안녕, 발전, 복지를 함께 도모하는 문화경제공동체로 규정될 수 있다. 민족네트워크는 근대적 형태와 탈근대적 형태의 상충되는 두 가지 특성을 갖는다. 이는 거리의 소멸(death of distance)을 가져오는 정보통신기술의 발달과 이 기술에 의해 구축·운영되는 가상공동체의 존재이다. 민족공동체는 하나의 문화권이자 '문화공동체'이며, 민족구성원 사이에 경제적 교류협력이 증진되어 '경제공동체'로 발전해나가는 공동체를 의미한다.

한인의 민족공동체 개념은 이홍구(1990)의 "한민족 공동체 통일방안의 이론적 기초와 실천방향"에서 제기된 바 있으며 남북한 민족통합의 한 방법으로 민족의 범위에 북한과 해외동포를 포함하였다. 이는 민족공동체를 근래에 통신과 교류에 의하여 형성되는 공동체로 정의하고, 그 영역은 한반도를 중심으로 하되 문화·경제적으로 동북아, 미국, 구소련지역 등 해외에 네트워크를 형성하고 연결시키는 것으로 재정립되었다.

해외동포는 한민족이라는 공통성이 있지만, 거주국의 속성에 따라 특수성을 갖는다. 따라서 일반성과 특수성에 대한 면밀한 분석과 깊은 이해를 바탕으로 다원적 정체성에 근거해 한민족공통체의 형성이 이루어져야 할 것이다. 여기에서 요구하는 한민족공동체는 열린 개념의 민족을 말한다. 열린 개념의 민족이란 기본적으로 혈연에 기초한 민족의 개념으로 국적, 언어, 관습, 지역적 차이를 인정하는 것이다. 즉, 개인의 정체성 속에서 집단적 정체성을 발견하고 이를 근거로 네트워크를 형성하는 것이다.

이상현(1998)은 재외한인들을 거주국가의 주류가 아닌 주변에 속하면서 거주국의 다양한 민족들과 함께 살아가는 민족으로 정의하고 있다. 따라서 재외한인 특히 재미한인들의 삶과 사명은 한국계 미국인(Korean-American)으로서 정체성을 확립하고 주변의 다양한 민족들과 함께 새로운 문화를 창조해 나아가는 데 초점을 맞추어야 한다고 주장한다. 또한 한국과 거주국가 모두에 속해 있고, 주변에 있기 때문에 기득권층이 할 수 없는 민족통일, 세계 평화를 위한 일들을 할 수 있는 장점이 있음을 지적하고 있다.

냉전체제 붕괴 후 세계화로 인하여 국가간의 교류가 활발해짐에 따라 근대적 공동체인 영토 중심 국가의 역할이 약해지고, 세계화의 대두로 자본주의와 더불어 민족주의의 부활에 따른 정체성을 중요시하는 민족주의가 부활하였다. 이에 편승하여 국가간에 해외 교포집단과 유기적 관계를 재정립함으로써 자국의 이익을 극대화하려는 경향이 생겨나고 있다. 한민족공동체도 세계 곳곳의 해외 한인사회까지 포함하는 초영토적 개념으로 확대하여 한민족공동체가 처한 정체성의 문제를 파악하고 공동체의 의미를 재정립하여 혈연, 지연, 문화, 언어 등 서로 유기적인 연결을 목적으로 하고 있다.

한민족 네트워크를 통한 한민족공동체는 남북한뿐만 아니라 세계도처에 거주하는 해외교민을 포함해야 한다. 각지에 거주하는 한민족들은 처한 경제적 조건, 정치적 환경, 이민역사 등이 서로 다르기 때문에 일반적인 민족의식 및 고국관은 동질적이지만 구체적인 내용과 표현 방식은 다양하게 나타난다. 따라서 각 공동체가 처한 특수한 상황 등을 고려하면서 한민족공동체의 재정립이 본국과의 교류에 어떤 실질적인 이득을 줄 수 있는지를 인식하는 것이 중요하다.

### 3) 가족네트워크와 사회네트워크

특정 민족의 네트워크에 대해 연구하기 위해서는 우선 가족네트워크의 개념을 정리할 필요가 있다. 가족네트워크란 민족네트워크의 개념보다 좁은 의미에서의 네트워크로 혈연에 기초한 네트워크라고 할 수 있다. 즉 이는 선발이민한 가족과 모국 혹은 제3국에 있는 가족간 연결망으로 연고이민자에게 이민 전에 이민국에 대한 정보를 제공하는 기능을 한다. Taylor(1986)는 이민자의 가족네트워크가 이민자로 하여금 새로운 사회에서 직업을 찾고 적응하는 데 매우 중요한 역할을 하다고 주장했다. 즉, 이민자에 대한 가족-친족 네트워크는 이민국에서 경제적, 사회적 생존을 위해 꼭 필요하다는 것이다.

이민자의 가족네트워크는 이민자에게 직업에 대한 정보와 창업을 위한 자본 및 정보를 제공함으로써 소득증가에 도움을 주기 때문에 이민국에서의 경제적 기회를 진작시킨다. Jin-Kyung Yoo(1998)은 가속네트워크와 교육수준이 이민자의 고용과 창업에 미치는 영향을 조사하였다. 연구결과 〈표 II-1〉을 보면 한인이민자들이 고용 후 얼마나 빨리 창업을 하는지 알 수 있다. 또 한인이민자들의 고용에 있어 동족민족 커뮤니티에 대한 의존도가 매우 높음을 알 수 있다.

〈표 II-1〉 한인기업가의 사전고용경험

| | 가족네트워크 | | 교육수준 | | | 합 계 |
|---|---|---|---|---|---|---|
| | 있음 | 없음 | 대졸 | 고졸이하 | 10대 이민자 | |
| 총인터뷰 수 | 70 | 71 | 75 | 66 | 18 | 159 |
| 사전고용경험이 없는 한인(%) | 20.0 | 18.3 | 26.7 | 7.6 | 5.6 | 17.6 |
| 사전고용경험이 있는 한인(%) | 80.0 | 81.7 | 73.3 | 89.4 | 94.4 | 82.4 |
| 사전고용 평균기간(년) | 2.8 | 3.2 | 2.2 | 4.0 | 4.4 | |
| 한인비즈니스에서의 고용경험(%) | 96.4 | 81.0 | 76.4 | 100.0 | 41.2 | 82.4 |

출처: Jin-Kyung Yoo, Korean Immigrant Entrepreneurs: network and ethnic resources, A Garland Series, Chapter 5 Pre-Immigration Background and Employment, 1998.

다음으로 사회네트워크에 대해 살펴보자. 〈표 II-1〉에 의하면 교육수준별로 대학을 졸업한 이민자는 노동시장에서 저임금과 미숙련 고용을 겪지 않고 창업을 할 수 있지만, 대학을 졸업하지 않은 이민자는 상당기간의 고용경험을 한 후 창업을 하는 것으로 나타났다. 이것은 가족네트워크 뿐만 아니라 사회네트워크라고 할 수 있는 교육적 배경이 이민 후 바로 창업하는 데 상당히 중요하다는 것을 의미한다. 사회네트워크는 혈연관계에 기초한 네트워크가 아니라 사회적 관계를 통해 형성된 네트워크 - 대표적인 것으로 교육적 배경, 고용관계 - 라고 할 수 있다. Chiswick(1984)은 모국에서의 교육과 직업배경이 이민후의 이민자가 직업을 선택하는 중요한 요소로 작용하며, 학력이 높고, 좋은 직업을 가진 이민자는 이민국에서 더 많은 수입을 가져올 수 있음을 주장했다.

또한 사회적 네트워크로 학연에 기초한 친구관계는 초기에 창업하는 데 결정적인 역할을 한다. 따라서 친구관계와 교육적 배경에 기초한 사회적 네트워크는 창업을 결정하는 데 중요한 역할을 한다. 그리고 학력의 경우 학력이 낮은 노동자는 노동시장에서 더 오랫동안 고용경험을 쌓을 수는 있지만, 불충분한 언어능력과 차별 때문에 성공하기가 쉽지 않은 것으로 나타났다.

다음으로 10대 이민자들의 경우 94%가 노동시장에 고용되고, 고용 기간도 일반적으로 1세대 이민자들보다 긴 것으로 나타났다. 10대 이민자들의 직업형태는 화이트칼라와 블루칼라 양쪽을 다 포함하며 법률가에서 자동차수리공까지 다양하였다.

네트워크 이론에서는 가족네트워크를 가진 이민자들이 노동시장에서 좋은 직업을 구할 수 있는 장점이 있다고 설명하고 있지만 반드시 그렇지는 않은 것으로 보인다. 가족네트워크보다는 사회네트워크, 즉 일반적으로 한인이 보유하고 있는 계층자원(class resource) – 교육수준, 사회적 배경, 지참금 – 의 수준이 한인의 직업결정에 보다 중요한 요소라고 할 수 있다.

### 4) 지역네트워크

#### (1) 메콩강 유역의 교역 네트워크

권기철(2000)은 캄보디아, 미얀마, 라오스, 베트남을 포함하는 메콩강 경제권을 중심으로 지역네트워크에 대해 연구하였다. 논문은 산업조직론적 시장의 개념을 메콩강 유역이라는 지리적 환경을 배경으로 하는 지리적인 지역으로 대체하고, 거기에 각종 실물적 차원의 네트워크를 추가시켜, 메콩강 유역에서 형성 발전하고 있는 경제관계를 분석하고 있다.

Capineri and Kamann(1998)은 교역네트워크를 재화의 이동, 자본의 이동, 그리고 노동의 이동을 가능하게 하는 수송네트워크, 네트워크 상의 결절지(교역 거점) 등을 포함하는 개념으로 이해하며, 메콩강 유역

국가들의 역내무역(국경무역), 투자, 인구이동, 교역거점, 수송 네트워크(통신)를 중심으로 네트워크를 살펴본다.

논문에서는 네트워크가 "집단의 행위에 부분적으로, 그러나 의도적으로 관련되어 있는 자발적 행위자들의 집단"으로 정의된다. 이런 종류의 집단참여에는 특정한 관계가 필요하며, 이 접근법은 행위자와 관계의 체계를 분석의 핵심으로 삼는다. 이 이론의 분석대상은 한 시장에만 한정되지 않고 생산자들과 구매자들(소비자들), 원자재, 기계, 수리 및 보수 서비스의 공급자들 간의 관계도 고려한다. 어떤 경제과정을 분석하는 모델에 전통적 시장분석에 비해 더 많은 변수를 포함시키고 있으며 이 접근법은 변화에 대한 강조가 가장 중요한 특징이다. 그리하여 네트워크 분석은 기업의 가용자원의 변화, 조직구조의 변화, 생산기술, 생산품목, 경영개념의 변화에 관심을 갖는다(Beije and Groenewegen 1992).

### (2) 미국 실리콘밸리 벤처기업의 경영네트워크

신동호(2000)는 미국 실리콘밸리에서 활약하고 있는 우리나라 교민을 사례로 벤처기업의 경영과정에서 형성된 네트워크의 형태와 특징을 파악하고 있다. 이는 그동안 네트워크 이론이 가져온 취약점을 보완하고, 또 우리나라 벤처기업 육성 및 경제발전을 위한 정책 수립에 도움이 되는 교훈을 제시하기 위해 벤처기업과 그를 지원하는 각종 기관이나 단체간의 네트워크에 대해 연구하고 있다. 논문에서는 실리콘밸리 내 첨단 교민기업의 네트워크를 이용하여 국내 첨단산업의 발전을 유도하고, 교민 과학기술자, 기업가, 자본가들의 경영 및 과학기술, 정보, 그리고 자본 등을 도입하여 국내 기업의 성장과 발전을 지원할 수 있는 가능성을 모색하고 있다.

네트워크는 개체(agency)와 연계(linkage)로 구성되는 것으로 파악된다. 개체는 벤처기업과 그를 지원하는 기관이나 단체가 포함된다. 한편 벤처기업에 영향을 미치는 개체는 정부기관, 기업가 단체, 대학 및 연구소, 금융기관, 기존의 주소, 기업 등이 있고, 이러한 개체들은 벤처기업과 상호 연계를 형성하고 있다.

한편 교민 벤처기업에 긍정적, 혹은 부정적 영향을 미치는 개체가 소재하는 공간적 영역에 따라 지역적 연계, 국가적 연계, 국제적 연계 등으로 구분하는 것이 가능하다. 벤처기업은 지역적 연계의 범위가 실리콘밸리이고, 국가적 연계는 미국 전역이며, 국제적 연계는 모국(한국)혹은 그 밖의 국가이다.

### (3) 도시간 협력네트워크

한표환(1999)은 동남권 산업도시를 중심으로 도시간 협력네트워크에 대해 연구하였다. 도시간 협력네트워크는 도시들 간의 상호관계의 구조로 상이한 기능과 계층을 가진 각각의 도시들이 특정목표나 이해를 실현하기 위해 상호관계를 유지하는 가운데 형성되어가는 관계적 형태로 정의할 수 있다. 이러한 도시간 네트워크의 유형은 수직적·계층적 도시체계와 수평적·비계층적 도시체계의 두 형태로 나눌 수 있다. 첫째, 수직적·계층적 도시체계는 전통적인 중심지 - 배후지 간의 지배 - 종속관계에 의한 계층적 도시분포를 말한다. 둘째는 수평적·비계층적 도시체계인데, 이는 네트워크 도시의 역동적 매카니즘이 작동한 공간적 현상(configurations)으로 지금까지 인구 및 경제활동의 도시간 분포를 결정한 접근성과 집적이 핵심적인 개념이다.

도시간 네트워크의 목적은 도시의 사회·경제적 환경변화에 적응하고 외부환경의 기회적 요소를 활용하면서 도시발전을 추구하기 위해 네트워크 도시의 협업적 매커니즘을 통하여 협력 공간적 기능 전문화, 시너지 창출 등과 같은 네트워크 외부효과의 확보하는 데 있다. 그리고 도시긴 네드워크는 경세행위의 장기적 안성성을 저해하는 불확실성은 도시차원의 사회적 조절체계를 확립함으로써 그리고 상호신뢰에 기반한 기업간 네트워크를 형성함으로써 감시할 수 있다. 그러나 도시자체가 경제활동의 장기적인 안정화에 기여할 수 있는 혁신적이고 친기업적 지역환경을 창출하는 데는 한계가 있다. 따라서 경제환경의 변화에 적응하고 외부환경의 장점을 활용하기 위한 전략이 필요하고 그 수단이 바로 네트워크 생산체계의 구축이라고 할 수 있다.

이는 네트워크체계의 근본적 속성이라고 할 수 있는 포함과 배제, 자율성과 종속성, 멤버십, 역동적 공개성의 내포적 상호작용에 기인한 시너지 창출효과가 불확실성을 감소시킬 뿐만 아니라(Castells, 1996, 홍필기, 1996, 김용창, 1998) 공간적으로 도시지역 내에서도 가능하고 도시결절들을 연결하는 상위의 지역적, 세계적 네트워크로도 연결되어 구출될 수 있기 때문이다.

Camagni & Salone(1993)는 3가지 협력네트워크의 외부효과를 지적하고 있다. 첫째, 위계적 네트워크로 재화나 용역의 시장권이나 생산요소의 시장권을 위계적으로 관할하는 중심지들 간에 형성되는 것이다. 둘째는 보완적 네트워크로 기능이 전문화되고 보완관계에 있는 중심지가 상호의존성에 입각하여 수직적 통합경제를 확보하는 경우이다. 마지막은 시너지 네트워크인데, 유사한 성격의 협력적 관계에 있는 중심지가 시장통합에 입각하여 규모경제효과를 기대할 수 있는 경우로, 세계적 차원에서 고급전문기능(기업본사기능, 금융기능, 고급서비스 등)을 수행하는 도시간 통합이나 동일기능 중심지 간의 지역적 협력이다. 이의 변형으로 혁신적 네트워크는 시장이나 서비스 공급의 임계규모를 확보하기 위해 사업중심으로 도시간 협력관계를 형성하는 것으로 사회기반시설제고의 기술혁신, 교육문화사업, 관광진흥 등의 분야에서 적용되며, 일종의 협력경제효과를 확보하는 것이다.

도시간 협력네트워크의 수준을 결정하는 것은 도시간 네트워크관계의 긴밀성에 있으며 높은 수준의 상호작용에는 기능 관련성 혹은 연결도, 네트워크 목표와 구성도 시간 목표일치도(김용창, 1998), 공간적 거리, 하부구조구축 등과 같은 매개변수가 관여한다.


## 2. 화교 네트워크

화교 네트워크(Bamboo Network)는 19세기 초 중국인의 해외이주와 함께 상호원조를 목적으로 한 혈연(血緣), 지연(地緣), 업연(業緣)에 기초하여 동시아를 중심으로 형성되었다. 이렇게 형성된 네트워크는 1940년대에 개별 국가 내에서 통합되기 시작하여 1970년대에는 동남아시아 지역에서 국경을 초월한 네트워크로 형성되었다. 특히 홍콩, 대만 및 동남아 지역에 거주하는 화교들이 1980년대 이후 북미지역과 구주 지역으로의 이주가 급격히 증가하여 북미지역과 구주 및 동남아 지역을 연계하는 글로벌 화교 네트워크가 형성되었다. 1990년대는 글로벌 화교 네트워크의 국제화 전략이 표면화되었고, 이 전략으로 인해 화교 기업은 사업이나 금융업 및 노동집약 제조업과 같은 주업종에서 고부가가치 산업으로 전환을 맞이하게 되었다.

현재 해외에 살고 있는 화교 수는 약 3천만 명 정도로 추산된다. 세부적으로는 중국 국적을 지닌 채 외국에 살고 있는 화교가 약 2백만 명에 달하고, 나머지는 외국 국적을 지니고 있는 해외 화인이다. 홍콩·마카오의 650만 명, 대만의 2,800만 명을 포함하면 전체 중국계 화교인구는 총 6천만 명에 이른다.[1]

이들 해외화교가 보유하고 있는 유동자산은 약 2조 달러에 달한다. 중국정부는 1980년대 이후 이 자본을 경제개발에 과감하게 끌어들였고 2,000억 달러가 넘는 해외직접 투자 중 2/3 이상을 화교자본으로 충당하였다. 화교들 간의 유기적 인간관계, 고향에 대한 투자동기, 중국정부

---

1) 이종훈·박호성·이종철(1997) 참조.

의 화교우대정책, 중국시장의 막대한 잠재력 등이 합쳐져서 화교의 모국투자가 가능해졌다. 따라서 화교 네트워크에 대한 이해는 우리로 하여금 재외동포와 모국 간의 유기적인 협력관계를 건설하고 이를 통해 한민족 경제권을 형성하는 데 유용한 중요한 역할을 해 줄 것으로 기대된다.

### 1) 화교의 정의

화교는 해외에 거주하고 있는 중국인으로 화교(華僑), 화상(華裔), 화인(華人) 등 다양한 이름으로 불린다. 또한 현지인과 결혼한 혼혈은 월남의 Minh-huong, 태국의 Luk-Chin, 말레이시아의 Baba, 필리핀의 Mestizo, 인도네시아의 Peranakans 등의 고유명사가 있다. 그러나 아직 화교란 개념에 대해 많은 학자들이 통일된 정의를 내리지 못하고 있으며, 일반적으로 화교는 "해외거주 중국인(Overseas Chinese)"으로 생각해왔다. 현재의 다양하고 복잡하게 얽힌 사회구조적 문제, 화교 자체의 복잡한 성격, 국적문제, 중국의 분열 등이 화교의 개념을 단순하게 정의하지 못하게 하지만 화교의 정의에 대한 다양한 의견을 종합하면, 크게 4가지로 구별할 수 있다. 즉, 중국 이외의 지역에서 단기간 거주하는 모든 중국인, 중국에서 외국으로 이주한 모든 중국인과 현지에서 태어나고 성장한 그들의 후예, 외국으로 이민하거나, 외국에서 거주하면서 중국 국적을 상실하지 않은 자, 혹은 외국의 국적을 취득한 자, 중국과 모종의 유기적 관계를 가지고 있는 자 등이다.

화교의 증가에 따라 화교사회는 점진적이고 자연적으로 형성되었다. 즉, 공식적이고 정치적 조직체가 아니라 교역과 투자 등이 중심을 이루는 경제활동체로 지역적인 경제협력의 성격을 넘어서 중국인 특유의 민족적인 경제결합체의 성격을 띠고 있다(손준식, 1998).

<표 Ⅱ-2> 동남아 5대 화교방

| 조직명 | 출신지 | 사업분야 | 분포지 |
|---|---|---|---|
| 복건방 | 복건성 장주, 천주 | 무역, 금융, 유통, 운수 | 싱가포르, 인도네시아, 필리핀, 버마 |
| 광동방 | 광동성 주강 | 금은세공, 요리업, 건설, 호텔, 극장 | 싱가포르, 베트남, 말레이시아 |
| 조주방 | 복건성 조주 | 농수산물 무역, 생선, 식품, 잡화 | 태국, 싱가포르 |
| 객가방 | 광동성 북부, 복건성 서부 | 약재, 고무, 피혁, 광산, 의사, 변호사, 교수등 전문직 | 태국, 싱가포르 |
| 해남방 | 해남성 | 요리업, 서비스 | 태국, 싱가포르 |

출처: 이문봉, "화교 네트워크: 실상과 대응," 「삼성세계경제」, 1994. 10, P.27.

해외 화교인구의 출신지역별 분포를 〈표 Ⅱ-2〉에서 보면, 광동성 출신과 복건성 출신이 압도적이다. 광동성 출신이 많은 홍콩을 포함하면 해외 화교의 약 70% 정도가 광동성 출신이고, 복건성 출신은 약 30%에 달한다.

화교의 뿌리는 중국이며, 중국인의 해외진출은 무역이 활발하던 당대, 명대와 식민지침략을 받았던 청대 말기에 주로 이루어졌다. 화교들은 주로 노동력을 조달하기 위하여 중국 동남부지역에서 미주대륙, 남양개발에 차출된 자들과 전란을 피하고자 동아시아 지역에 이주한 자들이다. 식민지 시대에는 광산, 농장 노동자나 상업, 유통업, 금융업, 서비스업에 종사하며, 식민지 종주국의 산업자본과 원주민 소비자 사이를 중개하는 역할을 맡았다. 2차대전 후 동남아제국의 민족주의는 화교에 대한 정치적·사회적 제약을 가했다. 1970년대 들어서 거주국의 공업화, 개혁, 서구의 경제지원에 따라 화교들의 경제력은 급성장하였다.

## 2) 화교 네트워크의 기초

냉전이 종식된 이후 국제경제는 국가가 상거래의 중심이 되는 것이 아니라 기업간의 상거래와 커뮤니케이션에 따라 좌우되는데, 이때 네크워크는 새로운 국제경제 체제의 핵심이 된다. 화교를 중심으로 하는 네트워크는 점조직적 네트워크들이 결합하여 이루어진 일종의 네트워크 구조이다. 이 용어는 1979년 6월 대만잡지 "장교(長橋)"가 중국, 대만, 홍콩, 마카오, 싱가포르를 연결하는 "중국인 공동시장(Chinese Common Market)"을 제출하면서 처음 등장했고, 이어 홍콩의 미래학자인 황지운(黃枝運) 교수가 1980년대 후반 "중국인 공동체(Chinese International Community)" 또는 중국인 "경제집단(Chinese Economic Grouping)"이 출현할 것이라고 예측하면서 본격적으로 등장하기 시작했다. 그 후 지역과 정치·경제·문화 등을 강조하는 통합의 주안점에 따라 중국인 경제공동체, 화남경제권, 대중화자유무역지대, 중국경제권, 중국연방, 중국문화공동체 등으로 다양하게 사용되어 오고 있다.

화교경제권은 중국과 해외 거주하는 중국인들 사이의 밀접한 경제협력을 의미하는 것으로 지역적 경제협력이 아니라 인적경제협력을 말한다. 인적관계를 중심으로 동아시아 지역내에서 이루어지는 민간이나 화교를 중심으로 경제협력이 이루어진다. 특히 화교 네트워크에는 혈연(血緣), 지연(地緣), 업연(業緣)을 중심으로 연결되는 중국인들의 인간관계(꽌시(關係))의 특성이 반영되기 때문에 다른 경제협력체와는 다르다. 화교들은 자신들의 사업을 하면서 사적네트워크로 동향관계를 기초로 한 동향회나 종친조직인 동성회, 기업인들로 조직된 업종별 조합과 지역별 상공회의소 등을 활용한다. 이중 화교 상공회의소가 가장 조직에서 핵심적인 역할을 하는 구심체가 되는데 이렇게 형성된 모임 중에서 동향관계가 동업관계보다 가장 중요한 연결고리 역할을 맡게 된다. 이렇게 동향을 중심으로 이루어진 동업단체는 화교경제권에서 가장 기본적인 조직을 형성하여 화교 네트워크의 바탕이 된다.

최근 들어서는 전통적이고 협소한 인간관계의 경계를 뛰어 넘어 국제적인 화교 네트워크를 형성하려는 노력이 활발하다. 가장 대표적인 사례가 세계화상대회이다. 싱가포르의 이광요 수상의 제안으로 제1차

대회가 1991년 싱가포르에서 개최된 후, 2년마다 동남아, 북미, 대양주 등의 대도시에서 개최되었다. 특히 2005년 10월 제8차 대회는 비화교권 국가로는 처음으로 한국의 서울에서 개최되었다.

1993년 11월 홍콩에서의 2차대회는 세계 22개국에서 중국 기업인 대표 약 930명이 참가하였다. 이 대회에서는 ABC(Acceptance, Belongings, Commitment)원칙을 채택하여 현지국 사회와의 융화를 기본으로 한 화교사회의 단결을 도모하였으며, 서로간의 정보교환, 상호협력 분야의 발굴, 중국과의 협력 분야를 모색하였다. 2001년 9월 중국 상하이 부근 난징(南京)에서 열린 제6차 세계화상대회에는 전 세계 화교기업인 5,000명이 모여서 날로 확대되어 가는 화상네트워크의 위상을 드러냈다. 또한 인터넷을 통해 세계 각지에 흩어져 있는 화교들의 교류의 활성화가 시도되기도 하는데, 구체적으로 1995년 3차 세계화상 네트워크에서는 인터넷 서비스 세계화상 네트워크(The World Chinese Business Network)를 통해 전 세계 화상의 연락처, 상업단체들의 명세서, 15개국 3만여 상호의 데이터베이스, 수출입 관련 정보, 최신 상업뉴스, 직원 모집 등의 다양한 정보가 전달되었다.

2005년 서울 코엑스에서 개최된 제8차대회에는 중국 등 28개국에서 2,500여 명의 화교 거상들이 한국을 방문했다(http://www.wceckorea.org/cn/main.asp). 대회결과 싱가포르 국영회사 등 화교기업과 화상의 한국에 대한 투자금액은 8억3000만 달러에 달하는 것으로 집계됐으며 수출계약과 상담액은 모두 5억 8,000만 달러에 이른 것으로 밝혀졌다. 가장 큰 성과는 싱가포르 국영 개발회사인 아센다스 투자 건으로 금액은 5억 달러에 이른다고 한다. 이 회사는 지난 2002년 한국에 진출해 현재 업무용 건물 및 물류창고 매입 등에 1억 1,000만 달러를 투자할 계획이라고 한다.

화교경제권이라는 거대한 네트워크는 화교라는 개인과 화교기업이라는 유니트를 바탕으로 경제적 이익을 달성하기 위해 활발하게 움직이

고 있다. 특히 화교 기업체는 자체 네트워크를 구성하고 있으며, 기업체
와 그 밖의 여러 사업으로 이루어진 네트워크를 가지고 있다. 이 네트
워크들은 서로 맞물려 짜여져서 전 세계적인 거대한 네트워크체제를
형성한다. 이 네트워크 속에서 화교들은 개개의 구성원들이 네트워크의
중심으로 기능하며, 이러한 기능은 시장매커니즘 기초하에 시장동향과
수익률에 따라 움직인다.

〈제8차 세계회상대회 전경〉

　　이러한 거대한 네트워크를 구성하는 화교경제의 성공요인은 내부적
요인론과 외부적 요인론으로 나눌 수 있다. 내부적 요인으로 첫째, 중국
인들의 특성, 가치관, 규범 등의 문화적인 요인에 중점을 두는 입장, 둘
째, 소수민족의 기업가적 동기와 근면성에 중점을 두는 입장 셋째, 중국
인 상업구조 특유의 강점, 즉 기업의 소유구조 및 경영방식이나 국제적
인 금융망에 중점을 두는 학자들로 구분되나 실제로 이들은 상호 연계
되어 있다. 내부적 요인론에서 제기된 화교기업들의 경영특성을 좀 더
구체적으로 보면 ① 기획관리기능에 있어서 외부에 폐쇄적이고 중앙집
권적이며, ② 가족들을 중요한 부서에 배치하며, ③ 인력관리측면에 있
어서는 비조직적이고 개인의 권한과 책임에 대한 명백한 구분이 없고
신상필벌의 원칙을 중시하며, ④ 마케팅 방식에 있어서는 시장확대를

위한 박리다매를 원칙으로 하고, ⑤ 거래비용을 최소화하기 위해 중국계 상호간의 네트워크 활용을 중시하는 등의 특징을 보여준다.

한편, 외부적 요인에 중점을 둔 입장은 화교들과 이들에게 주어진 환경간의 상호작용에 초점을 맞추고 있다. 이의 대표적인 학자인 요시하라 쿠니오는 동남아 화교자본의 성장을 1940년대의 대공황, 신생국의 독립과 경제민족주의, 1980년대의 경제자유화 등의 국제정치경제질서의 재편과 변화과정 속에서 파악하고 있다.

동남아의 여타 지역의 화교는 소수민족으로 정치적인 권리가 없으며, 배타의 대상이 되었다. 그러나 경제적인 각도에서 90년대 중반 이후 대만, 홍콩, 싱가포르는 세계무역 순위 중 15위 안에 들고 있다. 동남아지역에서의 경제력은 대부분 소수인 화교의 손에 집중되어 있다.

### 3) 화교 네트워크의 장점

화교 네트워크는 혈연, 지연, 업연을 바탕으로 한 절대적인 신뢰가 거래비용을 줄이고 신속한 의사결정을 가능하게 한다는 장점을 가지고 있다. 거래나 공동투자를 계약서류 한 장 없이 하는 경우가 있는가 하면 변호사나 회계사를 동반해야 하는 외국기업과의 상담을 귀찮게 여기는 화교기업가도 많다. 보통 화교출신의 대기업들은 상호출자, 합작, 자본참여 등의 방법으로 이뤄지며, 중소기업들은 공식단체, 기구를 활용하는 데 이것 역시 계약이나 문서보다 상호신뢰에 바탕을 둔 구두약속 방식으로 이뤄진다. 만약 어떤 사람이 이 약속을 지키지 않았다면 그는 화교 네트워크에서 거래를 전혀 할 수 없을 정도로 배제가 되므로 모든 사람들이 신뢰를 지키게 하는 강한 구속력을 갖는다. 이처럼 신뢰와 인간관계를 통한 거래방식은 시장의 정치적·제도적 장치가 발달되지 못한 중국이나 동남아지역에서 높은 거래비용을 피하기 위한 합리적 대안이라고 볼 수 있다.

서구 기업들은 중국에서 사업을 하면서 언어적, 문화적, 법적인 장벽으로 인해 사업하려는 의지나 능력을 상실하게 된다. 서구기업이 중국 시장의 궁극적인 잠재력을 인정하면서도 '기다려보자'는 식의 태도를 취함으로써 시장개혁이 더욱 확대되고 서구식 기업환경이 조성될 때까지 행동을 보류하는 반면 화교기업가들은 이런 면에서 덜 신중하다. 그들은 서구기업이 직면하는 많은 문제들을 피해갔다. 화교 네트워크의 구성원들은 중국의 신뢰하기 어려운 사업환경을 역으로 활용하여 서구 기업들보다 우위를 유지했다. 단적인 예가 맥도날드사와 중국정부 간에 있었던 분쟁이다. 1992년 천안문 광장에서 두 블럭 떨어진 베이징의 번화한 교차로에 개점한 맥도날드는 높은 매출액을 기록했다. 이 회사는 입지조건이 좋은 이 장소를 20년 동안 임차했지만, 1994년 11월 맥도날드사는 홍콩의 부동산 건물의 주인이 주상복합단지를 건설하려고 하니 부지를 비우라는 통보를 받았다. 맥도날드사와 같이 서구의 막강한 기업도 이러한 어려움을 겪을 수 있다는 사실은 이 지역 화교 네트워크의 영향력을 반증한다. 문화 및 언어적 요소와 함께 중국에서 사업을 하는데 있어 겪게 되는 공식적, 비공식적 장벽은 사업상 인맥을 확보하고 있는 사람에게는 오히려 상당한 장점으로 작용한다.

서구의 개인적인 접촉이나 사업 특혜를 초월하는 '꽌시(關係)'라는 개념이 있었던 것이다. 이것은 오히려 사업기회를 포착하기 위해 전통적인 규제나 계약과정을 비켜가는 것을 말하는데, 예를 들어 외부인은 중국에서 평범한 사업활동을 하는데 필요 이상으로 많은 시간이 소요될 수 있다. 전화를 설치하는 간단한 일조차도 지역관리들로부터 각종 승인을 받으려면 6개월이 걸릴 수도 있다. 그러나 적절한 꽌시가 있다면 단 며칠만에 승인을 받을 수 있다. 엄격한 사업환경에서는 개인간의 관계가 공식적인 절차보다도 중요하다. 그렇다고 화교기업들이 중국의 일관성 없는 사업환경 속에서 아무런 어려움도 겪지 않는다는 것은 아니다. 화교들은 일반적으로 자신의 출생지를 투자대상지로 선택하여 그

지역경제에 대해 이미 갖고 있는 자세한 지식을 활용한다. 또한 중국은 해외화교기업들에게 특별한 혜택을 주기도 한다. 예를 들면 본토의 중국인들은 자유롭게 홍콩을 입국할 수 없는데 비해 홍콩의 사업가들은 무비자로 중국본토에 입국이 가능하다.

### 4) 화교경제권의 형성

경제적인 측면에서 볼 때 중국의 대외개방경제정책과 화교경제권의 형성은 그 맥을 같이 한다. 1980년대부터 대외경제개방정책의 본격화가 화교들의 중국투자를 대규모로 이루어지게 하는 계기가 되었고, 이것이 중국경제의 급속한 경제성장의 견인차 역할을 수행하면서 화교경제권이라는 개념이 등장하기 시작했다. 화교경제권의 등장은 동아시아 경제질서, 정치정세 변화에 새로운 변수로 작용할 것이기 때문에 화교경제권에 대한 본질규명이 필요하다. 화교경제권(Chinese Commonwealth)은 중국, 홍콩, 대만을 포함하는 대중화경제권, 중화경제권(Greater China)과 홍콩, 중국의 광동·복건성·대만을 연결하는 화남경제권, 중국, 대만을 포함하는 양안경제권 등의 국지경제권을 포괄하는 개념이다.

화교경제권에서 화교자본은 대만, 싱가포르, 홍콩과 같은 화교국가들과 말레이시아, 인도네시아, 태국 등 화교가 경제권을 장악하고 있는 국가들의 급속한 경제성장의 결과로 형성되었는데 중국에 대한 화교자본의 투자증가는 홍콩, 대만, 동남아 화교기업과 중국본토의 경제교류를 활발하게 한다. 우선 해외에 거주하는 약 6천만 명의 화교가 보유하는 유동자산은 2조 달러에 달하고 중국, 대만, 홍콩 등의 중화경제권내 외환보유고는 2,000억 달러를 넘어서는데 아세안의 액수까지 합친다면 1993년을 기준으로 했을 때 미국, 일본, 독일 등과 비슷한 2,400억 달러의 수준이다. 세계은행에 의하면 1991년을 기준으로 화교들의 총생산액은 약 4천억 달러로 추정되며 1998년에는 약 6천억 달러에 이를 것이라고 추정하였다. 전 세계에 퍼져 있는 화교 중 홍콩과 대만을 제외한 나머지 2,800만 명 중 약 2,200만 명이 동남아 지역에 거주하고 있는 데, 이들의 영향력 역시 동남아 각국의 인구비중이 낮은 것과는 달리 태국에서는 최상위 10대 재벌 중 9개 재벌이 화교계가 차지하고 있고, 인도네시아에서는 상위 10개 재벌 모두가 화교계 자본이 차지할 정도로 경제적인 영향력은 결코 과소평가할 수 없는 수준이다. 또한 1996년 기준으로 화교 50대 부호 중 동남아 국가(태국, 인도네시아, 말레이시아, 싱가포르, 필리핀) 출신이 모두 35명인데 이것은 홍콩과 대만 출신의 15명을 훨씬 넘는 수치이다.

한편 이 5개국에 소재한 화교기업들은 모두 218개 업체로 이들의 총매출액은 1,580억 달러, 총자산액은 2,770억 달러로 동남아시아의 경제발전의 견인차 역할을 화교가 한다는 평가도 나오고 있다(이재우 외, 1998). 이러한 화교 경제권은 1980년대 중국정부의 경제개방으로 본격화되기 시작했는데, 같은 언어와 문화, 역사의 공유를 바탕으로 혈연과 지연을 중심으로 기업간 상호협력이 쌓인 화교 네트워크가 결정적이라고 할 수 있다. 즉, 세계 각국의 화교기업 150개사를 대상으로 한 조사에서는 자국내 사업의 50% 이상, 국제적 사업의 39% 정도가 화교기업간 네트워크를 통해 수행되었다. 이외에 해외화교들의 매년 총생산액이 1조 달러를 넘는데 이것은 2000년 중국대륙의 GDP와 맞먹는다. 또한 화교들은 풍부한 인적자본을 토대로 전문인력의 활용가능성이 높으며, 네트워크의 발달은 기업들 간의 연락범위를 크게 넓힌 반면 각 기업의 활동은 독립적이라는 점에서 효율성을 극대화할 수 있다.

## 5) 중국의 현대화를 위한 화교정책

과거 중국정부는 해외에 산재해 있는 화교의 세력을 결집시켜 중국 사회주의의 조속한 실현에 활용해야 한다는 의식을 갖고 있었음에도 불구하고 문화혁명, 대약진 운동의 실패, 사회주의 개조운동 같은 혼란을 겪으면서 귀국 화교에 대해 박해를 가했다. 그러나 1970년대 후반의 개혁개방 이후 4개 현대화를 달성하는 데 필요한 전위세력으로서 화교의 존재를 재인식하고 우대조치를 취하고 있다(이종훈, 1998).

중국정부는 1978년에 중국으로 귀국하여 생활하고 있는 화교, 즉 귀교들에 대한 정책으로 一視同仁, 不得岐視, 根據特点, 適當照顧의 이른바 16자 원칙을 채택 실시하였고, 1990년에는 귀교 권익보호법을 제정하여 귀국 화교에 대한 구체적인 보호조치를 명문화하였다. 해외화교의 투자를 촉진하기 위해서는 세세한 항목에 걸쳐 이들에 대한 우대조항을 법률로 보장하고 있다. 예를 들면 이들이 설립한 기업체를 국유화하거나 경영관리의 자주권을 보장하고, 특허권과 이윤을 보장하고, 투자로 발생한 합법적 이윤의 해외송금을 보장하고, 각종 세금우대를 하고, 중국 내의 금융기관으로부터 융자와 대출을 받을 수 있도록 하고 있다(이종훈·박호성·이종철, 1999).

또한 중국정부는 이와 같은 화교정책을 통하여 중국의 현대화에 이바지하도록 다음과 같은 사업을 강화하고 있다. ① 화교들의 자금을 유치함과 동시에 그들의 기술과 인재도 함께 흡수하려고 한다. ② 화교들의 정보망과 언어 및 네트워크를 이용하여 국내 상품의 수출을 촉진한다. ③ 이미 유치한 화교투자기업의 합법적인 권익을 보호하고 투자자들의 친목단체와 활동을 조직·거행하여 정보를 교환하고 관계를 증진시킴으로써 더 많은 외자유치를 촉진한다. ④ 더 많은 화교관련 기업들이 현행의 우대정책을 이용하여 자금과 기술·설비·정비를 끌어들이도록 돕는다. ⑤ 화교들의 기부를 통한 교육사업을 계속 장려한다. ⑥ 화교농장의 경제체제에 대한 개혁을 지도한다. 즉, 중국 당국은 정경분리의 원칙하에 화교의 인적·물적자원을 동원하기 위해 각종 우대조치와 적극적인 유인정책을 펴고 있다(손준식, 1998).

중국정부의 화교에 대한 투자촉진정책은 상당한 효과를 거두었고 이

에 따라 화교자본이 중국경제에서 차지하는 비중이 커졌다. 중국의 외
자도입은 홍콩과 마카오자본이 가장 많은 비중을 차지하고 있으며 대
만이 그 다음을 차지하고 있어 이들이 차지하는 비율이 60~70%를 차
지하고 있다.

<표 II-3> 주요국별 대중국 투자 현황

(단위: 억 달러, %)

| 국 별 | | 1990 | 1992 | 1994 | 1995 | 1996 | 비 중 |
|---|---|---|---|---|---|---|---|
| 화교계 | 홍콩 | 18.8 | 75.1 | 196.7 | 200.6 | 206.8 | 49.6 |
| | 대만 | - | 10.5 | 33.9 | 31.6 | 34.8 | 8.3 |
| | 싱가포르 | 0.5 | 1.2 | 11.8 | 18.5 | 22.4 | 5.4 |
| | 소계 | 19.5 | 86.8 | 242.4 | 250.7 | 264.0 | 63.3 |
| 일본 | | 5.0 | 7.1 | 20.6 | 31.0 | 36.8 | 8.8 |
| 미국 | | 4.6 | 5.1 | 24.9 | 30.8 | 34.4 | 8.3 |
| 한국 | | - | 0.05 | 7.2 | 10.4 | 13.6 | 3.3 |
| 기타 | | 6.0 | 11.05 | 43.1 | 52.3 | 68.5 | 16.3 |
| 총계 | | 34.9 | 110.1 | 337.7 | 375.2 | 417.3 | 100.0 |

주) 1) 대외차관은 제외한 실적임. 2) 비중은 1996년 전체실적에 대한 것임.
출처: 한광수, 『중화경제권시대의 개막과 우리 기업의 대응』(서울: 대한상공회의소, 1997), p.13.

## 6) 기업사례

화교 네트워크의 중심은 홍콩, 대만, 그리고 중국 해안이다. 전형적으
로 해외 중국 기업의 설립자들은 맨손으로 사업을 시작하여 확장함으
로써 그 과정에서 지역의 경제발전에 상당한 기여를 했다. 특히 가족중
심으로 중소기업은 오늘날 거대한 복합기업으로 성장했으며, 수십 개에
달하는 다양한 회사의 지분을 소유하고 있다. 1994년 기준으로 아시아
에서 화교가 소유하고 있는 500대 공기업의 총자산은 5,000억 달러를
넘어섰다.

인도네시아에서는 화교가 전체 인구의 3~4%에 불과하지만 국내 민
간자본의 약 70%를 소유하고 있으며, 200대 기업 가운데 160개 이상을

경영하고 있다. 태국에서는 화교가 전체인구의 약 10%를 차지하며, 이들은 태국의 4대 민간은행을 소유하고 있다. 그 가운데 방콕은행은 이 지역에서 최대 규모와 최고 수익을 자랑하고 있으며 화교 네트워크의 주요 대출창구이기도 하다. 말레이시아에서는 중국계가 기업자산의 약 절반가량을 소유하고 있다. 또한 필리핀에서는 화교가 전체인구의 2% 미만이지만 이 나라 1,000대 기업의 1/3 이상을 소유하고 있다.

이렇게 이 국가들의 경제에서 화교 네트워크가 차지하는 비중은 매우 크기 때문에 그들은 경계의 대상이 된다. 그 결과 화교들은 공식적 혹은 비공식적으로 차별대우를 받거나 직접적 폭력대상이 되기도 했다. 차별과 폭력으로부터 자신을 보호하기 위해 화교들은 그들이 사는 국외로 재산을 분산시켰고 이 과정에서 태국, 말레이시아, 인도네시아, 홍콩, 필리핀, 베트남에서 가장 큰 해외투자자가 되었다.

<표 Ⅱ-4> 아시아 화교 소유 500대 공기업 총자산

| 지 역 | 기업 수 | 시장자본금<br>(10억달러) | 총자산<br>(10억달러) |
|---|---|---|---|
| 홍콩 | 123 | 155 | 173 |
| 대만 | 159 | 111 | 89 |
| 말레이시아 | 83 | 55 | 49 |
| 싱가포르 | 52 | 42 | 92 |
| 태국 | 39 | 35 | 95 |
| 인도네시아 | 36 | 20 | 33 |
| 필리핀 | 8 | 6 | 8 |
| 총계 | 500 | 424 | 539 |

출처 : Murray Weidenbaum and Samuel Hughes(1998), 지해범 역, 『화교 네트워크』, 세종연구원, 1998. p.43 재인용.

전형적인 화교기업의 가장 두드러진 특징 가운데 하나는 국제적으로 다양한 지역에 진출해 있다는 점이다. 국경을 초월해 활동하고 있는 이 기업들은 시방기업들과는 근본직으로 다른 조직구조를 가지고 있나. 비국, 일본 및 서부 유럽 국가는 전형적으로 소유주가 분산된 대규모 제조업체가 많지만 화교 네트워크는 대체적으로 가족이 경영하는 무역중심의 사기업에 대한 주식의 상호소유가 이루어지고 있다. 중국의 문화와 경제의 관계에 대해 연구한 사회학자 피터 L. 버거(Peter L. Berger)는 중국기업을 이해하는 데 '절대적으로 중요한 제도'는 바로 '화교가족'이라는 결론을 내렸다. 버거에 따르면 전통적인 중국문화에서는 가까운 친척밖에 믿을 사람이 없기 때문에 중국기업들은 가족경영기업인 경우가 거의 대부분이라고 했다.

다음은 대표적인 기업을 몇 개 들어보자. 태국의 농업관련 산업 복합기업인 차룬 포카판(Chroen Pokphand) 그룹은 화교 가족경영 기업의 전형적인 예이다. CP그룹은 1921년 씨에이추와 씨소우누이라는 중국형제가 창립한 소규모 씨앗회사 '차 타이(Chai Tai)'에서 시작한 기업이다. 원래 중국 동남부에 위치한 광뚱성의 항구도시인 샨토우시에 본사를 둔 작은 회사였으나 방콕, 홍콩, 타이베이, 쿠알라룸푸르에 씨앗 판로망을 구축했다. 1949년 공산당 혁명 후 씨에이추는 회사본부를 방콕으로 이전하고 태국의 관례대로 '치아라와논'이라는 태국 이름을 내걸었다. 1950년대 초 챠타이 씨앗회사를 확장하려는 모험으로 일환으로 차룬 포카판사가 창립되었다. 이후 CP그룹은 근근히 사업을 이어 나가다가 1970년대에 들어 방콕은행으로부터 도산한 양계농장의 경영권을 인수함으로써 운명이 바뀌기 시작했다. CP사는 농부들에게 대출해주고 기술을 이전해 주었다. 그리고 닭사료를 판매하는 한편 닭을 사들여 식품점 및 식당에 유통시켰다. 이 사업전략은 놀라울 정도로 효과가 좋았고 CP사는 인도네시아, 대만, 중국, 터키, 포르투갈, 필리핀으로 운영망을 확장해 나갔다.

대부분의 성공적인 화교 기업들은 복잡한 자회사와 계열사망을 갖고 있다. 싱가포르의 옹뱅셍이 경영하는 HPL(Hotel Properties Limited)은 이 기업 산하의 공기업으로 옹은 이회사의 전문이사이다. HPL사는 건설, 호텔, 식당경영, 엔터테인먼트 등의 다양한 자회사를 갖고 있다. HPL사는 싱가포르와 홍콩, 말레이시아, 호주 등지에 호텔과 부동산을 보유하고 있다. 또한 화교 네트워크의 몇몇 다른 구성원들과 같이 옹은 최근 몇 년 동안 호주 및 기타지역으로 업종 다변화를 심도 있게 추진하고 있다.

화교가족경영 복합기업의 또 다른 예로 왕용칭이 경영하는 FPG(Formosa Plastics Group)를 들 수 있다. 왕은 대만에 본사를 둔 FPG를 중심으로 약 2억 달러 정도에 달하는 개인 주식을 갖고 있다. FPG는 광범위하게 사용되는 플라스틱 중합체인 염화비닐생산업체로 이 분야에서는 세계 제일이다. 또한 최근에는 루이지애나 주에 7억 달러 상당의 레이온 공장을 설립하려는 계획과 중국에 70억 달러 상당의 공업 구역을 세운다는 계획을 취소해야만 했다. 이러한 문제에 직면한 왕일가는 전자 및 컴퓨터 제조분야로 업종을 다변화했고 이들 신규기업 가운데 몇 개는 왕의 자녀들이 경영한다. 왕은 자신의 사업을 가족의 테두리 내에 두려고 많은 노력을 기울였고 그의 10명의 자녀들은 모두 가족경영기업에서 중역을 맡고 있다.

필리핀의 헨리 사이(Henry Sy)는 가족중심적인 화교 네트워크의 또 다른 일면을 보여준다. 사이는 1936년 푸지엔성에서 필리핀으로 이주했다. 제2차 세계대전 직후 그는 마닐라에서 신발가게를 차렸고, 1950년대와 1960년대 전기간에 걸쳐 사이는 자신의 슈마트 체인을 확대해가는 한편, 부동산과 관광, 그리고 은행분야로 업종을 다변화시켰다. 또한 그는 기존사업을 보완하기 위해 몇몇 제조공장을 인수하였다. 즉 건설분야의 사업을 보완하기 위해 시멘트 제조에 손을 댔고, 자신의 상점에 내다 팔 샌들 및 슬리퍼 생산에도 주력한 것이다. 1990년대에 들어 슈마트는 필리핀의 백화점에서 거의 50%의 점유율을 기록하게 되었다. 이제 필리핀에서는 소매업하면 자연스럽게 헨리 사이를 떠올리게 된다. 이것은 미국에서 제록스가 복사기와 동일시되는 것과 마찬가지다.

이상에서 때로는 대기업을 소유하고 있는 화교가족들이 결합하여 합작투자업체를 설립하는 경우도 있는데 이러한 조직은 전형적으로 가족, 친족, 출신지방, 방언(광뚱어, 크쟈어, 푸지엔어, 조주어)을 바탕으로 이루어진다. 은행과 같은 역할을 하는 이런 연합을 통해 구성원들은 대출을 하고, 정보를 교환하고, 직원을 채용하고, 사업소개를 받는다. 또한 이를 통해 화교들 사업의 기반이 되는 구두 계약의 효력이 더욱 강화된다. 그러나 협약을 위반한 사업가는 블랙리스트에 오르게 되고 그렇게 되면 그 사업가는 화교 네트워크 전체의 배척을 받아 다시는 이들과 거래를 할 수 없게 된다. 따라서 이는 소송을 당하는 것보다도 피해가 훨씬 크다. 도산이나 정직하지 않음으로 인해 개인뿐만 아니라 가족 및 일족 전체가 피해를 입는 것이다. 따라서 약속을 지키는 것은 매우 중요하다.


## 3. 유태인 네트워크

### 1) 유태인의 분포

유태민족은 국경이 없이 형성되어 20세기 중반 이스라엘의 건국 후에도 세계 각국에 흩어져 살고 있으며, 유태인에게 주어졌던 고난은 다른 각도에서 살펴보면 내일에의 투자라고도 할 수 있다. 유태인 디아스포라의 특이사항은 민족의 대다수가 역사적인 조국(historic homeland) 밖에서 살고 분산의 형태도 한때는 동유럽, 또 한때는 이슬람 국가, 그리고 오늘날에는 미국 등으로 변화했다는 것이다.

〈표 Ⅱ-5〉 유태인의 지역별 분포(2001년)

| 구 분 | 수 | 비 율 |
|---|---|---|
| 세계 | 13,254,100 | 100.0 |
| Diaspora | 8,301,900 | 62.6 |
| 이스라엘 | 4,952,200 | 37.4 |
| 미주 | 6,479,300 | 48.9 |
| (북미) | (6,064,000) | 45.8 |
| (남미) | (415,300) | 3.1 |
| 유럽 | 1,148,800 | 8.7 |
| 구소련 | 462,000 | 3.5 |
| 아시아 | 20,300 | 0.2 |
| 이스라엘 | 4,952,200 | 37.4 |
| 아프리카 | 88,300 | 0.7 |
| 오세아니아 | 103,200 | 0.8 |

자료: http://www.jfed.org/jewishmap.htm

〈표 Ⅱ-5〉는 2001년 기준 전 세계 유태인의 지역별 분포를 나타낸다. 먼저 전세계 유태인의 수는 13,254,100명이며 이중 4,952,200명(37.4%)이 본국인 이스라엘에 거주하고 있으며, 본국이외 지역에 거주하는 유태인, 즉 Diaspora의 수는 8,301,900(62.6%)명으로 전체의 2/3가량이 해외에 거주하고 있다.

해외거주 유태인이 가장 많이 거주하고 있는 지역은 미주지역으로 전체의 약 48.9%가 거주하고 있다. 미주지역에 거주하는 48.9%의 유태인 중 45.8%는 북미에 나머지 3.1%는 남미에 거주하고 있다. 미주와 이스라엘을 제외하고는 유럽지역에 8.7%의 유태인이 거주해 약간 높은 비율을 나타내며 아시아, 아프리카, 오세아니아 지역은 1% 미만으로 낮은 거주비율을 보이고 있다.

## 2) 유태인 네트워크의 규모

세계 속의 유태인 네트워크의 규모는 경제부문에서 두드러지게 나타나고 있으며, 유태계 다국적 기업, 유태계 금융업, 유태계 곡물 메이저 등의 형태로 다양한 분양한 분야에서 엿볼 수 있다. 유태민족은 망국의 무국적의 백성으로서 이 나라 저 나라를 떠돌던 이산·유랑의 역사 속에서 다국적 기업의 개념이 생겨난 것이다. 1900년간 유태민족을 괴롭혔던 것은 박해·학살·추방 등의 세 가지였다. 항상 불안에 떨면서 국경을 넘어 세계를 유랑하던 유태인에게는 국가도 국경선의 개념도 없었다. 유태인에게 국가란 그저 귀찮은 것, 국경선은 넘어야만 하는 것이었다. 이런 유태인들의 세계관으로부터 다국적 기업의 발상이 떠오른 것이다. 다국적 기업은 지구를 상공에서 내려본다. 그 지구는 다수의 민족에 의해서 짜여진 모자이크 모양의 지구다. 그런 지구를 바라보면서 항상 생산 코스트를 낮추어 물건을 만들고 이를 고가격에 판매한다. 세계를 모자이크로 보는 다국적 기업의 발상과 그 형태는 선진국 대기업의 주류를 구성하고 있다. 이들이 국가를 미국처럼 블랙홀(black hole)화하는 것인데, 세계의 기업들 또한 다국적화, 아니 무국적화를 달성하고자 분투하고 있다.

전 세계를 상대로 하는 유태인에게 상대의 국적 따위는 아무것도 아니다. 유태인이 아닌 사람과 거래하는 경우, 일일이 '독일인', '프랑스인'이라고 상대를 가려서 부르지 않고 통틀어 '이방인(異邦人)'으로 취급해 버리는 것도 유태인이 국적을 전혀 개의치 않기 때문이다. Sombart는 "만일 유태인이 북반구에 분산되어 이주하지 않았다면, 근대 자본주의는 발생하지 않았을 것이다"라고 했다.

유태계의 힘이 얼마나 막강한가는 세계의 대기업의 상당수가 그들의 지배하에 있다는 사실에서도 알 수 있다. 세계 대기업 50개사 중 21개사, 상위 20개사 중 13개사를 미국기업이 독점하고 있다. 그 13개 회사

전부가 미국의 유태계 5대재벌과 인적 혹은 자본으로 강력히 밀착돼 있다. 그리고 이들 미국의 대기업은 GM, Exxon의 톱클래스로서 대략 스위스의 GNP와 맞먹고, 19위의 크라이슬러까지도 이스라엘의 GNP에 맞먹는다고 할 만큼 거대하고(스위스의 GNP는 세계 19위, 이스라엘은 73위) 이들 대기업이 모두 다국적 기업이라는 것이다.

그물과 같은 조직으로 지구를 전부 감싸고 있는 세계의 다국적 기업은 대략 500개사로 미국에 거점을 두고 있는 240개 회사가 유태자본의 지배하에 있다. 더욱이 로열 더치 셸(영국, 네덜란드), BP(영국) 등 여러 외국의 거대한 다국적 기업 또한 유태자본의 강한 지배를 받고 사업을 전개하고 있다. 이외에도 유태인 네트워크의 규모는 다양한 분야에서 찾을 수 있다. 예로서 세계금융시장은 의문의 여지없이 유태자본이 경영권을 장악하고 있는 미국은행이 지배하고 있다. 미국은행의 상위 5대 은행 가운데 체이스 맨하탄과 J.P. 모르간은 록펠러, 모르간의 2대 유태재벌이 직영하고 있고, 뱅크 오브 아메리카는 영국의 최대 유태재벌인 로스차일드가와 제휴하여 많은 지원을 받고 있다. 또 월스트리트에 본거지를 둔 투자은행도 최대의 돈줄인 메릴 린치를 비롯, 솔로몬 브러즈, 모르간 스탠제이, 파스트 보스턴 등이 모두 유태자본이 경영하고 있다. 이렇듯 국제 유태자본은 천문학적으로 치솟는 시장전역에 그 어떤 세력보다도 공고하고 치밀한 네트워크 체제를 갖추고 있다.

석유가격을 좌우하는 것도 유태자본과 밀접한 관계가 있다. 세계의 에너지원의 중심인 석유를 지배하고 있는 것이 오일 메니저이다. 이들 각 사는 옛날부터 유태재벌에 의해 운영되고 있다. 엑슨, 모빌, 스탠다드는 록펠러가 지배하고 걸프는 메론가의 지배하에 있었는데, 록펠러가의 소카르에 매수되었다. 로열 더치 셸은 로스차일드가와 텍사코는 노리스가 깊숙이 관여하고 있다. 영국의 브리티시 페트롤리엄은 국책회사인데, 역시 유태자본에 큰 영향을 받고 있다.

석유시장 이외에도 곡물시장과 메스컴 분야에서도 유태자본은 큰 위력을 지니고 있다. 이렇게 각 분야에서 활약하고 있는 유태인들이 공통적으로 갖고 있는 생각은 자신들이 박해를 받아왔다는 것이다. 그들은 부모들로부터 항상 그 사실을 들으면서 자랐기 때문에 그들이 강한 결속력과 연대감을 갖고 세계에 대항하는 하나의 근거가 있다. 이처럼 미국의 매스컴계, 의회, 노조, 학회 등 요직에 있는 유태인의 연대감은 막강하다. 미국에 정착하지 않은 유태인 공동체는 세계국가처럼 종횡으로 활동하며 국제정치의 벽을 뚫는 지하수맥이다(김홍기, 1991). 세계 여러 곳에 분산되어 있는 국가에 같은 민족이 흩어져 살고 있는 그들이 서로 연락을 취하고 정보를 교환하며, 서로 돕고 있으며, 장사에 있어서도 서로 이어져 있을 때, 이미 국경이란 것은 철폐된 결과가 된다.

그러면, 유태인은 왜 미국에서 성공할 수 있었을까? 오늘날 미국에 거주하는 유태인의 약 90%는 지금부터 대략 100년 전에 이주한 동유럽계 유태이민족의 자손들이다. 그들은 같은 시기에 미국으로 건너온 다른 이민족과 마찬가지로 미국에서 가난한 생활을 시작하였다. 그런데 비슷한 처지에서 출발한 이민족들 가운데 왜 유태인만이 오늘날 미국에서 부유한 민족 집단으로 성공하고 많은 대부호를 배출할 수 있었을까? 몇 가지 통계적 수치로 보면, 첫째, 유태이민자의 귀국률이 낮다는 점이다. 미국으로 건너온 이민족들 가운데 1905년부터 20년 동안 귀국한 비유태인의 비율은 30% 가까이 달한다. 이에 반해 유태이민족은 8%를 넘지 않았다. 이 수치는 다른 이민족의 대부분은 이국에서 돈을 벌어 작은 돈이라도 모이면 다시 본국으로 바로 귀국했다는 사실을 나타낸다. 다음으로 유태인 중에는 도시출신 비율이 높았기 때문에 상공업 종사자가 많았다. 이에 비하여 세기의 전환기에 미국으로 이주한 다른 이민족들은 대부분이 농촌 출신자였다. 그들은 20세기의 미국산업사회에 유리한 위치를 차지하기 위해 필요한 도시적 생활환경 적응력을 유태민족만큼 갖추지 못했던 것이다. 또한 유태교가 영리추구를 긍정하는 종교라는 사실을 유태인 기업가로서 성공을 이룩하는 데 결정적인 요인이었다고 말할 수 있다.

여기서 사업을 하려는 사람에게 자금 조달은 지극히 절실한 문제인데 그런 면에서 소액의 사업자금을 무이자로 대부해주는 제도가 역사적으로 유태인 사회에 존재했다는 사실이 특이할 만하다. 유태인의 성공은 이러한 제도적 뒷받침이 있었던 것이다. 그 대표적인 기관이 18세기 유럽에서 기원하여 19세기 말 동유럽게 유태이민족의 미국 이주와 함께 지속적으로 전미 각지에 설립된 '헤브라이인 무이자 대부협회'이다. 거의 같은 시기에 도미한 많은 이민자 집단 가운데서도 상술이 뛰어났던 일본계·중국계 이주자는 동포끼리 자금을 조달하는 시스템인 금전 상호융통 조직이나 호조회(互助會)라는 시스템을 미국에 이식하여 기업가로서 성공하기 위한 발판으로 삼았다. 그러나 일본계와 중국계는 이자를 무는 대부였고, 출자한 사람도 돈을 빌리는 사람과 마찬가지로 가난한 이주자였음에 반해, 유태인의 협회는 무이자 대부인데다 출자한 사람들은 일찍이 미국에서 자리를 잡아 성공한 비교적 유복한 동포집단이었다는 점이다.

아시아의 경우 화교(華僑)가 그러한 위치에 있다. 그들에게 있어서는 싱가포르의 화교나 홍콩의 화교 혹은 대만의 화교 그리고 중국 본토에 있는 동족도 서로 국경을 넘어 연결되어 있으며, 서로 돕는 일이 당연한 것으로 되어 있다. 이것이 세계적으로 확대되어 엄청난 힘을 가진 이면에 숨어 있는 국가라는 이름에 걸맞은 유태인들의 눈에 보이지 않는 조직이며, 파워의 기초이다.

### 3) 유태인 네트워크의 특성

유대인들은 "세계 초강국인 미국에 대한 영향력이 대단하다"는 말을

무척 싫어한다. 이 말은 반유대주의적 발상이라는 것이다. 대신 "인류 문명에 기여했다"는 소리를 들으면 비로소 웃는다. 아인슈타인, 프로이트, 마르크스, 키신저, 스필버그, 엘리자베스 테일러 등은 시대를 뛰어넘어 각 분야에서 활약한 사람들의 이름으로 모두 유태인이다. 세계적인 대기업도 예외는 아니다. 록펠러, 모건, 듀폰, 로열더치, GE, GM, ATT, IBM, 보잉, US스틸, 제록스 등의 기업은 미국의 대표적인 유태인 자본가가 이룬 초일류급 회사들이다. 여기에 유태인 재력가들의 기업군이 직·간접으로 관여하는 부분마저 합치면 그 힘은 엄청나다.

미국의 1차 산업에서부터 제조·서비스업까지 그 영향력이 미치지 않는 분야가 없을 정도다. 뿐만 아니라 유럽의 로스차일드, 해운왕 오나시스 등 각국에 퍼져 있는 자본력까지 감안하면 세계 경제는 그물 같은 유태인 자본에서 벗어나기 힘들다. 뉴욕의 월가에서 홍콩자본까지 유태인의 손이 안 미치는 곳이 거의 없다시피 할 정도다. 사실 미국 내 유태인들은 미국인구의 3%도 채 안 된다. 절대적인 소수민족이다. 그럼에도 불구하고 유태인의 파워는 막강하다.

미국과 이스라엘은 유태인 생활의 양대 축이다. 본토 이스라엘이 전통을 보존하는 일을 맡는다면 미국은 본토 밖에서 전 세계 유태인을 지원하는 역할을 한다. 미국에 유태인들이 몰리기 시작한 것은 2차대전 직후이다. 그 이전까지는 유럽에 60% 정도가 모여 살았다. 특히 폴란드와 구소련 땅에 무려 6백여만 명이 밀집돼 있었다. 이른바 쉰들러 리스트가 횡행했던 시절인 1939년부터 1945년까지 나치의 대학살로 6백만 명이나 희생됐다. 그 후 유태인들은 미국으로 몰려들기 시작했으며, 대부분 뉴욕에 자리를 잡았다.

유태인들의 미국 초기생활은 어쩌면 한인 동포보다 훨씬 못했을 수도 있다 게딱지같은 집에 두세 가족이 빼곡하게 몰려 살았다. 한 개뿐인 화장실을 공동으로 사용할 정도였다. 하나같이 이들은 3D업종에 종사했으며, 유태인 봉급자의 3분의 2가 봉제업에 종사할 정도였다. 새벽부터 밤늦게까지 1주일 일 해봐야 손에 주는 돈은 남자는 6달러, 여자는 3~5달러가 고작이었다. 장사도 저가품 위주였다. 미국 시장에 잡화·인조보석·등 값싼 물건을 들여오기 시작한 것이 유태인이었다. 최근 미주 한인들이 유태인들의 바통을 이어 받아 주로 운영하고 있는 세탁소나, 식료품·청과물 가계의 대부분은 과거 유태인 소유였다.

이처럼 우리보다 한 걸음 앞서가고 있는 유태인의 경제력 성장비결은 무엇일까? 그것은 단순한 선후의 차이가 아니라 선민의식, 교육, 상호돕기식 커뮤니티 활동에서 찾을 수 있다. 이중 미국의 유태인 모금조직은 대표적인 것이다. 이 모금액의 규모는 1만 달러에서 50만 달러까지가 주를 이루고 있다. 5백만 달러가 넘는 거액기금도 흔하다. 이런 모금액 중 80%를 본국에 보내거나 다른 나라에 있는 유태인들을 돕기도 하고 소수민족을 돕기도 한다. 이런 모금단체를 포함한 각종 커뮤니티 조직만도 미국에 2백여 개가 넘는다.

남다른 교육열도 눈여겨볼 만하다. "자식농사"가 최대의 사업이란 것이 유태인들의 공통된 생각이다. 고달픈 "블루칼라"에서 "화이트칼라"로 변신하는 데는 바로 교육열이 절대적인 힘이 되었다. 그러면서도 모국과 전통을 절대 잊는 법이 없다. 특히, 히브리어 교육은 필수과목이다.

이와 함께 유태인을 하나로 묶는 조직의 조직력과 파워도 주목할 만하다. 예컨대, 미국내 유태인단체 본부인 전미유태인협회(NJCARAC)는 국가조직과 흡사하며, 교육·과학·방위·사회 등 각 분야에 산하조직을 두고 있다. NJCARAC는 미국 내의 1,200개 도시에 산재해 있는 유태인 단체의 총본산으로 각 지부위에 30개의 상위 중간조직이 있다. 이 가운데는 회원수가 100만 명이나 되는 5대단체가 있다. 이러한 유태인 조직은 유태인으로서의 생활을 유지하고 언어·역사·문화를 전수하는 데 필요한 모든 경비와 신문발행이나 각종 문화행사경비도 지원한다. 이 같은 조직적 연대와 이를 매개로 한 사회활동에의 참여를 통해 현지에서의 성공이 가능했다. 즉, 유태인들의 성공에 특별한 비결이 있다기보다는 완벽한 조직과 이를 통한 공적활동에 참여함으로써 적응력을 기르는 데 매우 뛰어났다는 데에서 그 이유를 찾을 수 있다.

### 4) 기업사례

혈통을 특성화할 수 있는 유태인 산업의 특색을 살펴보면 첫째, 유태인 산업에서도 중핵을 차지해 온 부동산 산업이 대폭 후퇴했다는 것이다. 1985년 유태계 자산가 상위 15명의 사람들 가운데 6명이 부동산 업자였지만, 2000년에는 이 순위에서 자리를 지키고 있는 부동산 업자는 불과 3명에 지나지 않았다. 둘째, 유태인 산업 가운데 미디어 산업은 여전히 건재하다. 셋째, 엘리스, 발머, 델과 같은 젊은 하이테크 장자의 등장이다. 이러한 현상은 미국 경제전체의 동향을 반영한다. 넷째, 금융산업분야에서 헤지펀드의 운영자들이 새로운 주역으로 올랐다는 것이다.

한편, 1980년대에 유태계 금융산업의 중심을 차지한 기업체의 구성원에는 변화가 있긴 하지만, 여전히 금융산업은 커다란 돈벌이가 된다는 사실에는 변함이 없다. 이상에서 후퇴한 부동산업을 대신하여 새롭고 눈부시게 대두한 산업분야는 컴퓨터와 관련된 이른바 정보통신 산업분야이다. 정보통신산업으로의 진출은 불과 몇십 년 전까지만 해도 아무도 예상하지 못했던 일이다.

그러나 여기에서 보게 될 성공사례는 별모양의 장식을 단 왕관을 머리에 쓴 인어를 트레이드 마크로 하는 커피체인점 스타벅스(Starbucks)이다. 일본에서는 1996년 8월 긴자에 1호점 이래 수도권을 중심으로 날로 번창하여 2001년 9월 이미 284개의 점포가 성공적으로 운영되고 있다.

스타벅스는 역 앞이나 교차로와 같이 좋은 입지조건을 가지고 있으면서 구조조정에 의해 철수한 은행의 지점 자리에 주로 위치하고 있다. 스타벅스라는 명칭은 멜빌의 소설 〈백경〉에 등장하는 커피를 물 마시

듯 마시는 1등 항해사의 이름에서 따온 것이다. 동종업계의 다른 회사가 값이 싸고 부담없이 들어갈 수 있는 편안한 이미지를 지향한 반면, 스타벅스는 고급스럽고 세련된 이미지를 추구했다. 현재 스타벅스는 직원 2만 6천 명, 매출액 26억 4,900만 달러로 2002년 포천 랭킹 550위로 커피 전문점으로서는 세계 최대이지만 기업 규모면에서 보면 그리 큰 편은 아니다. 그러나 과거 5년(1994~98) 기업의 장래성을 보장하는 스타벅스 주식의 통합이익은 38%로 미국의 대형 소매기업 중에서 최고의 실적을 자랑하고 있다.

이런 스타벅스의 사주 겸 회장인 하워드 슐츠(Howard Schultz)가 미국을 대표하는 50명의 CEO 중 한 사람으로 유태인이다. 슐츠는 원래 시애틀에 불과 5개 점포를 보유한 영세한 스타벅스를 1987년 매수해, 일본을 시작으로 싱가포르, 취리히까지 진출해 국제적인 기업으로 성장시켰다. 또한 스타벅스에서 두 번째로 대외적으로 지명도가 높은 유태인은 1990년 소매업 부문의 책임자로 스카우트된 하워드 베허이다. 한 저널리스가 유태인으로서 CEO 자리에 앉은 소감이 어떤지 베허에게 물었을 때, "우리의 세계관은 유태교로 채워져 있으며 우리의 정신은 역시 유태교로 형성되어 있다. 우리 회사는 우리 동족과 환경 덕택에 유지된다"라고 대답했다.

사실 스타벅스는 고장인 시애틀의 유태인 사회와 밀접한 관계를 유지해왔다. 원래 전문 경영인이었던 슐츠는 독립을 위해서 필요한 자금을 조달해야 했지만 여의치 않았는데 이때 어려운 상황에 처해 있던 그들을 도운 사람이 바로 시애틀 유태인 사회의 중심이었다.


## 4. 인도인 네트워크

인도인 네트워크는 강제적 성격을 배제할 수는 없지만, 일자리를 찾기 위해 국제적으로 이주한 노동 디아스포라로 볼 수 있다. 그 전형적인 사례가 1830년부터 1920년까지 영국, 네덜란드, 프랑스의 열대농장에서 일하던 인도의 계약노동자들이다. 이렇게 세계 각국에 분포된 인상들은 이주의 역사가 길고, 네트워크가 잘 조직되어 있다. 또한 현지 적응능력이 뛰어나 세계 각 지역에서 막강한 영향력을 행사하고 있다. 특히, 이들은 모국에 대한 애착심이 강하여 자신들의 경제력이 인도의 경제발전에 중요한 역할을 하고 있다.

### 1) 인상의 정의[2]

중국의 화교처럼 세계의 각 지역에 거주하며 비즈니스를 전개하는 재외인도인들을 일컬어 "인교(印僑)", 혹은 "인상(印商)"이라고 한다. 인도정부는 이와 같은 재외인도인들을 비거주인도인(NRI: Non-Resident Indian), 인도혈통인(PIO: Persons of Indian Origin), 그리고 해외법인체(OCB: Overseas Corporate Body)라는 세 가지 범주로 포괄적인 정의를 하고 있다. 이들 인상 중에서 우리나라의 재외동포라는 개념과 유사한 재외에 거주하는 인도인을 가리켜 '재외인도인(Non Resident Indians: NRIs)'이라 하는데, 이들은 인도국민 혹은 인도혈통의 외국인으로서 해외에 거주하는 인도인을 의미한다.[3] 인도혈통인이란 언제 어느 때라도 인도여권을 소지하고 있는 사람, 과거에 자기 자신이나 그의 부모 또는 조부모 가운데 한 사람이 인도인이었던 사람, 그리고 인도인의 배우자 혹은 항상 인도여권을 가지고 있는 사람이나 과거에 자기 자신이나 그의 부모 또는 조부모 중 한 사람이 인도인이었던 사람의 배우자를 말한다. 해외법인체(OCB)는 해외기업, 합자회사, 기업합동, 조합, 기타 법인체로서 직·간접적으로 최소 60%의 범위에서 인도인 또는 인도 원거

---

2) 전형권(2004) 참조.

3) 방글라데시인과 파키스탄인은 제외함. 최근 비거주인도인에는 FEMA(Foreign Exchange Management Act)에 근거하여 외국에서 유학 중인 학생도 포함된다.

주민을 소유한 또는 그러한 사람이 최소한 60%의 지분을 가진 해외트러스트를 의미한다.

인상의 역사는 16세기의 노예로 대표되는 예속노동자의 이동의 역사와 같다. 인도인들의 동남아로의 대규모 이주는 영국이 인도, 말레이반도, 미얀마 등을 식민지로 삼으면서 시작되었다. 1833년에 노예제가 가장 발달한 서인도제도에서 영국은 노예노동을 폐지시킨 후 식민지의 플랜테이션경영에 필요한 노동력을 계약노동으로 대체함에 따라 노동의 주공급원이 아프리카에서 아시아로 전환되었고, 대부분의 값싼 계약노동자들은 인도를 비롯한 남아시아 일대에서 공급되었다. 이렇게 형성된 재외인도인들을 인도혈통인이라 하며 이들은 모국과의 관계가 비교적 소원한 집단이다.

20세기 중반 이후 본격적으로 시작된 또 다른 형태의 국제적 이주는 식민주의로부터 독립한 신생국가들에서 나타났는데 이들은 서구 산업사회의 대도시로 노동력이 이주하는 형식으로 전개되었다. 1960년대 중반 이후 미국, 캐나다, 호주 등의 이민정책 완화를 계기로 대량의 제3세계 노동력의 이주가 시작되었고, 인도인들도 이 무렵부터 학력과 기술을 토대로 한 도시출신의 숙련기술자, 과학자, 의사들이 서구 산업국가로의 국제적 이주를 시작했으며 이주국의 도시중산계급을 형성하였다. 흔히 이들은 비거주인도인이라 하며 모국과의 긴밀한 관계를 지속하고 있다.

## 2) 인상의 규모 및 실태

현재 인도인 디아스포라의 크기는 인도혈통인과 미국의 경우, 인도인들의 미국이민은 미국의 전후 경기활성화에 따른 노동력 부족을 보완하기 위해 이루어지기 시작했는데, 1965년 인종차별적 조항을 철폐한 미국 이민법 보완법이 시행됨과 동시에 미국에 정착하여 오늘날과 같은 대규모의 인도인 커뮤니티를 형성하였다. 인도계 미국인(American Indian)의 인구는 2000년 센서스에서 170여만 명으로서 미국 전체인구의 0.6%를 차지한다. 그리고 20만 명의 불법체류 인도인이 있으며 또한 20만 명의 피지와 아프리카 등지 출신의 2차 및 3차 이주자들이 있다. 미국에서의 인상의 거주는 최근 2000년도 이후로 급격하게 증가하는 추세에 있다. 대부분의 인상은 인도에서 교육을 받고 미국으로 이주해 간 사람들로서 주로 의사, 약사, 법조인, 경영인, 과학자, (국제) 금융가, 교수, 엔지니어, IT 인력, 예술인, 언론인 등 최고위직에 포진해 있다. 인도의 대부분의 방송과 케이블 TV가 미국에서 방영되고 있는데 이를 통해 그들과 인도 본국과의 문화적 유대관계의 유지는 밀접한 경제관계로 발전하고 있다.[4]

국가단위의 경제적 조직은 그리 많지 않지만 미국의 경우 인-미기업가회(India-America Entrepreneur), 인도미국 상업회의소(India-America Chamber of Commerce), 인도인 전문가 네트워크(Network of Indian Preofessional) 등의 대표조직이 있기 때문에 다른 지역의 인교에 비해 교류면에서도 가장 활발한 양상을 보여주고 있다. 이들 조직은 미국사회에서 상당한 영향력을 행사하고 있는데 다른 아시아인 출신이나 히스패닉에 비해 그 조직력과 영향력이 월등하다. 하지만 이 또한 인상의 경제적 위치에 비교해 볼 때 아직은 큰 단위라고는 볼 수 없으나 최근 인도에서 일어나는 국가주의와 보조를 맞추어 향후 국가 단위의 경제조직이 더 활발하게 조직될 것으로 보인다.

한편, 모국과의 관계가 소원했던 인도 혈통인 단체들도 전 세계적인 네트워크로 결합하여 움직이고 있다. 해외에 거주하고 있는 인도혈통인의 국제적인 네트워크로 세계인도혈통기구(GOPIO: Global Organization of People of Indian Origins)가 있는데 1989년 뉴욕에서 제1차 세계인도혈통인대회를 가졌다. 이 단체는 거주국과 인도 및 PIO의 이익을 위해

---

4) Jayaram(1998) 참조.

재정적, 전문적인 풀을 풍부히 형성하는 데 사업의 우선순위를 두고 있다. 또한 세계인도혈통인 기구는 내부의 네트워크를 적극적으로 강화하며 이를 통해 인도와 유럽연합의 관계를 강화하고 결과적으로 모국발전에 역할을 담당하고 있다. 이처럼 거주국을 불문하고 재외 인도인커뮤니티는 자신들의 결속된 힘을 바탕으로 역할을 확장시키고 있으며, 대부분의 인도인의 권익 및 모국의 발전에 초점을 맞추어 활동을 전개하고 있다.

### 3) 인교와 모국과의 관계

인도는 다민족국가로서 다문화적인 세계를 접하면서 문화와 기술 및 시장에 영향을 미치는 다양한 요인들을 효과적으로 이해하고 이를 활용하는데 장점을 가지고 있다. 초기의 노동이민으로부터 상업적 이주형 디아스포라로 발전한 인상은 특히 세계시장의 통합발전과정에서 네트워크 자산을 형성하게 된다.

독립 후, 전문적으로 훈련받고 선진국에 성공적으로 정착한 비거주인도인들은 인도시민권을 확보하였는데 주요경제와 전문영역에서 국가와 친척에게도 상당한 기여를 하고 있으며 모국발전과정에 인상의 영향력은 크다. 중국을 제외한 다른 아시아 국가들이 극심한 경기침체로 고전하던 1997~98년에도 인도는 5%대의 성장률을 기록하였다. 이는 인도경제가 외부의존도가 낮고 최근까지 인도의 성장률도 중국을 제외하고는 아시아에서 가장 높다. 과거의 빈곤과 후진성, 각종 국제기구의 원조 대상국에 불과했던 인도가 중국의 뒤를 잇는 경제대국으로 발돋움한 것은 인상의 발전과 무관하지 않다는 것을 의미한다. 1990년 중반 약 1,400만 명으로 추산되는 인상의 연간소득은 3,400억 달러에 달했는데 이는 10억 인도인의 전체 국내총생산(GDP)와 거의 맞먹는 수치이다.

이렇듯 막대한 자본과 잠재력을 소유하고 있는 비거주인도인의 송금과 투자는 거시경제적 수준에서 인도의 경제발전과 불가분의 관계이다. 특히 NRI의 예금은 국제차관의 공여를 제공하고, 인도가 국제금융위기를 피하는 데 중요한 역할을 하였다. 글로벌 디아스포라가 세계시장에서 모국에 미칠 수 있는 영향은 여러 가지가 있지만 본국의 수출상품이 지구적 차원에서 브랜드를 형성하고 판매되는 직, 간접 무역과 같은 경제적 거래에서는 상당한 힘을 발휘한다. 대부분의 나라에서 인상은 도매 및 소매시장에 유연하게 침투해 광범위한 거래네트워크를 형성한다. 인도경제는 이러한 거래네트워크를 통해 특화된 소비재 수요를 창출하고 인도인 커뮤니티 특히 사업가와 전문직은 거주국에서 새로운 인도산 제품을 소개하고 기업이 그 시장에 진출하는 데 도움을 주고 있다. 또한 전시효과를 통해 현지시장 트렌드에 영향을 주고 있으며 현지 주민들 사이에 제품과 브랜드명의 사용을 촉진하고 있다. 미국에서 인도인 섬유/패션 디자이너들은 주류미국인들에게 잘 알려져 있으며 이들은 인도산 향수, 공산품, 보석을 소개하고 판매를 촉진하는 데 기여하고 있다.

한편, 인도인 네트워크는 시장진출전략에 유용한 지혜를 제공한다. 현지 법률과 규제, 외국정부와 업계의 관행에 관한 정보를 제공함으로써 국제거래상에 발생하는 비전형적인 교역장벽을 완화해주며 자신들의 네트워크를 이용하여 인도의 신제품, 서비스, 수출품에 대한 출구를 마련하고 있다. 인상의 최고경영자들은 인도의 무역과 투자전략에 대한 방향을 제시하고 거대 다국적기업의 아웃소싱 제품에 대한 인도의 쉐어를 늘리는 데 기여하고 있다. 실리콘밸리에서 소프트웨어를 개발할 당시 인도의 방갈로르나 하이데라바드와 같은 도시에 하청이 가능했던 것은 인도출신 엔지니어들의 공동체가 존재했기 때문이다.

한편, 인도의 자금유입은 대부분 이전수지를 통해 이루어졌으며, 2000년 당시 해외로부터 GDP의 총 2.9%(135억 달러)가 이전수입으로 유입되었다. 이는 같은 해 한국(1.4%), 중국(0.6%)에 비해 높은 수치이다.

NRI로부터의 자금유입은 민간이전지출(송금과 선물 포함), 직접투자 및 금융투자, 예금의 세 가지 형태로 대부분 가족에 대한 송금과 해외예금의 본국이전이며 친척과 자선기관에 대한 선물과 기부, 그리고 NRI의 금과 은수입도 일부 차지하고 있다. 1975년부터 2000년까지 이 금액은 970억 달러였으며 예금은 230억 달러였다. 세계 각국의 NRI들이 본국으로의 송금액은 2003년부터 2004년까지 190억 달러가 넘는다. 2004년 1/4분기 예금유출액은 작년의 17억 달러의 유입액에 비해 8억2천4백만 달러로 크게 증가되었다. 이와 같은 예금유출현상은 인도의 2004년 예산에서 NRI예금에 대한 세금정책의 변화 및 현지와 해외시장간의 근소한 금리차이로 인해 거래기회가 감소했기 때문이다. 결국, 재외인도인들과 본국의 친인척과의 긴밀한 관계는 본국으로의 막대한 송금을 가능하게 하고 있으며, 자발적인 사회, 종교적 조직들은 재외인도인 간의 사회적 네트워크뿐만 아니라 경제적 네트워크를 공고히 하는데 크게 기여하고 있다.

마지막으로 재외인도인들은 자본, 기술, 판매전략, 기타 전문성들을 심어주었고, 인도의 경제와 사회 등의 영역에서 모국발전을 돕고 있다. 인도의 IT산업은 재외인도인들과 경제적·기술적 측면에서 선순환의 고리를 형성하고 있는데, 특히 실리콘밸리를 중심으로 하는 인도인 인력들이 모국투자를 증가시키고 있다. 또한 이들은 다양한 과학과 기술과 문화자본 및 경영 등의 영역에서 능력을 구축하고 있는데 현재 미국 실리콘밸리 기술인력의 30~40%가 인도기술자이다. 또한 미국의 경영과 금융부문에서 인도계의 전문가풀이 형성되어 있어, 인도 본국과의 호혜적 발전에 중요한 역할을 수행하고 있다.

## 5. 한민족 네트워크

### 1) 한민족 네트워크의 필요성

한국의 재외한인 수는 약 650만 명으로 남한인구의 13%에 해당한다. 한국보다 일찍이 해외이민이 이루어진 일본은 2%, 중국은 4%에 불과한 점을 고려한다면 매우 높은 비율이다. 1980년대 이후 중국경제발전에 기여한 외국자본 중 화교자본이 2/3 이상이었던 점이 민족경제공동체의 필요성을 더욱 가속화시켰듯이 재외한인의 규모로 볼 때 한민족 경제공동체 및 네트워크의 형성은 필수 불가결하다.

권중달(1998)은 한민족 공동경제권 형성을 위한 워크숍에서 IMF와 WTO로 대변되는 세계경제체제가 상호통합을 가속화시키고 있으며, 중국의 성장에 화교경제권의 역할이 막대했음을 지적하고 우리나라도 공동경제권을 형성할 필요가 있다고 주장하고 있다. 그러나 중국의 성장가능성과 화교경제규모를 고려할 때 이것을 그대로 한국에 곧바로 적용할 수 있을지에 대해서는 의문이 제기되고 있다.

김신(1999)은 수출증진의 관점에서 한민족 네트워크의 필요성을 논의하고 있다. 이 연구에서는 구체적인 분석은 풍부하지 않으나 기초이론을 제시함으로써 재외한인의 네트워크 이론과 네트워크 구성의 문제점을 지적하고 있으며, 화교의 중국경제에 대한 긍정적 영향에 대해 깊이 있는 분석을 하고 있다.

이 연구에 의하면 재외한인기업의 네트워크는 제도나 규정적인 측면에서 정보교류에 대한 인센티브가 부재하며, 정보교류의 체계면에서도 협력 가능한 한인인력의 데이터베이스가 구축되어 있지 않은 것으로 나타나 있다. 한인기업 교류제도에 있어서 혁신주체 간의 공통된 인식부재 및 각 주체의 담당기구 부재, 허술한 운영 등이 한인기업 간 네트워크가 형성되지 못한 원인으로 지적되고 있다. 이에 정부차원에서 기업정보 교류에 있어 인센티브를 부여하도록 관련제도와 규정을 조정하고, 재외한인기업 교류체계화를 위한 기업 데이타베이스 구축작업을 지속적으로 해나가야 할 것을 제안하고 있다. 그러기 위해서는 혁신주체의 협동을 위한 전담기구를 설치, 운영해야 한다. 정부는 혁신주체 중 네트워크의 중심 연계기관으로서 역할을 하면서 재외한인기업 간 교류 네트워크를 구성해야 할 것이다.

또한 다른 나라 - 중국 등 - 의 재외동포 네트워크 구성과 한국의 경우가 비교·설명하고 있다. 중국의 경우 전 세계 화교 수가 5,250만 명(97년 기준)으로 유동자산 2조 달러(94년 기준)를 보유하고 있다. 이는 유동자산 4조 8,000억 달러를 보유한 유태인에 버금가는 경제력을 갖고 있는 셈이다. 이러한 다른 나라의 사례를 벤치마킹하여 네트워크를 구성할 필요가 있음을 주장하고 있다.

### 2) 한민족 네트워크의 현황

해외동포를 대상으로 하는 국내 웹사이트는 정부의 공식조직에 의해 운영되는 사이트와 민간이 제작하고 운영하는 사이트로 나눠진다. 정부에서 운영하는 공식적인 웹사이트에서는 해외한인들을 위하여 한국어 교육과 문화, 역사를 소개하고 있고, 민간제작 웹사이트는 주로 결혼, 유학, 상거래, 관광, 족보, 채팅 등을 취급하고 있다.

정부의 공식적 조직에 의해 추진되는 사업으로 산업자원부에서는 한민족경제공동체 대회를 개최하여 재일교포기업정보 DB(2억 원 투자), 무역스쿨(한인 대상), 무역상품 상담회를 열고 있다. 그리고 이스라엘과 대만의 벤처기업들이 실리콘밸리에 구축된 유태인 네트워크와 화교 네트워크를 통해 짧은 기간 급성장한 점을 강조하고 있다. 한국기업도 실리콘밸리에 재미한인 기업가협회(KASE)를 결성해 미국 내 한인기업과 국내기업이 협력해 세세시상으로 신출할 수 있는 발판을 마련하고자

하고 있다.

한국무역협회(http://www.kita.net/)는 회원사를 대상으로 지역별, 업종별로 해외동포기업에 대한 자료를 온라인상에서 검색할 수 있도록 제공하고 있다. 현재 제공되고 있는 미국지역에 소재 기업은 총 10,037업체이며, 20개 주별, 13개 업종별로 구분되어 있다. 이 자료에 의하면 미국 내 한인기업은 지역별로 캘리포니아에 가장 많이 분포하고 있으며(3,187개 업체), 업종별로는 기타 서비스업(Other Service)이 1,624업체로 가장 높은 비중을 차지하고 있는 것으로 나타났다.

특히 해외한인을 위해 국내에서 제작한 웹사이트로 "세계한민족 네트워크공동체(http://www.okf.or.kr)"는 한인과 관련 웹사이트들의 주소와 특징들을 알려주고 있다. 해외한인들을 위한 국내 웹사이트는 현재 30~50개 정도가 존재하고, 해외한인들이 한인공동체를 대상으로 하고 있는 사이트도 500여개에 이른다. 현재 국내제작 웹사이트와 해외한인이 구축한 웹사이트 간 연계가 되지 않은 실정이며 이 둘을 연결할 필요가 요구되고 있는 실정이다.

미국 내 한인네트워크 구축은 민간부문에서 이미 오래전부터 추진되고 있었다. 한국일보(1979)에 의하면 뉴욕한인 청과상(350개), 어물상(80개), 봉제업(150개), 잡화상(200개), 한인종교단체(77개) 등이 본격적으로 한인커뮤니티를 형성하고 있으며, 한국계 은행들의 진출도 두드러져 외환, 상업, 제일, 조흥은행 등 10여 개의 은행들이 한인 밀집지역에 설립되었다고 한다.

약 500여 개에 달하는 해외 한민족의 웹사이트를 성격별, 지역별로 나누어 살펴보았다. 우선 성격별로 보면 한인회(45), 언론(37), 이익집단(37), 비즈니스(32), 종교단체(145), 사회봉사단체(10), 정보제공과 네트워크(56), 학생단체(147)와 관련된 것들이다. 지역적 분포를 보면, 1999년 1월을 기준으로 한 한민족의 분포와 1999년 11월을 기준으로 북미지역의 한인은 2,168천 명으로 38.4%를 차지하고 있으며, 웹사이트는

343개로 67.4%를 차지하고 있다.

북미지역의 경우 한인의 분포가 전체에서 38.4%를 차지하고 있으며, 해외 웹사이트 중 약 67.4%로 압도적인 비중을 갖고 있는 것으로 나타났다. 이것은 북미지역이 인터넷에 접속할 수 있는 인프라 구축이 잘되어 있으며, 북미 교포의 사회적·경제적 특성이 작용한 결과라고 할 수 있다. 예를 들어 몇 가지를 보면 먼저, 조선일보(www.nykin.com/chosun)는 선진국인 북미지역에서 단순히 웹상의 신문의 역할보다는 인터넷 방송을 실시하고 있는데, 한국어 방송을 실시간으로 중개한다는 것이 한민족 공동체 건설에 상당히 중요한 의미가 있다.

비즈니스에서 인터넷 상거래를 하는 웹사이트의 경우, 한인타운을 중심으로 진행되는 소비재 쇼핑 및 판매가 주류를 이루고 있다. 예를 들면 코리아타운 쇼핑센터를 들 수 있다. 또한 현지교포를 위한 무역업관련 기타서비스 대행업무 사이트도 존재하는데 (주)판아시아(www. interq. or.jp/panasia)는 주로 무역업무, 수출입, 각종서비스 위탁업무회사의 광고를 하고 있고, World Internet Marketing(브라질)은 브라질 교포수입상을 위해 통관법령 정보 및 통관작업 진행 사항을 인터넷 온라인으로 제공하고 있다.

이들 사이트는 정보제공과 네트워크의 경우, 대상이 누구인가에 따라 크게 세 가지로 구분하고 있다. 첫째, 국내인을 대상으로 하는 사이트에서는 이민정보와 유학정보 등을 제공해 외국생활에 도움을 준다. 둘째, 해당 지역교포가 대상인 사이트는 교포 2~3세들의 현지 사회적응과 한국의 전반적인 정보를 제공하거나 한민족 정체성을 확보 및 교포 거주지역 경제인들에게 비즈니스 정보 제공과 자국 교포 소식을 다루고 있다. 셋째, 국내외 한인 전체가 대상인 사이트는 채팅과 관광 정보를 담고 있다. 이와 같은 수많은 사이트들 중 재외한인들에 대한 학술적 연구 사이트는 없으며, 한인들을 네트워크 상에서 규합하려는 구성은 아직 미흡하다.

### 3) 한민족 네트워크 발전 방안

김인영(2000)은 디지털 시대의 한민족 네트워크 현황과 발전방향에 대해 논의하고 있다. 연구에서는 네트워크공동체를 민족의 정체성을 갖고 있는 한민족이 인터넷을 중심으로 가상의 공간에서 정보를 공유함으로써 하나의 공동체를 형성하는 것이라 정의한다. 네크워크 공동체의 의미를 기초로 타민족 네트워크공동체의 현실을 알아보기 위하여 이스라엘과 중국 민족이 어떻게 네트워크공동체를 이루고 있는지를 살펴보고 있으며 해외/국내 한민족 네트워크공동체를 이루는 사이트를 분석하고 한민족 네트워크가 지향해야 할 정책방향을 제시하고 있다. 연구결과는 다음의 세 가지로 요약될 수 있다.

첫째, 한민족 네트워크공동체는 분산된 한인들이 상호작용하고 통제와 간섭 없이 스스로 변화하고 주변 환경에 적응해나가는 유기체적이지만 디지털 디바이드의 특징을 보이고 있다. 특히 디지털 디바이드 현상은 이데올로기적, 정치적 이유와 경제적 요인으로 네트워크 형성기반이 취약하여 북한, 중국과 러시아 한인들이 한민족 네트워크공동체로부터 소외됨으로써 발생하고 있다. 이는 장기적 안목에서 공동체를 형성하는 데 장애가 될 수 있다.

둘째, 유태인과 화교 관련 인터넷 웹사이트에서 제공하는 서비스를 중심으로 타민족 네트워크공동체 현황과 그 기능을 파악하고 있다. 또 해외한민족 네트워크 현황을 지역별, 내용과 종류별로 파악하고 유태인과 중국인 네트워크공동체와 비교분석을 하였다. 분석결과 한인, 유태인과 중국인을 포함하는 모든 사이트들이 본국의 소식과 동정을 전달하는 기능을 우선적으로 하고 있음을 알 수 있었다. 그런데 유태인 관련 사이트는 음식이나 예절과 같은 전통문화를 소개하는 반면, 중국인 관련 사이트는 비즈니스와 금융에 치중하고 있었다. 한인관련 사이트는 한인들의 동정과 동창회 등의 소식전달에 많은 부분을 할애하고 있는 것으로 나타났다.

마지막으로 셋째, 조선 인포뱅크 등 친북 한민족 사이트 현황을 파악하고, 세계 한민족 네트워크공동체 등 국내에 있는 해외동포를 대상으로 하는 한민족 사이버네트워크 공동체들의 현황을 살펴보고 있다. 현재 국내 사이트들이 제공하고 있는 정보가 양적·질적인 면에서 해외동포를 만족시키지 못하는 문제점을 지적하고 이를 위한 콘텐츠 개발이 필요함을 주장하고 있다. 또한, 한민족 네트워크공동체가 공익적인 측면과 상업적인 측면을 모두 갖추기 위하여 한국정부와 해외교민들 간에 상호협력을 통한 분업화가 바람직하다고 주장한다.

주진배(1998)는 캐나다 앨버타주의 사례를 이용해 캐나다에 거주하는 재외동포들이 한국과 캐나다 간의 경제교류와 교육 등 문화교류에 가교 역할을 수행하고 있음을 보여주고 있다. 이들 재외동포는 2세를 위한 한국어 교육, 한국어방송 등을 통하여 한국문화를 전수하고 발전시키는 데 공헌하고 있다. 연구에 따르면 캐나다의 한인들은 모국이 올림픽과 같은 국제적인 행사를 치르거나 행사에 참여할 때, 성금 혹은 봉사와 같은 형태로 모국에 공헌하여 왔다고 한다. 또한 캐나다 거주 한인들 사이에 모국상품 구매운동을 시도하고 상품의 우수성과 가치를 캐나다 주민들에게 홍보하는 등 재외 한인경제권과의 긴밀한 연계를 통한 모국기업의 경쟁력 확보와 시장개척에 일조했다. 그리고 교육 및 자매결연을 통한 한국과 캐나다 간의 문화교류에 한인들이 다리 역할을 했다. 1974년 캐나다 앨버타주와 강원도가 자매결연을 통하여 축산분야 교류를 시작하였고, 양 국가의 교육기관들 간에 영어교육 등 교육과 연구분야의 교류가 활발하게 진행되었다.

이들은 한국문화를 전수하고 발전시키기 위하여 문화의 핵심이 되는 한국어를 2세들에게 교육하고 있고, 한국어 방송을 통하여 고유문화 전수에 노력하고 있다. 또한, 1986년 창설한 재 캐나다 한국기술자협회를 통하여 한국의 과학기술자 총연합회와 기술 정보교류를 하고 있다.

김태기 외 2인(2003)은 한민족 공동체의 구심점 역할을 수행할 수 있는 엔진으로서의 경제네트워크, 즉 한상 네트워크 구축을 위하여 재미한인에 대한 각종 기초자료를 수집하고, 이를 토대로 재미한인기업과 국내 산업체와의 연계를 위한 네트워크 구축 방안을 제시하고 있다. 이 연구에 따르면 한국의 해외교포가 거주하는 나라는 모두 151개국이며, 2천 명 이상 거주하는 나라는 24개국이다. 대륙별로는 아시아에 교포 수가 267만 명(47.24%)으로 가장 많은 것으로 나타났다.

네트워크는 연결된 구성원들이 공동의 목적을 실현하기 위해 서로간의 대화와 공통 이해를 바탕으로 자율적으로 협력해 나가는 것을 의미한다. 해외 교포의 네트워크가 가장 활성화되어 있는 민족은 화교와 유태인이다. 화교와 유태인 네트워크의 형성과 발전을 보면 둘 다 자연발생적인 네트워크로 정부의 역할은 주도적이라기보다는 교포들간 연계 혹은 국내활동을 지원하는 정도이다. 이들은 같은 민족이라는 의식을 통해 외부의 영향력이 없이도 서로 돕고 협력하는 공동체를 형성하고 있다. 한인의 경우 화교에 비해서는 숫적 규모가 작고, 유태인에 비해서는 공유할 수 있는 종교적 의식이 없기 때문에 각지에 흩어져 있는 교포를 규합하는 기회가 제공되지 못했던 것으로 보인다. 따라서 이러한 기회제공의 역할을 정부가 해야 할 것으로 지적하고 있다.

한민족 네트워크공동체는 고도의 개방성과 포용성을 가져야 한다. 그 이유는 폐쇄성과 배타성을 띠게 되면 타민족과 타국가로부터 강력한 보복을 받게 될 가능성이 있기 때문이다. 한국은 GNP 대비 수출입 비중이 70% 내외의 고도개방형 경제구조이므로 폐쇄적 민족주의 성향을 보이면 역시 주변국으로부터 강력한 경제적 제재를 당하게 된다. 한민족 네트워크공동체의 성격은 세계화, 정보화가 심화되면서 미래에 등장할 문화정보공동체, 경제공동체, 정체공동체의 성격을 갖는다. 미래의 문화공동체는 '디아스포라' 민족의 이질적 요소들을 포용하고 민족구성원의 다중정체성을 허용하는 열린 공동체, 즉 복합국가론, 복합적 공동체론을 의미한다.

한민족 네트워크공동체의 발전을 위해서는 여러 정책이 필요하다. 첫째, 정보화정책으로 컴퓨터 보급 및 컴퓨터 교육, 인터넷 교육의 필요성, 그리고 정보전달 통로의 다변화가 필요하다. 둘째, 문화정책으로 민족의 정체성 및 재외동포 정체성 유지를 위한 한국어 교육, 한민족 문화관과 한국문화원 설립, 위성활용 및 인터넷 가상교육, 문화예술행사 지원 등의 노력이 절실히 필요하다. 셋째, 교육정책으로 민족정체성을 유지할 수 있도록 한국어 교육과 한국문화에 대한 교육을 강화하는데 목적을 두고 현지사회에서의 적응과 성공적인 사회진출을 하도록 다문화적 능력을 증진하고 전문직업능력을 제고할 수 있도록 도움을 주어야 한다.

이와 더불어 한민족 네트워크공동체 발전을 위한 보완적 정책과제로는 경제·무역정책, 동포사회의 통합과 모국과의 연대활동 지원, 그리고 재외동포의 법적 지위의 강화 등이 있다. 또한 현재 난립하고 있는 군소 한민족네트워크를 총괄하는 공적 중심체가 필요하다. 네트워크의 구성 및 내용은 한민족의 정체성을 확보하고, 한인들 간의 비즈니스에 도움이 되어야 하며 해외동포 무역인들에게 변화하고 있는 세계 경제 동향을 지속적으로 알려주는 웹사이트가 필요하다. 일본과 미주지역 동포들의 경우 인터넷 접속 수준이 아직은 낮지만(미국 80.9%, 일본 51.3%, 중국 29.0%, 러시아 32.2%), 10~20년 이내에 한민족 가상공동체에 포함될 것이 확실하기 때문에 10년을 바라보는 교포정책과 한민족 공동체 구상이 한민족 가상공동체 구상으로 현실화될 것이다. 그리고 한인네트워크 활성화를 위한 한국정부의 정책은 화상네트워크의 활성화를 위하여 중국정부가 노력한 것처럼 국내외 중소기업 간 교류활성화와 해외 소규모 자본을 국내투자로 유도하기 위한 세제혜택 등과 같은 유인책 마련이 시급하다 할 것이다.

# Ⅲ
# 미국 내 소수민족 경제:
# 중국인·인도인·한인을 중심으로

이 장에서는 미국 내에 거주하는 아시아계 소수민족 중에서 가장 강력한 민족네트워크를 구축한 민족으로 꼽히는 중국인, 인도인, 한인을 중심으로 미국 내 경제활동의 현황에 대해 살펴보고자 한다. 실제로 미국 내에서 가장 강력한 민족네트워크를 구축하고 있는 민족은 유태인이다. 그러나 유태인의 경우 인종이나 국적과 관련된 구분이 아니고 종교에 의한 분류이기 때문에 '유태인'으로 구분된 인구나 기업현황에 대한 믿을 만한 통계자료가 별로 없다. 미국 상무성의 센서스자료에서 '이스라엘인'으로 찾는 방법이 있기는 하지만 이스라엘인 이외에도 유태인은 상당부분 존재하다. 실제로 『American Jewish Year Book』(2002)에 의하면 미국 내 유태인의 수를 2001년 기준 약 650만 정도로 추산하고 있으나 센서스에 있는 이스라엘인 수는 2000년 기준 107만에 불과하다. 따라서 본 장에서는 중국인과 인도인 그리고 한인을 중심으로 미국 통계국의 센서스자료와 한국 통계청의 주요국 통계자료 등 각종 통계자료를 이용해 민족경제의 현황을 살펴볼 것이다.

## 1. 소수민족 개요

중국인과 인도인 그리고 한인의 민족네트워크를 비교하기 위해 현재 각 민족의 네트워크 현황을 비교해 보았다. 〈표 Ⅲ-1〉은 각 민족의 모국경제현황과 이주의 역사 및 재외동포를 수를 나타낸다. 참고로 유태인과의 비교를 위해 관련된 자료도 함께 정리해 보았다.

우선 모국의 경제현황에 대해 보면 중국이나 인도의 경우 인구가 10억을 넘는 국가임에 비해 한국은 5천만으로 이들 국가의 1/20 정도에 해당한다. 유태인은 모국인 이스라엘에 거주하는 유태인이 해외거주 유태인보다 적다. 이스라엘에는 전체 유태인의 약 33%인 670만 명 정도가 거주하며 나머지는 미국 등 해외에 거주하고 있다.

소득수준을 보면 중국 1,129달러, 인도 553달러, 한국인 12,707달러, 이스라엘인 17,026달러로 중국이나 인도인은 상대적으로 낮으며 한국인과 이스라엘인은 높은 편이다. 모국의 상황만 보면 중국과 인도가 유사하며, 한국과 이스라엘이 유사하다.

각 민족의 미국이주 역사는 중국인이 약 200년, 인도인과 한인이 100여 년으로 유사한다. 유태인의 경우 이주 역사가 약 2000년 정도 되며 미국으로의 이주는 약 1905년경 유럽에서 이주한 것으로 알려져 있다. 인도인과 한인의 경우 본격적인 미주 이민이 1965년 이후라는 점이 유사하다.

그러나 인도인의 해외 이주는 16세기 노예로 대표되는 예속노동자로부터 시작된 데 비해 한인의 이주는 1903년 하와이 사탕수수농장에 노동자로 이주하면서부터 시작되어 두 민족의 이민배경에는 차이가 있다. 한인의 경우 비교적 역사가 오래된 러시아, 중국 등지의 이주도 1860년대부터 이루어지기 시작해 타민족에 비해 이주의 역사가 짧은 편이다. 이민의 역사가 가장 긴 민족은 유태민족으로 이들은 2000여 년간 무국적인으로 온갖 박해와 학살을 당하며 국경을 넘어 떠돌아다닌 유랑민족이라고 할 수 있다.

각 국가의 해외동포 수는 중국이 2,800만, 인도인이 2,000만으로 모국 인구의 약 2% 수준이다. 한국의 경우 모국인구의 약 13%에 달하며, 유태인의 경우 전체 유태인 중 67%가 해외에 거주한다. 한인은 중국이나 인도인에 비해 모국 인구 대비 동포 수가 많은 편이다. 한인의 경우 특별한 이민 역사를 가진 유태인의 경우를 제외하고는 모국대비 재외동포의 수가 가장 많은 국가이다.

다음으로 미국을 기준으로 해외동포의 소득수준을 보면 모국의 소득수준이 가장 낮은 인도인이 27,514달러로 가장 높고, 그 다음으로 중국인 23,756달러, 그리고 한인 18,805달러의 순이다. 세 민족 모두 해외동포의 소득수준이 모국에 비해 높다. 그러나 한인의 경우 약 모국 소득수준의 1.5배 수준임에 비해 인도인은 약 50배, 중국인은 약 20배에 달한다. 유태인의 소득수준자료는 센서스에 발표되지 않는다.

<표 Ⅲ-1> 민족별 현황

| | | 중국인 | 인도인 | 한 인 | 유태인(이스라엘) |
|---|---|---|---|---|---|
| 모국 | 인구수 | 13억명 | 11억명 | 4,800만명 | 670만명 |
| | 일인당GDP (2003년) | 1,129달러 | 553달러 | 12,707달러 | 17,026달러 |
| 미국이주 | | 19세기 초 | 20세기 초 | 1903년 | 1905년 |
| 해외동포 수 | | 2,800만명 | 2,000만명 | 650만명 | 1,300만명 |
| 해외동포소득 수준(미국기준) | | 23,756달러 | 27,514달러 | 18,805달러 | - |
| 해외동포 거점지역 | | 동남아 | 유럽(영국), 미국 | 중국, 미국 등 | 북미, 유럽 |
| 주력분약 | | 도매업 | IT 등 전문직 | 소매업 | 금융업, 곡물업 등(다국적기업) |
| 주요 네트워크 | | - 세계화상대회 :1991년부터 2년마다 개최 | - 인도인 전문가 네트워크 - 세계인도혈통기구 | - 해외한민족 경제공동체 대회 - 세계한상대회 | 전미유태인협회 (NJCARAC) |

자료: 한국은행 경제통계시스템(http://ecos.bok.or.kr/), 통계청 통계정보시스템(hhttp://kosis.nso.go.kr/)
　　　미국유태인협회홈페이지(American Jewish Committee homepage).
　　　http://www.ajc.org/site/c.ijITI2PHKoG/b.685761/k.CB97/Home.htm

모국의 경제상황 그리고 해외동포와 모국 국민 간 소득수준의 격차 정도는 해외동포와 모국 간의 교류나 관계에 영향을 미칠 것이다.

다음으로 민족별 해외동포의 주요거점지역을 살펴보았다. 중국인의 경우 해외동포 2,800만 중 2,200만이 주로 동남아에 거주하고 있다. 그리고 인도인은 초기 노예로 이주한 영국을 중심으로 한 유럽지역, 그리고 최근 미국지역에 거주가 크게 늘고 있다. 유태인은 주로 미국과 캐나다 등 북미지역에 다수 거주하고 있다. 한인의 경우 중국과 미국 등의 거주비율이 높은 편이다.

이들 민족의 주력산업은 중국인의 경우 도매업에, 인도인의 경우 IT산업을 비롯한 전문직에 진출비율이 높다. 최근 미국 내 IT특구라고 할 수 있는 실리콘밸리의 기술인력 30~40%가 인도인으로 조사되고 있다. 유태인은 거의 모든 부문에 진출하고 있으며 특히 금융업, 곡물업, 석유업 등에 두각을 나타나고 있다. 한인의 경우 아직 소매업 종사비율이 높은 편이다.

각 민족의 주요 네트워크를 보면 중국인의 경우 1991년부터 전 세계 화교 기업인들의 축제라고 할 수 있는 세계화상대회를 개최하고 있다. 인도인의 경우 이러한 오프라인에서의 모임이나 대회보다는 인터넷을 통해 교류하고 연계하는 방식이 더 빈번하다. 유태인은 전미유태인협회(NJCARAC)로 대표되는 유태인협회가 미국 내 유태인의 단결을 도모하고 있다. 한인의 경우 2000년부터 세계한상대회를 개최하고 있으나 중국인의 화상대회에 비하면 그 규모가 매우 작은 편이다.


## 2. 소수민족 인구 현황

다음으로 미국 상무성의 통계자료를 이용해 각 민족별 경제현황을 살펴보았다. 미국 상무성 통계국에서는 10년마다 인구조사를 실시하고 있고, 5년마다 경제센서스를 실시하고 있으며, 다민족 국가라는 특성 때문에 소수민족에 관한 자료가 비교적 잘 정리되어 있다. 이들 자료를 이용해 중국인과 인도인, 한인과 관련된 경제통계를 정리하였다.

## 1) 인종별 분포

미국의 인구는 1990년부터 2000년까지 10년 동안 13.15%의 증가율을 보였다. 아시아인은 47.23%의 증가율로 미국 전체 증가율보다 3배 정도 높다. 동기간 일본인을 제외하고는 모든 아시아인들의 인구는 기간 동안 증가한 것으로 나타난다. 아시아인들 중 인도인은 101.79%로 기간 동안 가장 높은 증가율을 보이고 있다. 중국인은 47.23%로 평균적인 증가율을 보이고 있으며, 한인은 34.28% 증가해 인도인이나 중국인에 비해 낮다. 미국 내 중국인의 비율은 아시아인들 중 가장 높다 (1990년: 165만 명(0.66%), 2000년: 242만 명(0.86%)).

<표 Ⅲ-2> 인종별 인구 수 변화(1990~2000년)

| | 1990년 | | 2000년 | | 변화율 |
|---|---|---|---|---|---|
| | 만명 | 비율 | 만명 | 비율 | |
| 전 체 | 24,871 | 100 | 28,142 | 100 | 13.15 |
| 백인 | 19,969 | 80.29 | 21,135 | 75.10 | 5.84 |
| 흑인 | 2,999 | 12.06 | 3,436 | 12.21 | 14.59 |
| 아시아인 | 691 | 2.78 | 1,017 | 3.61 | 47.23 |
| **한인** | **80** | **0.32** | **107** | **0.38** | **34.28** |
| **인도인** | **82** | **0.33** | **165** | **0.58** | **101.79** |
| **중국인** | **165** | **0.66** | **242** | **0.86** | **47.25** |
| 필리핀인 | 141 | 0.57 | 186 | 0.66 | 32.51 |
| 일본인 | 85 | 0.34 | 80 | 0.28 | -6.20 |
| 베트남인 | 61 | 0.25 | 111 | 0.39 | 80.65 |
| 기타 아시아인 | 78 | 0.31 | 126 | 0.45 | 61.70 |

출처: Korean American Coalition - Census Information Center(2003). 'Population Change by Race and Ethnicity, 1990-2000, USA, California, Southern California, LA County, Orange County, Koreatown'.

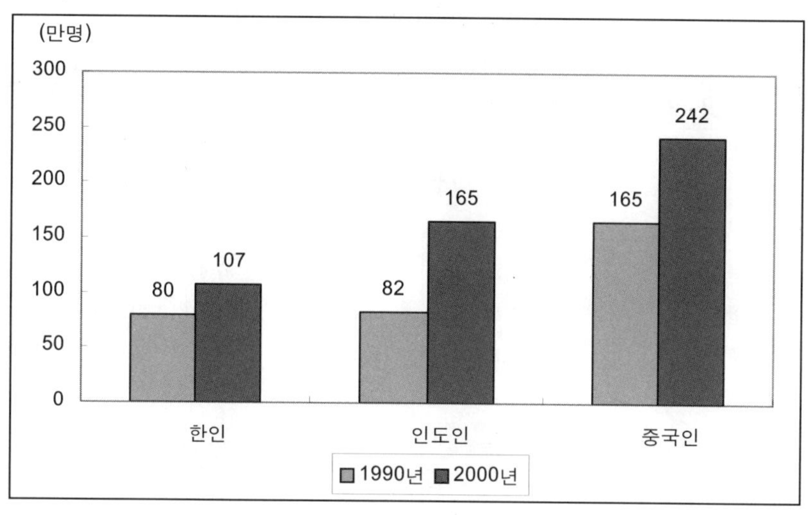

〈그림 Ⅲ-1〉 한인 - 인도인 - 중국인 인구변화

〈표 Ⅲ-3〉은 인종을 단일혈통과 혼혈인으로 구분하여 살펴본 것이다. 아시아인은 혼혈 비율이 14.2% 정도로 백인(2.7%)이나 흑인(5.1%)에 비해 높은 편이다. 아시아인들 중 혼혈비율이 가장 높은 인종은 인도네시아인(39.3%), 일본인(31.0%) 등이고, 가장 낮은 민족은 베트남인(8.4%), 인도인(11.3%) 등이다. 중국인은 약 15.2%가 혼혈인으로 아시아인 평균(14.2%)보다 1%가량 높다. 한인은 전체 약 123만 명 가운데 12.6%인 15 만명이 혼혈인인 것으로 나타났다. 한인과 인도인의 혼혈비율은 낮은 편이며 중국인의 혼혈비율은 약간 높은 편이다.

〈표 Ⅲ-3〉 인종별 혼혈인 구성(2000년)

| 　 | 합계(명) | 단일혈통 | | 혼혈인 | |
|---|---|---|---|---|---|
| 전　체 | 281,421,906 | 수(명) | 비율(%) | 수 | 비율 |
| 백인 | 217,140,902 | 211,353,725 | 97.3 | 5,787,177 | 2.7 |
| 흑인 | 36,213,467 | 34,361,740 | 94.9 | 1,851,727 | 5.1 |
| 아시아인 | 11,859,446 | 10,171,820 | 85.8 | 1,687,626 | 14.2 |
| **한인** | **1,226,825** | **1,072,682** | **87.4** | **154,143** | **12.6** |
| **인도인** | **1,855,590** | **1,645,510** | **88.7** | **210,080** | **11.3** |
| **중국인** | **2,858,291** | **2,422,970** | **84.8** | **435,321** | **15.2** |
| 방글라데시인 | 57,262 | 41,428 | 72.3 | 15,834 | 27.7 |
| 캄보디아인 | 212,633 | 178,043 | 83.7 | 34,590 | 16.3 |
| 필리핀인 | 2,385,216 | 1,864,120 | 78.2 | 521,096 | 21.8 |
| 인도네시아인 | 61,270 | 37,167 | 60.7 | 24,103 | 39.3 |
| 일본인 | 1,152,324 | 795,051 | 69.0 | 357,273 | 31.0 |
| 라오스인 | 196,893 | 167,792 | 85.2 | 29,101 | 14.8 |
| 파키스탄인 | 209,273 | 155,909 | 74.5 | 53,364 | 25.5 |
| 태국인 | 150,093 | 110,851 | 73.9 | 39,242 | 26.1 |
| 베트남인 | 1,212,465 | 1,110,207 | 91.6 | 102,258 | 8.4 |

출처: U. S. Census Bureau, Census 2000. www.census.gov/main/www/cen2000.html
주: 본 연구에 이용된 인종구분은 혼혈이 아닌 단일혈통을 나타낸다.

## 2) 성별 분포

미국 전체 인구의 성별 구성비율을 보면 남성 49.0%, 여성 51.0%로 여성이 2% 포인트 더 많다. 아시아인의 경우 여성의 비율이 51.9%, 남성의 비율이 48.1%로 여성이 남성보다 3.8% 가량 더 높다. 중국인의 경우 아시아인의 비율과 유사하게 여성의 비율이 51.8%, 남성이 48.2%로 여성 비율이 3.6%가량 높다. 한인의 경우 남성이 44.3%, 여성이 55.7%로 여성이 11.4% 포인트 더 높아 남녀 성비의 불균형이 매우 심각하다. 그러나 인도인의 경우 여성이 46.8%, 남성이 53.2%로 남성이 오히려 6.4%나 높다.

<표 Ⅲ-4> 인종별 성별 구성(2000년)

| | 전 체 | 남 자 | | 여 자 | |
|---|---|---|---|---|---|
| | | 만명 | 비율 | 만명 | 비율 |
| 전 체 | 28,142 | 13,792 | 49.0 | 14,351 | 51.0 |
| 백인 | 21,135 | 10,368 | 49.1 | 10,768 | 50.9 |
| 흑인 | 3,436 | 1,628 | 47.4 | 1,808 | 52.6 |
| 아시아인 | 1,017 | 490 | 48.1 | 528 | 51.9 |
| **한인** | **107** | **48** | **44.3** | **60** | **55.7** |
| **인도인** | **165** | **87** | **53.2** | **77** | **46.8** |
| **중국인**[1] | **242** | **117** | **48.2** | **126** | **51.8** |

출처: U.S. Census Bureau, Census 2000. www.census.gov/main/www/cen2000.html 1) 타이완인 포함.

### 3) 거주지역별 분포

다음으로 한인을 비롯한 아시아인이 많이 거주하고 있는 6개 CMSA[5] 지역을 중심으로 거주지역별 분포를 살펴보았다. 첫 번째 지도는 미국 내 인구밀도를 나타낸 것이다.[6] 전반적으로 미국 내 인구는 동부지역에 가장 밀집해 있다. 그리고 서부와 남부에 집거하고 있으며 중부는 대체로 인구밀도가 낮다.

두 번째의 지도는 미국 내에 아시아인들이 집중 거주하고 있는 6개 CMSA를 표시한 것이다. 아시안들은 대체로 서부나 동부지역에 거주한다. 즉 로스앤젤레스, 샌프란시스코, 시애틀 지역 등 서부에 거주하거나 뉴욕과 워싱톤 지역 등 동부에 집거하고 있다. 시카고 지역을 제외하고는 중부지역은 아시아인들이 집거하는 지역이 없다. 물론 이들 지역은 미국 전체적으로도 인구밀도가 높은 지역들이다.

---

5) CMSA(Consolidated Metropolitan Statistical Area): 미국 통계국의 통계를 위한 지역구분 가운데 하나임.
6) 자료: http://factfinder.census.gov/home/en/datanotes/expsf1u.htm

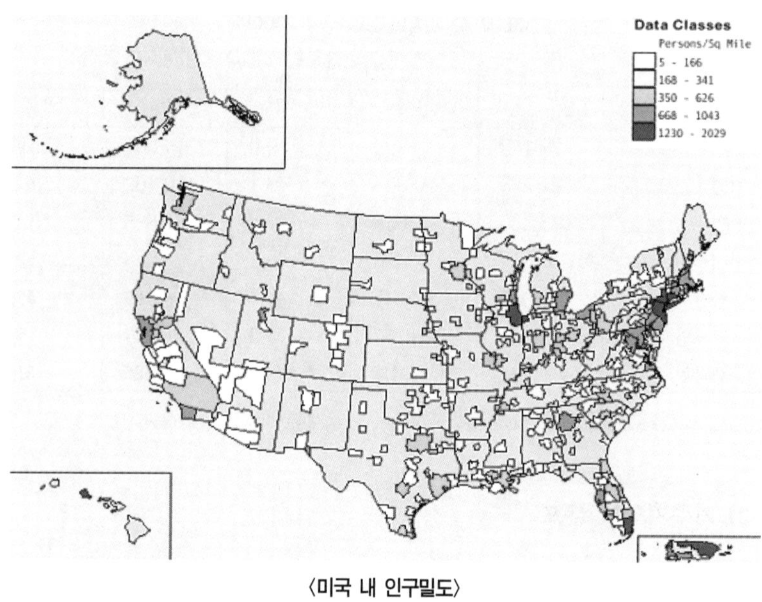


〈미국 내 인구밀도〉

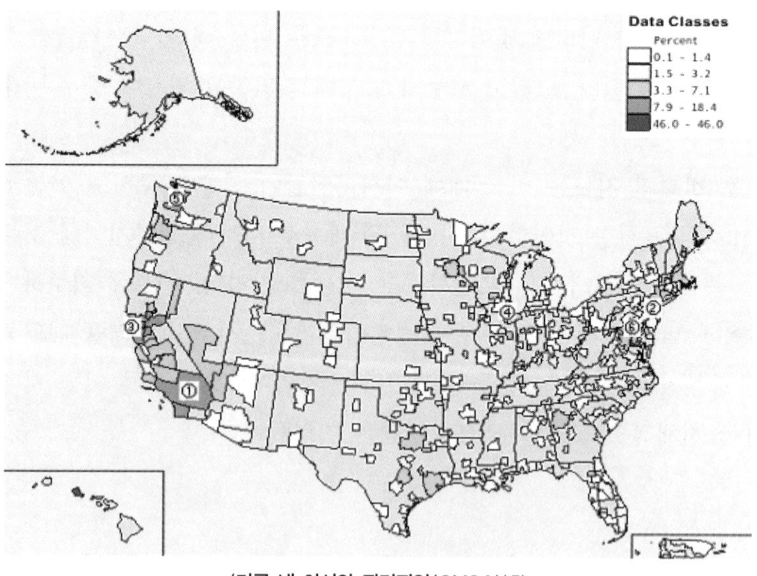


〈미국 내 아시안 집거지역(CMSA)〉7)

---

7) ① 로스앤젤레스 지역: 로스앤젤레스, 리버사이드, 오렌지카운티(Los Angeles-Riverside-

다음으로 이들 6개 지역별로 인종별 분포를 살펴보았다. 〈표 Ⅲ-5〉를 보면 어느 지역에서나 백인 비율이 높음을 알 수 있다(시애틀 지역 79.2% 최대, 로스앤젤레스 지역 55.0% 최소). 미국 전체적으로 보면 흑인 비율(12.2%)이 아시아인 비율(3.6%)보다 높으나, 지역별로 살펴보면 약간의 차이가 있다.

아시아인 비율이 높은 지역은 로스앤젤레스, 샌프란시스코, 시애틀 지역으로 각각 10.3%, 18.4%, 7.9%를 차지하였다. 이 지역에서 흑인 비율은 각각 7.5%, 7.2%, 4.6%이다. 아시아인들이 위 세 지역에 밀집해 있다고 볼 수 있다.

한인 약 107만 명 가운데 로스앤젤레스 지역에 26만여 명, 뉴욕 지역에 17만여 명이 있다. 이들은 미국 내 한인 가운데 각각 24.1%, 16.0% 해당하는 인구로 한인의 40%가 두 지역에 밀집해 거주하고 있는 셈이다.

중국인의 경우 약 242만 명 가운데 로스앤젤레스 지역에 41만여 명, 뉴욕 지역에 50만여 명, 샌프란시스코지역에 47만 명이 있다. 이들은 미국 내 중국인 가운데 각각 16.9%, 20.8%, 19.5%에 해당하는 인구로 중국인의 57%가 세 지역에 밀집해 거주하고 있다.

인도인의 경우 약 165만 명 가운데 뉴욕 지역에 40만여 명, 샌프란시스코 지역에 14만 명이 있다. 이들은 미국 내 인도인 가운데 각각 24.2%, 8.6%에 해당하는 인구로 인도인의 33%가 두 지역에 밀집해 거주하고 있다.

중국인은 로스앤젤레스, 뉴욕, 샌프란시스코의 세 지역에 집중도가 높으며 한인은 이중 로스앤젤레스, 뉴욕 지역에, 인도인은 뉴욕, 샌프란시스코 지역에 집중도가 높다.

---

Orange County, CA CMSA), ② 뉴욕 지역: 뉴욕, 노던뉴저지, 롱아일랜드(New York-Northern New Jersey-Long Island, NY-NJ-CT-PA CMSA), ③ 샌프란시스코 지역: 샌프란시스코, 오크랜드, 산호세(San Francisco-Oakland-San Jose, CA CMSA), ④ 시카고 지역: 시카고, 개리, 케노샤(Chicago-Gary-Kenosha, IL-IN-WI CMSA), ⑤ 시애틀 지역: 시애틀, 타코마, 브레메톤(Seattle-Tacoma-Bremerton, WA CMSA), ⑥ 워싱턴 지역: 워싱턴, 발티모어(Washington DC-Baltimore, MD-VA-WV CMSA).

〈표 Ⅲ-5〉 인종별 – 거주지역별 인구분포(2000년)

(단위: 명, %)

| | 미국 | ① 로스앤젤레스 | ② 뉴욕 | ③ 샌프란시스코 | ④ 시카고 | ⑤ 시애틀 | ⑥ 워싱턴 |
|---|---|---|---|---|---|---|---|
| 전 체 | 281,421,906 | 16,373,645 | 21,199,865 | 7,039,362 | 9,157,540 | 3,554,760 | 7,608,070 |
| | (100) | (5.8) | (7.5) | (2.5) | (3.3) | (1.3) | (2.7) |
| 백인 | 211,353,725 | 9,006,527 | 13,582,152 | 4,123,279 | 6,119,288 | 2,813,923 | 4,791,400 |
| 지역별 비율 | (100) | (4.3) | (6.4) | (2.0) | (2.9) | (1.3) | (2.3) |
| 지역내 비율 | (75.1) | (55.0) | (64.1) | (58.6) | (66.8) | (79.2) | (63.0) |
| 흑인 | 34,361,740 | 1,222,728 | 3,606,421 | 503,464 | 1,698,040 | 162,625 | 1,980,986 |
| 지역별 비율 | (100) | (3.6) | (10.5) | (1.5) | (4.9) | (0.5) | (5.8) |
| 지역내 비율 | (12.2) | (7.5) | (17.0) | (7.2) | (18.5) | (4.6) | (26.0) |
| 아시아인 | 10,171,820 | 1,693,540 | 1,437,583 | 1,296,562 | 389,403 | 280,729 | 393,957 |
| 지역별 비율 | (100) | (16.6) | (14.1) | (12.7) | (3.8) | (2.8) | (3.9) |
| 지역내 비율 | (3.6) | (10.3) | (6.8) | (18.4) | (4.3) | (7.9) | (5.2) |
| 한인 | 1,072,682 | 258,423 | 171,423 | 56,102 | 46,705 | 41,656 | 74,052 |
| 지역별 비율 | (100) | (24.1) | (16.0) | (5.2) | (4.4) | (3.9) | (6.9) |
| 지역내 비율 | (0.4) | (1.6) | (0.8) | (0.8) | (0.5) | (1.2) | (1.0) |
| 인도인 | 1,645,510 | 103,738 | 398,425 | 141,289 | 115,501 | 18,284 | 86,496 |
| 지역별 비율 | (100) | (6.3) | (24.2) | (8.6) | (7.0) | (1.1) | (5.3) |
| 지역내 비율 | (0.6) | (0.6) | (1.9) | (2.0) | (1.3) | (0.5) | (1.1) |
| 중국인 | 2,422,970 | 410,246 | 504,793 | 473,146 | 69,662 | 54,891 | 76,596 |
| 지역별 비율 | (100) | (16.9) | (20.8) | (19.5) | (2.9) | (2.3) | (3.2) |
| 지역내 비율 | (0.9) | (2.5) | (2.4) | (6.7) | (0.8) | (1.5) | (1.0) |

출처: U. S. Census Bureau, Census 2000. www.census.gov/main/www/cen2000.html

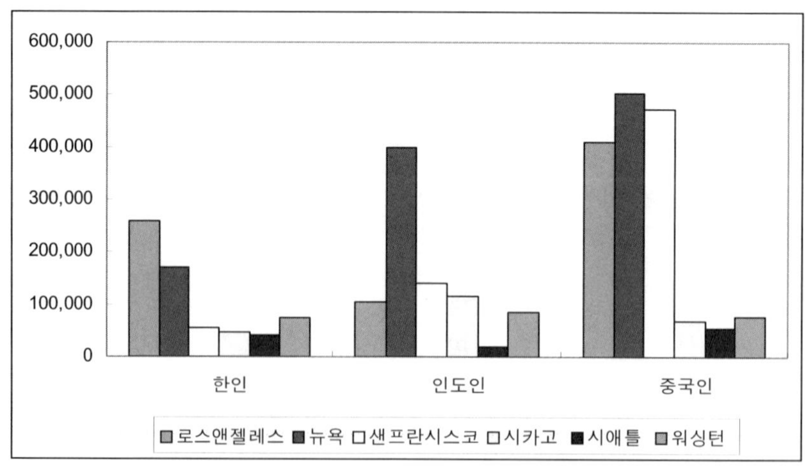


〈그림 Ⅲ-2〉 인종별 – 거주지역별 인구분포(2000년)

## 4) 연령별 분포

다음으로 연령별 분포를 살펴보았다. 미국 전체 인구 가운데 30대가 4,345만명으로 가장 많고, 다음으로 40대, 10대 순으로 나타났다. 아시아인도 30대가 가장 많고, 그 다음으로 20대 40대의 순이다. 중국인과 한인도 30대가 가장 높은 비율을 차지한다. 그리고 다음으로는 중국인의 경우 40대, 20대의 순이고, 한인의 경우 20대, 40대 순이다. 그러나 인도인의 경우 20대가 가장 많고 그 다음으로 30대, 10세 미만층의 순이다. 중국인과 한인의 연령별 인구분포는 아시아인과 유사하나 인도인의 경우 20~30대의 비율이 높고, 특히 10세 미만층이 3위를 차지하고 있어 한인이나 중국인과 약간 다른 구조를 보이고 있다. 앞서 여섯 개의 CMSA지역별 연령별 분포는 〈부록 3〉에 첨부하였다.

〈표 Ⅲ-6〉 연령별 분포(2000년)

(단위: 명)

| 연령구분 | 전 체 | 백 인 | 흑 인 | 아시아인 | 한 인 | 인도인 | 중국인 |
|---|---|---|---|---|---|---|---|
| 1~9세 | 39,655,036 | 26,803,919 | **5,922,450** | 1,331,445 | 126,147 | **246,169** | 293,272 |
| 10~19세 | **40,529,251** | **28,324,741** | 5,978,830 | 1,410,925 | 169,755 | 208,996 | 290,374 |
| 20~29세 | 38,238,224 | 26,556,139 | 5,080,269 | **1,750,459** | **185,821** | **355,443** | **385,370** |
| 30~39세 | **43,448,450** | **31,919,189** | 5,434,560 | 1,885,043 | 190,419 | 344,028 | 465,816 |
| 40~49세 | **43,003,261** | **33,293,050** | 5,031,763 | **1,638,456** | **177,704** | 235,557 | 424,861 |
| 50~59세 | 30,780,733 | 25,104,574 | 3,046,531 | 1,038,383 | 116,455 | 150,544 | 245,471 |
| 60~69세 | 20,357,178 | 17,017,655 | 1,935,980 | 602,895 | 65,511 | 69,874 | 161,357 |
| 70~79세 | 16,317,733 | 14,219,223 | 1,283,724 | 368,321 | 29,488 | 26,551 | 109,566 |
| 80세 이상 | 9,092,040 | 8,115,235 | 647,633 | 145,893 | 11,382 | 8,348 | 46,883 |

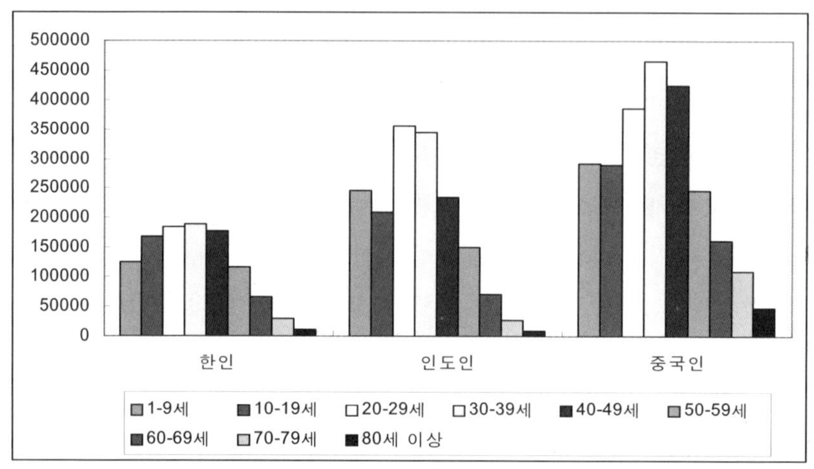



〈그림 Ⅲ-3〉 민족별 연령별 분포(2000년)

## 5) 거주신분별 분포

다음으로 거주 신분을 기준으로 인종별 특성을 살펴보았다. 〈표 Ⅲ-7〉을 보면 우선 미국 전체 인구 가운데 88.9%가 미국 내에서 태어났고, 타국에서 태어난 나머지 인구 11.1% 가운데 40.3%는 미국 시민권자이다. 따라서 전체 인구의 93.4%가 미국 시민권자이다. 그 가운데 백인과 흑인은 대부분(약 94%) 미국 내에서 태어났으며, 시민권 보유자는 96%가 넘는다. 미국 내 아시아인의 31.1%가 미국 내에서 태어났고, 미국 이외의 국가 출생 아시아인 가운데 49.9%가 시민권을 보유하고 있어 이를 포함한 아시아인의 시민권자 비율은 65.5%로 나타났다.

한인의 미국출생 비율은 22.3%로 아시아인 평균(31.1%)보다 낮은 비율에 속한다. 미국이 아닌 국가에서 태어난 한인들 가운데 50.8%가 미국 시민이다. 전체적으로 미국 내 한인들의 61.8%가 미국 시민권을 갖고 있다.

〈표 Ⅲ-7〉 인종별 - 거주신분별 인구분포(2000년)

(단위: 명, %)

| | 전 체 | 미국 태생 (a) | 미국이외 국가 태생 | 시민권자 (b) | 비시민권자 | 전체 시민권자 (a+b) |
|---|---|---|---|---|---|---|
| 전체 | 281,421,906 | 250,314,017 | 31,107,889 | 12,542,626 | 18,565,263 | 262,856,643 |
| | 100 | 88.9 | 11.1 | 40.3 | 59.7 | 93.4 |
| 백인 | 211,353,725 | 197,977,521 | 13,376,204 | 5,755,892 | 7,620,312 | 203,733,413 |
| | 100 | 93.7 | 6.3 | 43 | 57 | 96.4 |
| 흑인 | 34,361,740 | 32,261,875 | 2,099,865 | 934,367 | 1,165,498 | 33,196,242 |
| | 100 | 93.9 | 6.1 | 44.5 | 55.5 | 96.6 |
| 아시아인 | 10,171,820 | 3,159,618 | 7,012,202 | 3,502,021 | 3,510,181 | 6,661,639 |
| | 100 | 31.1 | 68.9 | 49.9 | 50.1 | 65.5 |
| 한인 | 1,072,682 | 239,228 | 833,454 | 423,393 | 410,061 | 662,621 |
| | 100 | 22.3 | 77.7 | 50.8 | 49.2 | 61.8 |
| 인도인 | 1,645,510 | 404,755 | 1,240,755 | 487,795 | 752,960 | 892,550 |
| | 100 | 24.6 | 75.4 | 39.3 | 60.7 | 54.2 |
| 중국인 | 2,422,970 | 706,288 | 1,716,682 | 909,554 | 807,128 | 1,615,842 |
| | 100 | 29.1 | 70.9 | 53 | 47 | 66.7 |

출처: U. S. Census Bureau, Census 2000. www.census.gov/main/www/cen2000.html

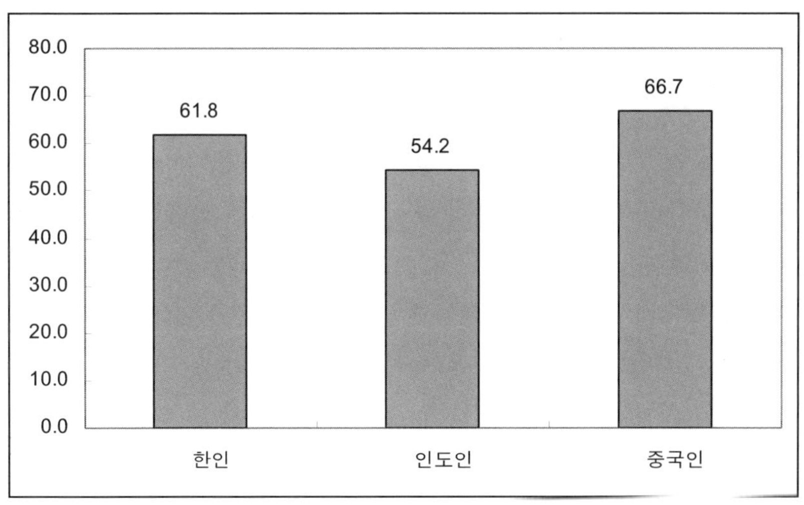


〈그림 Ⅲ-4〉 민족별 시민권자 비율(2000년)

인도인의 미국출생 비율은 24.6%로 아시아인 평균보다는 낮지만 한인보다는 높다. 미국이 아닌 국가에서 태어난 인도인들 가운데 39.3%가 미국 시민으로 타국 출신 시민권자의 비율은 상당히 낮은 수준이다. 미국 내 인도인들의 54.2%가 미국 시민권을 갖고 있다.

중국인의 미국출생 비율은 29.1%로 아시아인 평균보다 약간 낮다. 미국이 아닌 국가에서 태어난 중국인들 가운데 53%가 미국 시민이다. 미국 내 한인들의 66.7%가 미국 시민권을 갖고 있다.

한인, 인도인, 중국인의 미국출생 비율은 모두 아시아인 평균보다 낮은 수준이다. 미국이외 국가 태생 중 시민권자 비율을 아시아인 평균과 비교할 때 한인과 중국인의 비율은 평균보다 높고, 인도인의 비율은 평균보다 낮다.

전체적으로 백인이나 흑인은 96%가 시민권자이나 아시아인은 65.5%가 시민권자로 시민권자의 비율이 낮은 편이다. 이는 아시아인의 경우 미국태생의 비율이 낮기 때문인 것으로 보인다. 아시아인 중에서도 인도인의 시민권자 비율이 54.2%로 가장 낮고, 한인의 경우 61.8%가, 중국인은 66.7%가 시민권자이다.

### 6) 가족 구성원 수

한 가족 내의 구성원들의 수를 살펴보았다. 미국 전체적으로는 한 가족에 평균 3.14명이 있는데, 6개 지역 가운데 로스앤젤레스 지역민의 가족 수가 3.56명으로 가장 많았고 시애틀 지역민의 가족 수는 3.06명으로 가장 적었다. 아시아인은 3.61명으로 미국 전체 가족과 비교해 보면 가족 수가 많은 편이다. 백인의 경우 가족 수가 3.02명으로 가장 낮다.

〈표 Ⅲ-8〉 인종별 지역별 가족의 수(2000년)　　　　(단위: 명)

|  | 미국 | 시카고 | 로스앤젤레스 | 뉴욕 | 샌프란시스코 | 시애틀 | 워싱턴 |
|---|---|---|---|---|---|---|---|
| 전 체 | 3.14 | 3.34 | 3.56 | 3.27 | 3.28 | 3.06 | 3.15 |
| 백인 | 3.02 | 3.17 | 3.26 | 3.13 | 3.01 | 2.98 | 3.04 |
| 흑인 | 3.33 | 3.51 | 3.33 | 3.4 | 3.23 | 3.24 | 3.25 |
| 아시아인 | 3.61 | 3.57 | 3.63 | 3.63 | 3.65 | 3.51 | 3.51 |
| **한인** | 3.3 | 3.25 | 3.35 | 3.39 | 3.28 | 3.32 | 3.39 |
| **인도인** | 3.52 | 3.7 | 3.63 | 3.7 | 3.38 | 3.41 | 3.45 |
| **중국인** | 3.43 | 3.36 | 3.53 | 3.57 | 3.49 | 3.33 | 3.33 |

출처: U. S. Census Bureau, Census 2000. www.census.gov/main/www/cen2000.html

한인, 인도인, 중국인의 가족 수는 각각 3.3명, 3.52명, 3.43명으로 미국평균보다는 높지만 아시아인 평균보다는 낮다. 세 민족 모두 뉴욕 지역의 가족 수가 많은 편이며, 그 다음으로는 한인의 경우 워싱턴 지역, 인도인은 시카고 지역, 중국인은 로스앤젤레스 지역의 가족 수가 많은 편이다.

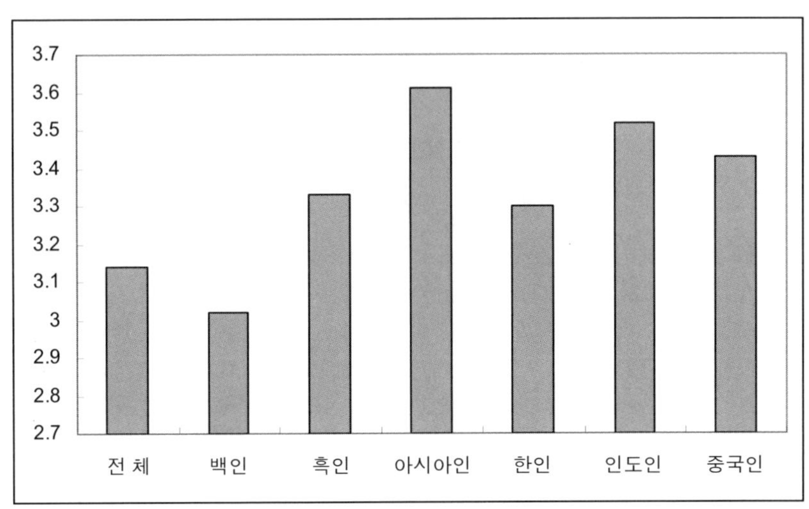


〈그림 Ⅲ-5〉 민족별 가족구성원 수(2000년)

## 3. 소수민족 경제관련 지표

### 1) 개인 소득

〈표 Ⅲ-9〉는 미국 인구센서스 2000년 자료 가운데, 1999년의 일인당 소득을 인종별로 나타낸 것이다. 미국 인구 전체적으로 볼 때, 1999년의 일인당 소득은 21,587달러였다. 아시아인의 평균소득은 21,823달러로 전체보다는 약간 높으나 백인(23,918달러)보다는 약 2,000달러 낮다. 세 민족 중 소득이 가장 높은 민족은 인도인으로 27,514달러에 달해 백인보다도 높은 수준이다. 중국인은 23,756달러로 아시아인 평균보다는 높으나 백인보다는 낮다. 한인은 약 1만9천 달러로 2만 달러에 미치지 못하며 아시아인 가운데에서도 낮은 수준이다.

미국 전체적으로 소득수준이 높은 지역은 샌프란시스코, 워싱턴 지역이며, 이는 아시아인을 비롯한 세 민족에게서도 공통적인 현상이었다. 전반적으로 소득수준이 낮은 지역은 미국 전체적으로는 로스앤젤레스 지역이었으나 아시아인에게 있어서는 뉴욕 지역이 낮은 소득을 기록하고 있다.

〈표 Ⅲ-9〉 일인당 소득(1999년)

(단위: 달러)

| | 미 국 | 시카고 | 로스앤젤레스 | 뉴욕 | 샌프란시스코 | 시애틀 | 워싱턴 |
|---|---|---|---|---|---|---|---|
| 전 체 | 21,587 | 24,581 | 21,170 | 26,604 | **30,769** | 25,744 | 28,175 |
| 백인 | 23,918 | 29,043 | 26,745 | 32,288 | 37,431 | 27,932 | 33,179 |
| 흑인 | 14,437 | 15,272 | 17,101 | 16,384 | 20,359 | 18,229 | 19,463 |
| 아시아인 | 21,823 | 24,594 | 20,735 | 23,371 | **26,601** | 20,687 | 24,553 |
| **한인** | **18,805** | 22,354 | 18,431 | 20,840 | **25,608** | 17,580 | 20,447 |
| **인도인** | **27,514** | 26,076 | 26,576 | 25,589 | **35,370** | 29,111 | 30,022 |
| **중국인** | **23,756** | 25,094 | 22,197 | 21,156 | **28,743** | 25,148 | 27,654 |

출처: U. S. Census Bureau, Census 2000. www.census.gov/main/www/cen2000.html

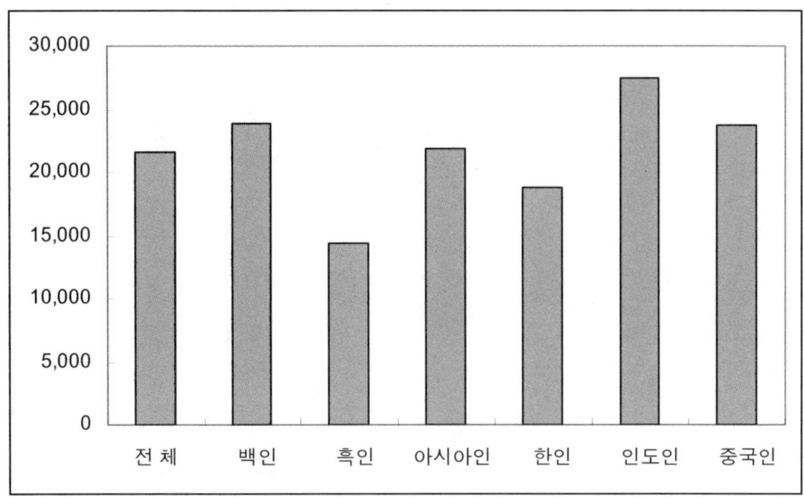


〈그림 Ⅲ-6〉 일인당 소득(1999년)

〈표 Ⅲ-10〉은 1989년부터 1999년 기간 동안 일인당 소득의 변화를 나타낸 것이다. 기간 동안의 변화율을 비교해보면 미국 전체 인구의 일인당 소득은 1989년 14,420달러에서 1999년 21,587달러로 10년 동안 49.7% 증가하였다. 아시아인은 13,806달러에서 21,823달러로 약 58.1% 증가해 미국전체의 평균보다 약 10%가량 높다. 기간 동안 인도인은 약 54.8%, 중국인은 59.7%, 한인은 68.2% 증가했다.

세 민족 모두 미국 전체 평균보다는 높으며, 특히 중국인과 한인의 경우 아시아인 평균보다 높다. 한인의 경우 세 민족 중 가장 높은 변화율을 기록하고 있으나 절대적인 수준에 있어서는 가장 낮다.

〈표 Ⅲ-10〉 일인당 소득 변화(1989~1999년)

(단위: 달러, %)

|  | 1989 | 1999 | 변화율 |
|---|---|---|---|
| 전 체 | 14,420 | 21,587 | 49.7 |
| 백인 | 15,687 | 23,918 | 52.5 |
| 흑인 | 8,859 | 14,437 | 63.0 |
| 아시아인 | 13,806 | 21,823 | 58.1 |
| **한인** | **11,177** | **18,805** | **68.2** |
| **인도인** | **17,777** | **27,514** | **54.8** |
| **중국인** | **14,876** | **23,756** | **59.7** |

출처: U. S. Census Bureau, Census 1990, Census 2000. www.census.gov/main/www/cen 1990.html. www.census.gov/main/www/cen2000.html

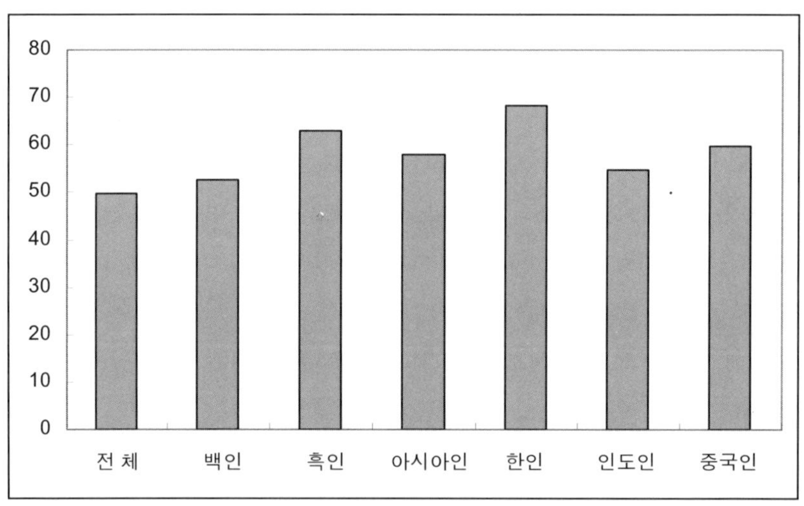

〈그림 Ⅲ-7〉 일인당 소득 변화(1989~1999년)

## 2) 가구당 소득

〈표 Ⅲ-11〉는 미국의 가구당 소득으로 소득 중위값을 나타낸다. 1999년 미국 전체의 가구당 소득은 41,994달러이고, 샌프란시스코 지역이 62,024달러의 소득을 보여 6개 지역 가운데 가장 높은 소득수준을 보였다. 샌프란시스코 지역은 일인당소득 수준에서도 가장 높은 소득을 보인 지역이다(〈표 Ⅲ-9〉 참조).

인종별로 보면, 아시아인 가구가 약 51,908달러로 백인(44,687달러)이나 흑인(29,423달러)보다 높다. 세 민족 중에서는 인도인이 63,669달러로 가장 높고 그 다음으로 중국인이 51,444달러, 한인이 40,037달러의 순이다.

〈표 Ⅲ-11〉 가구당 소득 중위값(1999년)

(단위: 달러)

| | 미국 | 시카고 | 로스앤젤레스 | 뉴욕 | 샌프란시스코 | 시애틀 | 워싱턴 |
|---|---|---|---|---|---|---|---|
| 전 체 | 41,994 | 51,046 | 45,903 | 50,795 | 62,024 | 50,733 | 57,291 |
| 백인 | 44,687 | 56,695 | 51,018 | 58,371 | 65,645 | 52,203 | 64,916 |
| 흑인 | 29,423 | 32,853 | 33,526 | 34,496 | 40,187 | 36,227 | 40,971 |
| 아시아인 | 51,908 | 59,376 | 50,896 | 54,548 | 68,889 | 48,979 | 60,846 |
| **한인** | **40,037** | 45,299 | 37,957 | 43,861 | **53,115** | 37,039 | 50,027 |
| **인도인** | **63,669** | 65,546 | 64,226 | 63,565 | **84,493** | 61,674 | 72,108 |
| **중국인** | **51,444** | 52,683 | 50,565 | 46,645 | **66,266** | 54,093 | 62,486 |

출처: U. S. Census Bureau, Census 2000.
www.census.gov/main/www/cen2000.html, www.census.gov/main/www/cen2000.html

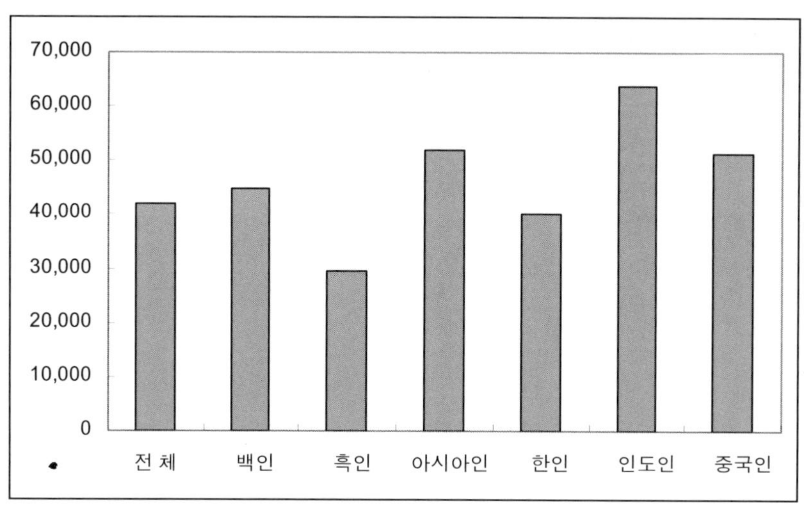

〈그림 Ⅲ-8〉 가구당 소득 중위값(1999년)

### 3) 직업분포

다음으로 각 민족별 직업분포를 미국 통계국 분류에 따라 살펴보았다. 미국 센서스 통계국은 직업을 ① 경영 · 전문직(management, professional, and related occupations), ② 서비스직(service occupations), ③ 판매 · 사무직(sales and office occupations), ④ 농림어업(farming, fishing, and forestry occupations), ⑤ 건설(토목, 건설 등) · 추출(광산업, 유전업 등) · 보수(construction, extraction, and maintenance occupations), ⑥ 생산 · 교통

〈표 Ⅲ-12〉 16세 이상 인구의 세부 직업 분포(1990, 2000년)　(단위: 천명, %)

| 구분 | | 전 체 | | 경영 · 전문직 | | 서비스직 | | 판매 · 사무직 | | 농림어업 | | 건축 · 추출 · 보수 | | 생산 · 교통 · 물류 | |
| --- | --- | --- | --- | --- | --- | --- | --- | --- | --- | --- | --- | --- | --- | --- | --- |
| 연도 | 인종 | 수 | 비율 | 수 | 비율 | 수 | 비율 | 수 | 비율 | 수 | 비율 | 수 | 비율 | 수 | 비율 |
| 2000 | 전 체 | 129,722 | 100 | 43,647 | 33.6 | 19,277 | 14.9 | 34,621 | 26.7 | 952 | 0.7 | 12,256 | 9.4 | 18,968 | 14.6 |
| | 백인 | 102,325 | 100 | 36,433 | 35.6 | 13,661 | 13.4 | 27,667 | 27.0 | 646 | 0.6 | 10,014 | 9.8 | 13,903 | 13.6 |
| | 흑인 | 13,002 | 100 | 3,281 | 25.2 | 2,861 | 22.0 | 3,545 | 27.3 | 49 | 0.4 | 849 | 6.5 | 2,417 | 18.6 |
| | 아시아인 | 4,787 | 100 | 2,133 | 44.6 | 675 | 14.1 | 1,149 | 24.0 | 14 | 0.3 | 173 | 3.6 | 643 | 13.4 |
| | 한인 | 475 | 100 | 184 | 38.7 | 70 | 14.8 | 143 | 30.2 | 1 | 0.2 | 19 | 3.9 | 58 | 12.2 |
| | 인도인 | 818 | 100 | 490 | 59.9 | 57 | 7.0 | 175 | 21.4 | 1 | 0.2 | 17 | 2.1 | 77 | 9.4 |
| | 중국인 | 1,175 | 100 | 614 | 52.3 | 163 | 13.9 | 244 | 20.8 | 1 | 0.1 | 31 | 2.6 | 122 | 10.4 |
| 1990 | 전체 | 155,681 | 100 | 30,534 | 19.6 | 15,296 | 9.8 | 36,718 | 23.6 | 2,839 | 1.8 | 13,098 | 8.4 | 17,169 | 11.0 |
| | 백인 | · | · | · | · | · | · | · | · | · | · | · | · | · | · |
| | 흑인 | · | · | · | · | · | · | · | · | · | · | · | · | · | · |
| | 아시아인 | 3,264 | 100 | 1,019 | 31.2 | 467 | 14.3 | 1,087 | 33.3 | 37 | 1.1 | 256 | 7.8 | 389 | 11.9 |
| | 한인 | 346 | 100 | 88 | 25.5 | 52 | 15.1 | 128 | 37.1 | 2 | 0.7 | 31 | 8.9 | 44 | 12.8 |
| | 인도인 | 392 | 100 | 171 | 43.6 | 32 | 8.1 | 130 | 33.2 | 2 | 0.6 | 20 | 5.2 | 37 | 9.4 |
| | 중국인 | 820 | 100 | 294 | 35.8 | 135 | 16.5 | 256 | 31.2 | 3 | 0.4 | 46 | 5.6 | 87 | 10.6 |
| 1990 ~ 2000 변화율 | 전체 | -16.7 | | 42.9 | | 26.0 | | -5.7 | | -66.5 | | -6.4 | | 10.5 | |
| | 백인 | · | | · | | · | | · | | · | | · | | · | |
| | 흑인 | · | | · | | · | | · | | · | | · | | · | |
| | 아시아인 | 46.6 | | 109.4 | | 44.4 | | 5.7 | | -62.0 | | -32.4 | | 65.2 | |
| | 한인 | 37.4 | | 108.9 | | 34.9 | | 11.9 | | -65.7 | | -39.7 | | 30.9 | |
| | 인도인 | 108.7 | | 186.8 | | 81.1 | | 34.7 | | -37.6 | | -14.5 | | 108.2 | |
| | 중국인 | 43.3 | | 109.1 | | 20.6 | | -4.5 | | -60.4 | | -33.5 | | 40.7 | |

출처: U. S. Census Bureau, Census 2000. www.census.gov/main/www/cen2000.html, U. S. Census Bureau, Census 1990. www.census.gov/main/www/cen1990.html

(항공요원, 선장, 선원, 버스 택시기사, 기차요원)·물류업(production, trans-
portation, and material moving occupations)으로 분류하고 있다. 이들 6
개 직업군의 하위분류별 분포는 〈부록 4〉에 첨부하였다.

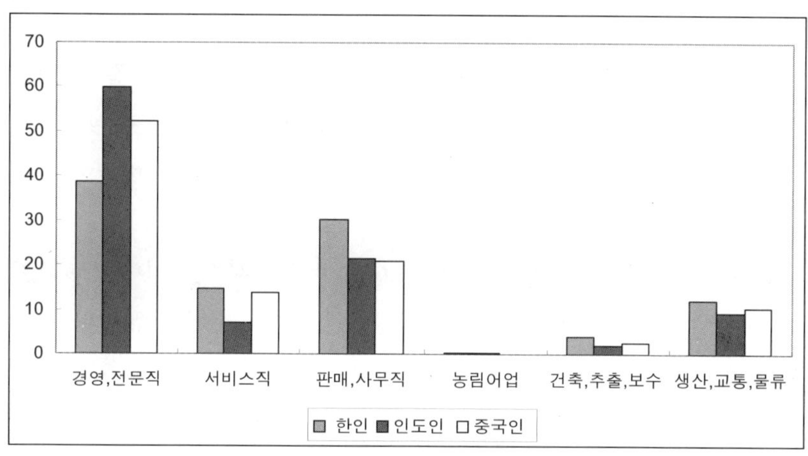

〈그림 Ⅲ-9〉 민족별 직업 분포(2000년)

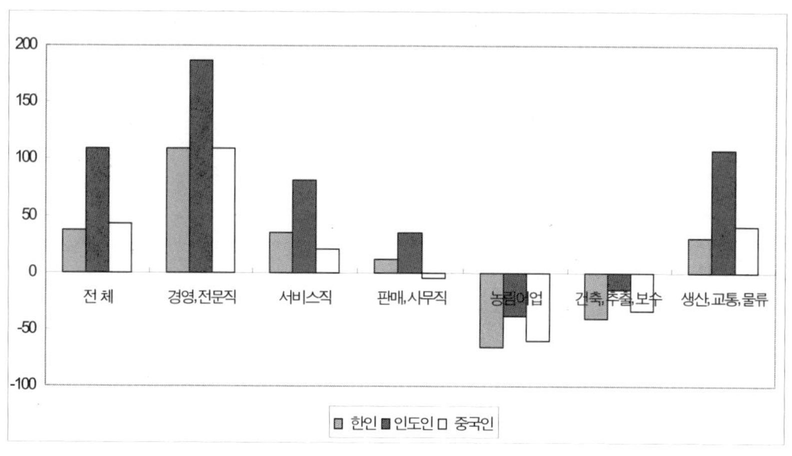

〈그림 Ⅲ-10〉 민족별 직업 분포 변화(1990~2000년)

우선 2000년 직업분포를 보면, 미국 전체에서 16세 이상 고용되어 일을 하는 인구는 129,722천명이다. 이중 경영·전문직 관련업 인구가 33.6%로 가장 많았고, 다음으로 판매와 사무직 26.7%, 서비스직 14.9%, 생산·교통·물류업이 14.6%, 건축·추출·보수업이 9.4%, 농림어업 0.7%순이다.

이러한 직업분포의 순위는 아시아인이나 한인의 경우도 같다. 다만, 한인은 경영·전문직 관련업이 38.7%인 반면에, 아시아인은 44.6%에 이른다. 인도인, 중국인은 경영·전문직 관련업 종사자 비율이 각각 59.9%, 52.3%로 절반 이상을 차지하고 있다.

1990년 직업분포를 보면, 미국인 16세 이상 전체 인구의 23.6%가 판매 및 사무직 종사자로서 경영·전문직 인구 19.6% 보다 많았다. 아시아인도 마찬가지로 판매·사무직 종사자 33.3%로 가장 높고 그 다음으로 경영·전문직이 31.2%를 차지하고 있다. 그러나 인도인과 중국인의 경우 경영·전문직이 각각 43.6%, 35.8%로 판매·사무직 33.2%, 31.2%보다 높은 수준이다. 그러나 한인의 경우 아시아인이나 미국전체와 유사하게 판매·사무직이 37.1%로 경영·전문직 25.5%보다 높다.

1990년부터 2000년의 기간 동안 미국 전체적으로 16세 이상 인구는 16.7% 감소하였으나 아시아인은 동기간 46.6% 증가하였고, 아시아인 중에서도 특히 인도인은 동기간 108.7% 증가한 것으로 나타났다. 기간 동안 미국 전체적으로 경영·전문직 종사자는 42.9% 증가하였으나 농업·어업·임업 종사자는 66.5% 감소하였다.

아시아인의 경우 경영·전문직 종사자는 109.4%나 증가하였으나 농업·어업·임업 종사자는 역시 62.0% 감소하였다. 인도인, 중국인, 한인 모두 경영·전문직 종사자는 증가하였으나 농업·어업·임업 종사자는 감소하였다. 인도인의 경영·전문직 종사자 증가율이 가장 높고 (186.8%), 한인의 농업·어업·임업 종사자의 감소율이 가장 높다 (-65.7%).

## 4) 교육수준

다음으로 교육수준에 대해 살펴보았다. 전체 미국인 가운데 학사학위 이상 교육을 받은 인구는 전체 인구의 24.4%에 해당한다. 미국 내 아시아인의 44.1%가 학사학위 이상의 교육을 받아, 다른 인종에 비해 상대적으로 높은 비율을 보였다. 세 민족 중 학사학위 이상 교육을 받은 인구가 가장 많은 민족은 인도인으로 63.9%에 달했다. 중국인은 48.1%, 한인은 43.8%로 한인의 경우 아시아인 평균보다도 낮은 수준이다.

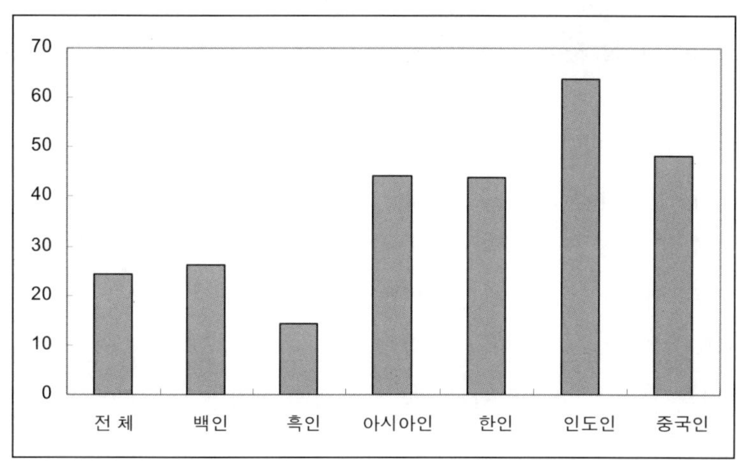


〈그림 Ⅲ-11〉 학사학위 이상 교육인구 비율(2000년)

〈표 Ⅲ-13〉 학사학위 이상 교육인구 비율(2000년)　(단위: %)

|  | 미국 | 시카고 | 로스앤젤레스 | 뉴욕 | 샌프란시스코 | 시애틀 | 워싱턴 |
|---|---|---|---|---|---|---|---|
| 전 체 | 24.4 | 28.9 | 24.4 | 30.5 | **37.3** | 32.0 | 37.1 |
| 백인 | 26.1 | 32.4 | 27.7 | 34.6 | 41.0 | 33.0 | 42.5 |
| 흑인 | 14.3 | 15.2 | 17.8 | 16.5 | 19.2 | 19.5 | 21.2 |
| 아시아인 | 44.1 | 57.4 | 42.6 | 47.9 | 45.1 | 37.3 | 53.7 |
| **한인** | **43.8** | **51.8** | **44.5** | **48.4** | **52.2** | **33.6** | **43.6** |
| **인도인** | **63.9** | **65.0** | **62.0** | **54.8** | **72.9** | **60.4** | **71.5** |
| **중국인** | **48.1** | **55.9** | **46.2** | **37.5** | **45.5** | **50.3** | **62.8** |

출처: U. S. Census Bureau, Census 2000. www.census.gov/main/www/cen2000.html

인도인의 경우 여섯 지역 가운데 학사학위 이상 교육을 받은 인구비율이 상대적으로 높은 지역은 샌프란시스코 지역(72.9%)과 워싱턴 지역(71.5%)으로 나타났다.

중국인의 경우 여섯 지역 가운데 학사학위 이상 교육을 받은 인구비율이 상대적으로 높은 지역은 워싱턴 지역(62.8%)과 시카고 지역(55.9%)으로 나타났다.

한인의 경우 여섯 지역 가운데 학사학위 이상 교육을 받은 인구비율이 상대적으로 높은 지역은 샌프란시스코 지역(52.2%)과 시카고 지역(51.8%)으로 나타났다.

〈표 Ⅲ-14〉는 가정 내에서 영어를 유창하게 구사하지 못하는 비율을 파악한 것이다. 미국 전체 인구의 4.7%가 영어를 잘 구사하지 못하고 있는데, 아시아인은 23.6% 정도로 백인(2.7%)이나 흑인(1.2%)보다 훨씬 높다. 인도인은 10.5%로 상대적으로 다른 아시아 민족에 비해 영어를 능숙하지 못한 인구비율이 낮다. 한인과 중국인은 각각 33.1%, 33.3%로 아시아인 평균보다 영어에 능숙하지 못한 인구 비율이 높은 편이다.

한인들 가운데 뉴욕 지역과 로스앤젤레스 지역의 경우 6개 지역 가운데 영어를 능숙하게 구사하지 못하는 인구의 비율이 40.5%, 39.5%로 높았다. 이 두 지역은 한인의 거주비율이 높은 지역으로 한인 집거지가 형성되어 있고 이에 영어를 잘 구사하지 못하더라도 생활에 큰 불편이 없기 때문인 것으로 보인다(〈표 Ⅲ-14〉 참조). 샌프란시스코 지역은 영어를 잘 못하는 인구의 비율이 29.8%로 상대적으로 낮은 비율을 보인다.

중국인도 한인과 유사하게 뉴욕 지역과 로스앤젤레스 지역 거주인의 영어 구사능력이 낮은 편이며 워싱턴 지역 거주인의 영어 구사능력은 상대적으로 높은 편이다.

인도인의 경우 전반적으로 영어 구사능력이 높은 편이며 가장 낮은 지역조차도 한인이나 중국인의 가장 높은 지역보다 나은 편이다.

<표 Ⅲ-14> 영어구사 능력 미달 정도(2000년)

(단위: %)

| | 미국 | 시카고 | 로스앤젤레스 | 뉴욕 | 샌프란시스코 | 시애틀 | 워싱턴 |
|---|---|---|---|---|---|---|---|
| 전 체 | 4.7 | 7.0 | 14.0 | 9.2 | 9.7 | 3.8 | 3.8 |
| 백인 | 2.7 | 5.4 | 8.9 | 6.1 | 4.3 | 1.3 | 1.9 |
| 흑인 | 1.2 | 0.5 | 1.1 | 3.2 | 0.9 | 2.4 | 1.0 |
| 아시아인 | 23.6 | 20.0 | 26.7 | 27.1 | 23.3 | 23.7 | 21.3 |
| **한인** | **33.3** | **34.5** | **39.5** | **40.5** | **29.8** | **31.0** | **32.4** |
| **인도인** | **10.5** | **11.7** | **8.9** | **11.7** | **8.5** | **13.2** | **7.7** |
| **중국인** | **33.1** | **33.1** | **34.2** | **39.5** | **32.5** | **28.5** | **28.4** |

출처: U. S. Census Bureau, Census 2000.www.census.gov/main/www/cen2000.html
　　1) 4세 이하 어린이는 조사 제외 대상.

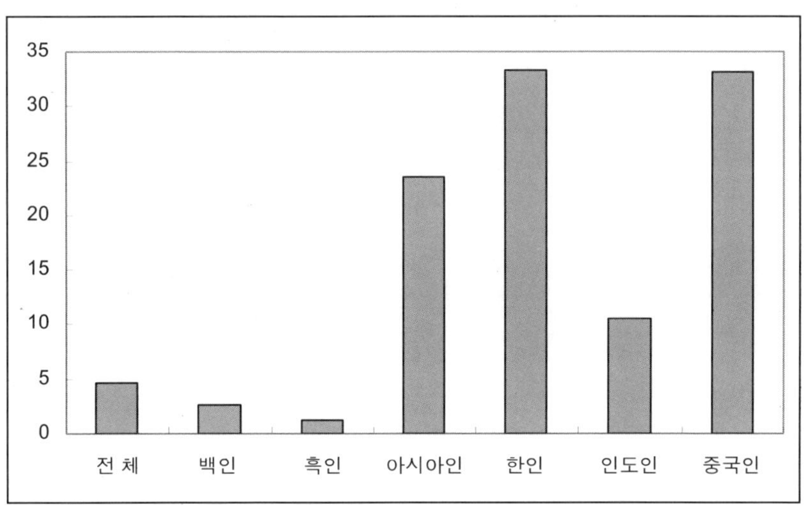

<그림 Ⅲ-12> 영어구사 능력 미달 정도(2000년)

## 5) 노동과 실업

<표 Ⅲ-15>는 2000년 기준 16세 이상 유효한 노동력의 비율과 1990년부터 2000년 기간 동안의 변화율을 나타낸다. 미국 전체적으로 1990년에는 미국인 전체 16세 이상 인구 가운데 경제활동참여율이 65.3%였

는데 2000년에는 63.9%로 1.3% 감소하였다. 아시아인은 4.1% 감소해 백인 0.8%, 흑인 2.5%보다 감소율이 큰 편이다. 인도인은 4.8%, 중국인은 3.1%, 한인은 3.6%의 감소율을 나타내 전반적으로 미국전체에 비해 높은 감소율을 보이고 있다. 한인은 2000년 현재 59.7% 경제활동참여율을 보여 인도인이나 중국인에 비해 낮은 비율에 속한다고 할 수 있다.

지역별로 살펴보면, 미국 전체 인구 가운데에서 워싱턴 지역의 경제활동참여율이 69.4%로 다른 다섯 지역보다 높게 나타나고, 로스앤젤레스 지역이 61.5%로 가장 낮게 나타났다. 아시아인과 중국인, 한인의 경우도 마찬가지로 워싱턴 지역이 높고 로스앤젤레스 지역이 낮다. 인도인의 경우 시애틀 지역이 가장 높고 워싱턴 지역은 두 번째로 높고 역시 로스앤젤레스 지역이 가장 낮은 비율을 보이고 있다.

<표 Ⅲ-15> 16세 이상 인구 경제활동참여율 변화(1990~2000년)

(단위: %)

| | 1990~2000 변화 | 1990 | 2000 | 시카고 | 로스앤젤레스 | 뉴욕 | 샌프란시스코 | 시애틀 | 워싱턴 |
|---|---|---|---|---|---|---|---|---|---|
| 전 체 | -1.3% | 65.3 | 63.9 | 66.0 | **61.5** | 61.9 | 66.1 | 68.8 | **69.4** |
| 백인 | -0.8% | 65.4 | 64.6 | 67.7 | 62.2 | 62.7 | 67.3 | 69.1 | 70.9 |
| 흑인 | -2.5% | 62.7 | 60.2 | 59.7 | 59.9 | 59.8 | 61.3 | 68.7 | 65.8 |
| 아시아인 | -4.1% | 67.4 | 63.3 | 66.9 | **59.8** | 63.6 | 64.0 | 64.6 | **68.4** |
| **한인** | **-3.6%** | **63.3** | **59.7** | 63.3 | **56.5** | 61.5 | 60.3 | 59.8 | **63.9** |
| **인도인** | **-4.8%** | **72.3** | **67.5** | 68.0 | **64.5** | 65.7 | 68.6 | **72.3** | 71.3 |
| **중국인** | **-3.1%** | **65.9** | **62.8** | 67.0 | **58.1** | 61.8 | 62.7 | 66.4 | **69.2** |

출처: U. S. Census Bureau, Census 1990, Census 2000.
www.census.gov/main/www/cen1990.html, www. census.gov/ main/www/cen2000.html

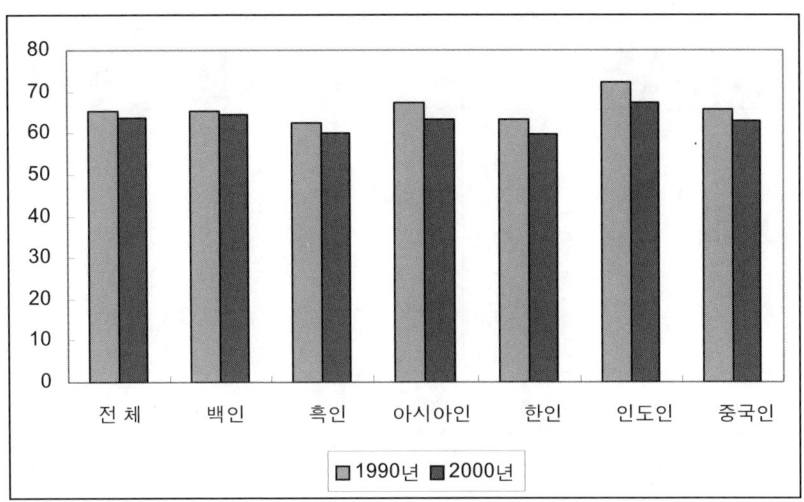



〈그림 Ⅲ-13〉 16세 이상 인구 경제활동참여율 변화(1990~2000년)

16세 이상 인구의 실업률은 〈표 Ⅲ-16〉과 같다. 2000년 미국인 전체 실업률은 5.7%이였다. 1990년의 6.3% 실업률에 비해 0.6% 감소한 것이다. 미국 전체적으로나 아시아인, 중국인, 인도인의 경우 1990~2000년 동안 실업률이 모두 감소하였으나 한인의 경우 실업률이 0.2% 포인트 상승하였다. 2000년 기준 실업률을 보면 백인(4.6%)에 비해 흑인(11.4%)의 실업률이 상당히 높다. 중국인의 실업률이 4.4%로 인도인 4.9%이나 한인 5.4%에 비해 낮은 편이다.

지역별로는 전체적으로 로스앤젤레스 지역이 7.4%로 가장 높고 워싱턴 지역이 4.4%로 가장 낮다. 인도인, 중국인, 한인 모두 워싱턴지역의 실업률이 가장 낮았다. 실업률이 높은 지역은 민족마다 약간씩 차이가 있다. 한인의 경우 로스앤젤레스 지역이 6.2%로 가장 높았고, 인도인은 시카고 지역이 5.5%로 가장 높은 실업률을 기록하고 있다. 중국인의 경우는 뉴욕 지역의 실업률이 5.7%로 가장 높다.

<표 Ⅲ-16> 16세 이상 인구 지역별 실업률과 변화(1990~2000년)

(단위:%)

| | '90~'00 변화 | 미국 1990 | 미국 2000 | 시카고 | 로스앤젤레스 | 뉴욕 | 샌프란시스코 | 시애틀 | 워싱턴 |
|---|---|---|---|---|---|---|---|---|---|
| 전 체 | -0.6 | 6.3 | 5.7 | 6.2 | **7.4** | 6.7 | 4.5 | 5.0 | 4.4 |
| 백인 | | | 4.6 | 4.1 | 6.1 | 4.6 | 3.7 | 4.5 | 2.9 |
| 흑인 | | | 11.4 | 15.2 | 13.1 | 12.6 | 10.0 | 8.8 | 8.7 |
| 아시아인 | -0.1 | 5.2 | 5.1 | 4.6 | **5.6** | 5.5 | 3.9 | 5.2 | **3.5** |
| **한인** | **0.2** | **5.2** | **5.4** | 4.8 | **6.2** | 5.1 | 4.0 | 6.2 | **3.8** |
| **인도인** | **-0.7** | **5.6** | **4.9** | **5.5** | 5.2 | 5.4 | 3.3 | 4.0 | **3.3** |
| **중국인** | **-0.3** | **4.7** | **4.4** | 4.4 | 4.9 | **5.7** | 3.3 | 4.0 | **2.9** |

출처: U. S. Census Bureau, Census 1990, Census 2000.
www.census.gov/main/www/cen1990.html, www.census.gov/main/www/cen2000.html

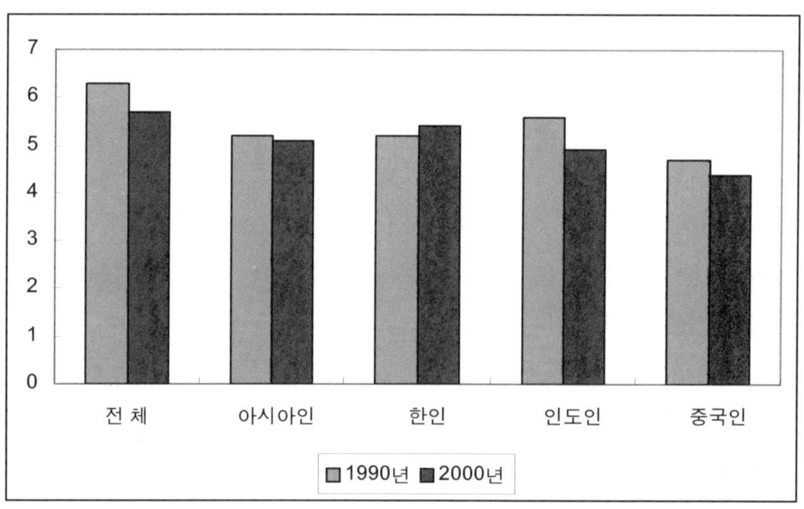


<그림 Ⅲ-14> 16세 이상 인구 실업률(1990~2000년)

## 4. 소수민족 소유 기업 현황

### 1) 소수민족 전체

미국 통계국에서는 5년마다 경제센서스를 조사해 발표하고 있다. 자료의 이용이 가능한 최근의 조사들은 1987년, 1992년, 1997년, 2002년의 자료이다. 본 절에서는 이들 자료를 이용해 소수민족 그룹별 그리고 세부 민족별(인도인, 중국인, 한인) 비교를 하고자 한다. 소수민족 그룹은 1987년과 1992년, 1997년, 2002년의 구분과 약간 차이가 있다. 이에 소수민족그룹별 비교에는 1992년, 1997년, 2002년간의 변화만을 살펴볼 것이다. 그리고 세부 민족별(인도인, 중국인, 한인) 비교에는 1987년, 1992년, 1997년, 2002년 기간의 자료를 비교분석할 것이다.

〈표 Ⅲ-17〉은 1992년, 1997년, 그리고 2002년의 경제센서스에서 소수민족 전체 및 그룹별 소유 기업에 관한 자료를 정리한 것이다. 우선 소수민족이 소유한 기업 수를 기준으로 볼 때 1992년에는 전체의 11.4%이던 것이 1997년에는 14.6%, 2002년에는 17.9%로 점차 증가하고 있음을 알 수 있다. 그러나 이들 기업의 매출액 비중은 1992년 6.1%이던 것이 1997년 3.19%, 2002년 3.07%로 감소하고 있다. 기간 동안 소수민족이 소유한 기업은 수적으로는 증가하고 있으나 그 규모(매출액 기준)는 감소하고 있음을 알 수 있다. 또한 전반적으로 기업 수의 비율(11.4%, 14.6%, 17.9%)에 비해 매출액의 비율(6.1%, 3.2%, 3.1%)은 상당히 낮은 수준으로 이는 이들 소수민족의 소유한 기업의 규모가 작음을 의미한다.

〈표 Ⅲ-17〉 기업 수 및 매출액의 변화(1992~1997~2002년) (개, 백만달러, %)

| 전 체 | 1992 | | 1997 | | 2002[2] | |
|---|---|---|---|---|---|---|
| | 기업 수 | 매출 | 기업 수 | 매출 | 기업 수 | 매출 |
| 전 체(a) | 17,253,143 | 3,324,200 | 20,821,935 | 18,553,243 | 22,977,164 | 22,634,870 |
| 소수민족(b) | 1,965,565 | 202,011 | 3,039,033 | 591,259 | 4,115,900 | 694,088 |
| 흑인 | 620,912 | 32,197 | 823,499 | 71,215 | 1,197,988 | 92,682 |
| 히스패닉[1] | 771,708 | 72,824 | 1,199,896 | 186,275 | 1,574,159 | 226,468 |
| 원주민 | 41,410 | 5,801 | 197,300 | 34,344 | 206,125 | 26,396 |
| 아시아태평양 지역인(c) | 565,016 | 93,909 | 912,960 | 306,933 | 1,137,628 | 348,542 |
| b/a | 11.39 | 6.08 | 14.60 | 3.19 | 17.91 | 3.07 |
| c/b | 28.75 | 46.49 | 30.04 | 51.91 | 27.64 | 50.22 |

출처: U. S. Census Bureau. Economic Census 1992, 1997, 2002.
www.census.gov/prod/2/bus/mob/mb92-3.pdf, www.census.gov/prod/ec97/e97cs-5.pdf,
www.census.gov/csd/sbo/state/st00.HTM 1) 히스패닉은 인종별 분류기준과는 달리 히스패닉인지 히스패닉이 아닌지의 기준에 따른 분류이므로 전체를 합하면 소수민족 합계를 초과한다. 2) 2002년부터는 분류기준이 약간 변하였다. 아시아 태평양 지역인의 경우도 아시아인과 태평양 지역인이 따로 나와 있어 연도별 비교를 위해 이 둘을 합하였다.

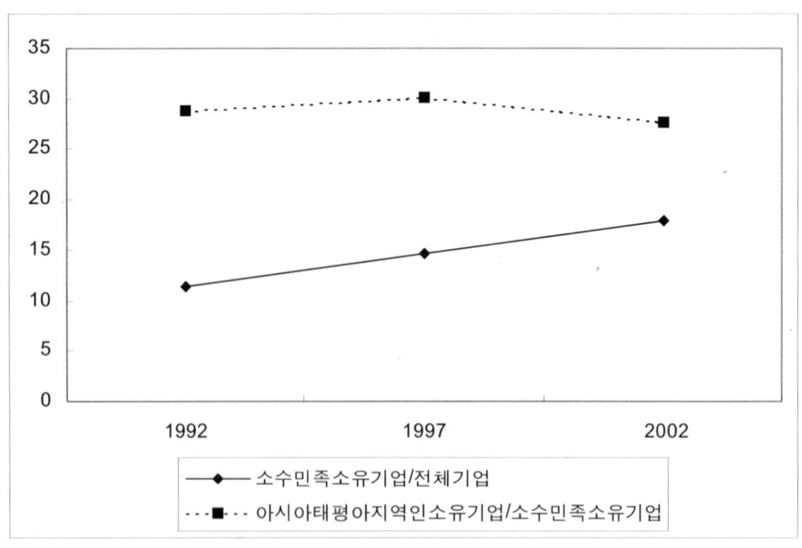


〈그림 Ⅲ-15〉 소수민족 기업 비율(기업 수 기준)

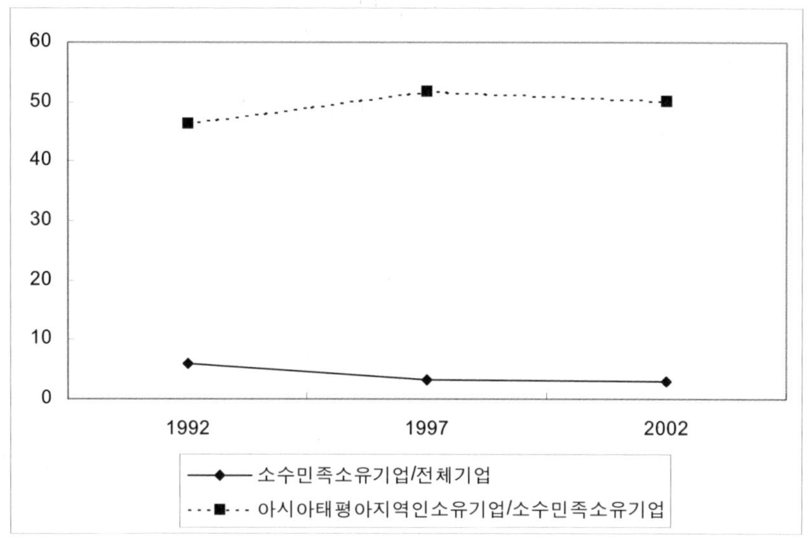



〈그림 Ⅲ-16〉 소수민족 기업 비율(매출액 기준)

소수민족 기업 중 아시아 태평양 지역인이 소유한 기업의 수가 차지하는 비율은 1992년 28.8%였으나 1997년 30.0%로 증가하였고 2002년에는 다시 27.6%로 감소하였다. 이들 기업의 매출액이 차지하는 비율 역시 1992년 46.5%이던 것이 1997년 51.9%로 증가하였으나 2002년 다시 50.2%로 감소하였다. 또한 전반적으로 기업 수의 비율(28.8%, 30.0%, 27.6%)에 비해 매출액의 비율(49.5%, 51.9%, 50.2%)이 크다. 이는 전체 소수민족이 소유한 기업과 비교해 아시아태평양 지역인이 소유한 기업이 그 수적 비율에 비해 규모가 크다는 것을 의미한다.

다음으로 2002년을 기준으로 전체기업 중 유급종업원이 있는 경우를 뽑아서 전체와 비교하였다. 전체기업이나 유급종업원이 있는 경우의 인종별 비율은 기업수와 매출액 모두 유사하다. 기업 수에 있어서는 백인이 소유한 기업의 비율이 가장 높고(전체: 86.6%, 유급종업원이 있는 경우: 85.3%), 원주민이 소유한 기업의 비율이 가장 낮았다(전체: 0.9%, 유급종업원이 있는 경우: 0.5%). 아시아인이 소유한 기업은 전체기업의

4.8%, 유급종업원이 있는 기업의 5.8%를 차지하고 있다.

〈표 Ⅲ-18〉 전체기업과 유급종업원이 있는 경우 비교(2002년)  (개, 백만달러, %)

| | 전 체 | | | | 유급종업원이 있는 경우 | | | | | | |
|---|---|---|---|---|---|---|---|---|---|---|---|
| | 기업 수 | 비율 | 매출액 | 비율 | 기업 수 | 비율 | 매출액 | 비율 | 종업원 수 | 비율 | 연간임금 |
| 전체 | 22,977,164 | 100 | 22,634,870 | 100 | 5,526,111 | 100 | 21,867,386 | 100 | 110,832,682 | 100 | 3,815,069 |
| 백인 | 19,894,823 | 86.59 | 8,303,716 | 36.69 | 4,712,168 | 85.27 | 7,629,211 | 34.89 | 52,209,027 | 47.11 | 1,548,758 |
| 히스패닉 | 1,574,159 | 6.85 | 226,468 | 1.00 | 199,725 | 3.61 | 183,965 | 0.84 | 1,546,092 | 1.39 | 37,063 |
| 흑인 | 1,197,988 | 5.21 | 92,682 | 0.41 | 94,862 | 1.72 | 69,779 | 0.32 | 770,746 | 0.70 | 18,066 |
| 원주민[1] | 206,125 | 0.90 | 26,396 | 0.12 | 25,101 | 0.45 | 21,273 | 0.10 | 187,407 | 0.17 | 4,753 |
| 아시아인 | 1,105,329 | 4.81 | 343,322 | 1.52 | 319,911 | 5.79 | 307,556 | 1.41 | 2,293,694 | 2.07 | 58,624 |
| 기타인종[2] | 32,299 | 0.14 | 5,221 | 0.02 | 4,333 | 0.08 | 4,326 | 0.02 | 36,710 | 0.03 | 1,012 |
| 공기업[3] | 491,715 | 2.14 | 13,790,327 | 60.93 | 351,819 | 6.37 | 13,768,142 | 62.96 | 55,075,231 | 49.69 | ·2,176,135 |

출처: ① 미국본토와 알래스카 원주민 포함. 하와이 원주민 제외. ② 하와이, 태평양거주민, ③ 외국인기업, 비영리기업 포함

〈표 Ⅲ-19〉 유급종업원이 있는 기업의 비율(2002년)  (%)

| | 기업 수 비율 | 매출액 비율 |
|---|---|---|
| 전체 | 24.05 | 96.61 |
| 백인 | 23.69 | 91.88 |
| 히스패닉 | 12.69 | 81.23 |
| 흑인 | 7.92 | 75.29 |
| 원주민[1] | 12.18 | 80.59 |
| 아시아인 | 28.94 | 89.58 |
| 기타인종[2] | 13.42 | 82.87 |
| 공기업[3] | 71.55 | 99.84 |

매출액에 있어서는 공기업이 차지하는 비율이 전체에 있어서는 60.9%, 유급종업원이 있는 경우 63.0%로 가장 높았고, 그 다음으로는 역시 백인소유의 기업이 차지하는 비중이 높았다. 공기업의 경우 수적으로는 작으나 매출액이나 종업원 수, 연간임금 등이 전체에서 차지하는 비중이 가장 높다. 아시아인이 소유한 기업의 매출액은 전체기업의 경우 매

출액의 1.5%, 유급종업원이 있는 기업의 경우 매출액의 1.4%를 차지하고 있다.

다음으로 전체기업과 유급종업원이 있는 경우를 비교해 보았다. 전체적으로 기업 수를 기준으로 유급종업원이 있는 경우는 24.1%로 전체기업 중 약 1/4 정도가 유급종업원을 갖고 있는 기업이었다. 그러나 매출액을 기준으로 이들 기업이 차지하는 비중은 96.4%로 전체매출의 거의 대부분을 유급종업원을 가진 기업이 차지하고 있다.

### 2) 소수민족별 소유 기업 변화

다음으로 소수민족별 세부자료를 살펴보았다. 앞서 언급하였듯이 소수민족별 현황은 1987년과 1992년, 1997년 그리고 2002년의 변화과정을 살펴보았다.

우선 〈표 Ⅲ-20〉은 1987년, 1992년, 1997년, 2002년의 아시아 소수민족별 소유 기업의 수와 매출액 현황이다. 기간 동안 기업 수의 변화를 보면 중국인 소유의 기업 수가 1987년 89,717개, 1992년 148,460개, 1997년 252,577개, 2002년 290,197개로 가장 많다. 인도인이 소유한 기업 수는 1987년 52,266개로 중국인, 한인, 일본인에 이어 4위를 차지했으나, 1992년 중국인, 한인에 이어 3위를 차지하고, 그 후 1997년과 2002년에는 한인을 앞질러 중국인에 이어 2위를 차지하고 있다. 기간 동안 인도인 소유 기업의 수가 크게 증가하고 있는 것을 알 수 있다. 마지막으로 한인이 소유한 기업은 1987년 69,304개, 1992년 99,180개, 1997년 135,571개, 2002년에는 158,031개로 증가하였다.

〈표 Ⅲ-20〉 아시아 소수민족별 기업 현황(1987년, 1992년, 1997년, 2002년)

(개, 백만달러)

| 민 족 | 1987 | | 1992 | | 1997 | | 2002 | |
|---|---|---|---|---|---|---|---|---|
| | 기업 수 | 매출 | 기업 수 | 매출 | 기업 수 | 매출 | 기업 수 | 매출 |
| **한인** | 69,304 | 7,683 | 99,180 | 15,777 | 135,571 | 45,936 | 158,031 | 46,948 |
| **인도인** | 52,266 | 6,715 | 88,851 | 19,096 | 166,737 | 67,503 | 231,179 | 89,023 |
| **중국인** | 89,717 | 9,610 | 148,460 | 29,973 | 252,577 | 106,197 | 290,197 | 106,270 |
| 필리핀인 | 40,412 | 1,914 | 60,289 | 4,476 | 84,534 | 11,078 | 128,223 | 14,615 |
| 일본인 | 53,372 | 3,837 | 62,295 | 11,810 | 85,538 | 43,741 | 86,863 | 30,623 |
| 베트남인 | 25,671 | 1,361 | 58,359 | 4,313 | 97,764 | 9,323 | 147,081 | 15,651 |
| 기타 아시아인 | . | . | . | . | 70,868 | 19,016 | 71,439 | 20,316 |

출처: U. S. Census Bureau. Economic Census 1987, 1992, 1997, 2002.

다음으로 매출액을 기준으로 이들 기업의 변화를 살펴보았다. 매출액에 있어서도 역시 중국인이 소유한 기업이 기간 동안 가장 높다. 인도인이 소유한 기업의 경우 1987년에는 한인이 소유한 기업보다 낮은 매출액을 기록했으나, 1992년부터는 한인 소유기업을 앞질러 2002년에는 거의 두 배에 달하고 있다.

한인이 소유한 기업은 1987년이나 1992년에 비해 1997년 매출액이 크게 신장되었으나 2002년 그 성장세가 둔화되었으며, 특히 인도인 기업의 매출액 신장세에는 크게 뒤지고 있다. 1987년과 2002년의 매출액을 비교해 볼 때 한인 소유기업의 매출액은 기간 동안 약 6배 증가한 데 비해 이들 두 민족이 소유의 기업은 거의 10배 이상 증가하는 것으로 나타났다.

종합하면 중국인이 소유한 기업은 아시아 소수민족이 소유한 기업 중 수적으로나 매출액으로나 월등히 높은 수준이며, 인도인이 소유한 기업은 그 규모가 크게 증가하는 추세이다. 한인이 소유한 기업도 증가는 하고 있으나 이들 두 민족에 비해 증가세는 낮은 수준이다.

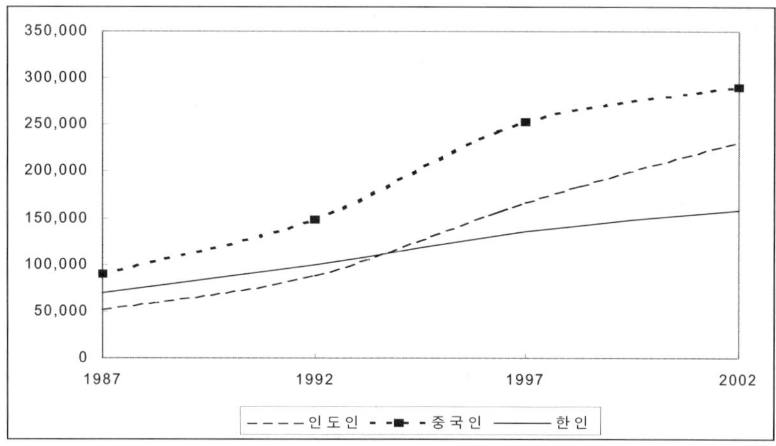

〈그림 Ⅲ-17〉 인도인 - 중국인 - 한인의 소유 기업 수 변화

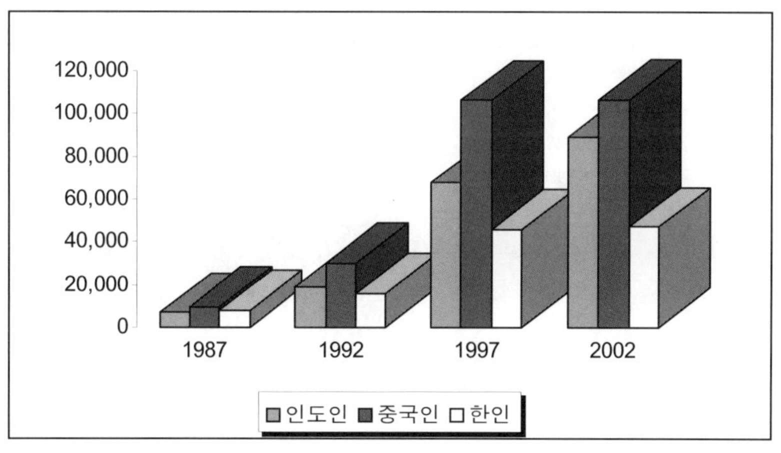

〈그림 Ⅲ-18〉 인도인 - 중국인 - 한인의 소유 기업 매출액 변화

## 3) 유급종업원이 있는 기업

2002년을 기준으로 소수민족이 소유한 기업들 중 유급종업원이 있는 기업만을 따로 살펴보았다. 우선 2002년 기준 미국 전체에 있는 기업의 수는 22,974,685개이고 매출액은 22,627,167백만 달러이다. 이중 아시아 태평양 지역인이 소유한 기업은 1,104,189개, 326,353백만 달러로

기업 수에 있어서는 4.81%, 매출액에 있어서는 1.44%를 차지하고 있다. 매출액을 기준으로 평가할 때 아시아 태평양 지역인이 소유한 기업의 규모가 상당히 작은 수준임을 알 수 있다. 유급종업원이 있는 경우는 아시아 태평양 지역인이 소유한 기업의 수가 전체의 5.78%이고 매출액은 2.00%를 차지해 기업 수에 있어서나 매출액에 있어서 전체기업의 경우보다 높은 비율을 차지하고 있다.

전체기업의 경우 아시아 태평양 지역인 중 중국인이 소유한 기업이 수에 있어서나 매출액에 있어서 가장 높은 비중을 차지하고 있다(기업 수: 1.26%, 매출액: 0.47%). 그 다음으로는 인도인으로 기업 수에 있어서는 1.01%, 매출액에 있어서는 0.39%를 차지하고 있다. 한인은 중국인과 인도인에 이어 3위를 기록하고 있다(기업 수: 0.69%, 매출액: 0.21%). 이러한 현상은 유급종업원이 있는 기업만을 비교했을 때에도 유사하다.

〈표 Ⅲ-21〉 전체기업과 유급종업원이 있는 기업의 기업 비교(2002년)

(개, 백만달러, %)

| 전 체 | 전 체 | | 유급종업원이 있는 기업 | | | |
|---|---|---|---|---|---|---|
|  | 기업 수 | 매출 | 기업 수 | 매출 | 종업원 수 | 연간임금 |
| 전 체 | 22,974,685 | 22,627,167 | 5,524,813 | 21,859,758 | 110,786,416 | 3,813,488 |
| 아시아 지역인 | 1,104,189 | 326,353 | 319,295 | 290,806 | 2,212,813 | 55,991 |
| (비율) | (4.81) | (1.44) | (5.78) | (1.33) | (2.00) | (1.47) |
| **한인** | 158,031 | 46,948 | 57,078 | 41,280 | 320,522 | 6,699 |
| (비율) | (0.69) | (0.21) | (1.03) | (0.19) | (0.29) | (0.18) |
| **인도인** | 231,179 | 89,023 | 83,522 | 80,787 | 615,549 | 17,655 |
| (비율) | (1.01) | (0.39) | (1.51) | (0.37) | (0.56) | (0.46) |
| **중국인** | 290,197 | 106,270 | 90,179 | 96,772 | 656,565 | 15,473 |
| (비율) | (1.26) | (0.47) | (1.63) | (0.44) | (0.59) | (0.41) |
| 필리핀인 | 128,223 | 14,615 | 20,149 | 11,307 | 133,933 | 3,643 |
| (비율) | (0.56) | (0.06) | (0.36) | (0.05) | (0.12) | (0.10) |
| 일본인 | 86,863 | 30,623 | 22,166 | 27,855 | 205,423 | 5,781 |
| (비율) | (0.38) | (0.14) | (0.40) | (0.13) | (0.19) | (0.15) |
| 베트남인 | 147,081 | 15,651 | 25,636 | 11,672 | 127,785 | 2,817 |
| (비율) | (0.64) | (0.07) | (0.46) | (0.05) | (0.12) | (0.07) |
| 기타 아시아인 | 71,439 | 20,316 | 21,443 | 18,353 | 138,634 | 3,240 |
| (비율) | (0.31) | (0.09) | (0.39) | (0.08) | (0.13) | (0.08) |

출처: U. S. Census Bureau. Economic Census 2002; http://www.census.gov/csd/sbo/index.html

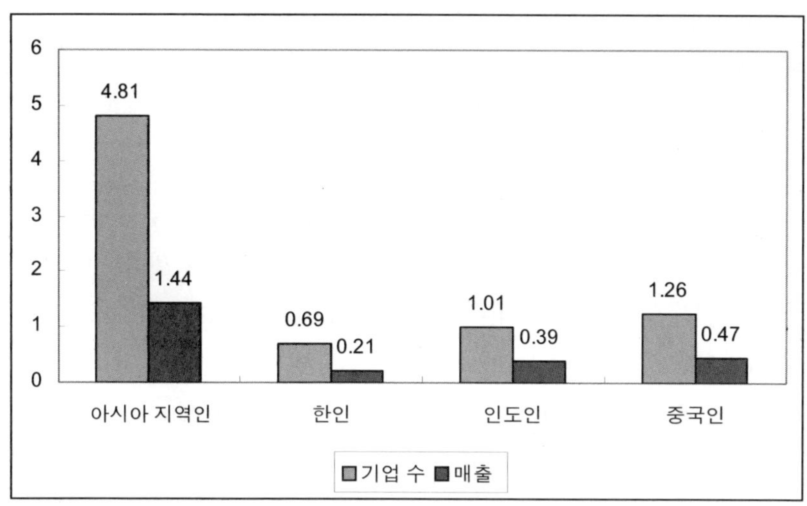


〈그림 Ⅲ-19〉 미국전체에서 민족별 기업 수와 매출액의 비율

〈표 Ⅲ-22〉 유급종업원이 있는 기업이 차지하는 비중

| | 기업 수 | 매출액 |
|---|---|---|
| 전 체 | 24.05 | 96.61 |
| 아시아 지역인 | 28.92 | 89.11 |
| **한인** | 36.12 | 87.93 |
| **인도인** | 36.13 | 90.75 |
| **중국인** | 31.08 | 91.06 |
| 필리핀인 | 15.71 | 77.37 |
| 일본인 | 25.52 | 90.96 |
| 베트남인 | 17.43 | 74.58 |
| 기타 아시아인 | 30.02 | 90.34 |

유급종업원이 있는 기업의 수는 전체적으로 약 24.5%에 불과하지만, 이들 기업매출액이 차지하는 비중은 전체의 96.6%를 차지하고 있다. 즉, 기업매출의 대부분은 유급종업원이 있는 기업들의 매출액에 의한

것이다. 아시아 지역인이 소유한 기업의 유급종업원이 있는 기업비율과 매출액비율은 28.9%와 89.1%로 기업 수의 비율에 있어서는 미국 전체 평균(25.4%)보다도 높으나, 매출액에 있어서는 미국 전체 평균(96.6%)보다 낮다.

아시아 지역인 중 인도인을 비롯해 중국인, 한인의 유급종업원이 있는 기업 비율이 높은 편으로 모두 30%를 넘고 있다. 세 민족 중 유급종업원이 있는 기업의 매출이 차지하는 비중은 중국인이 91.06%, 인도인이 90.75%, 한인이 87.93%의 순이다. 인도인과 중국인의 경우 아시아 지역인의 평균(89.11%)보다는 높지만 미국전체 평균(96.61%)보다는 낮은 수준이다.

종합하면 미국전체 혹은 아시아 지역인이 소유한 기업의 평균과 비교할 때 인도인, 중국인, 한인이 소유한 기업 중 유급종업원이 있는 기업의 비율은 높은 편이다. 그러나 매출액이 차지하는 비중은 미국전체 기업의 평균에 비해 낮은 편이며, 한인을 제외하고는 아시아 지역인이 소유한 기업의 평균보다는 높다.

### 4) 소수민족 소유 기업 비중

다음으로 인도인과 중국인, 한인만을 대상으로 아시아 지역인 소유기업에서 차지하는 비중을 살펴보았다. 먼저 전체기업을 대상으로 아시아 지역인이 소유한 기업 중 이들 세 민족 소유의 기업이 차지하는 비중은 기업 수 면에서는 61.53%를 매출액에서는 74.23%를 차지하고 있다. 유급종업원이 있는 기업만을 대상으로 했을 때의 비중은 기업 수에 있어서는 72.28%를 매출액에 있어서는 75.25%를 차지하고 있다. 유급종업원이 있는 기업에서의 기업 수와 매출액의 비중이 각각 10.75%, 1.02% 더 높다.

아시아 지역인이 소유한 기업 중 중국인이 소유한 기업이 차지하는 비중은 26.28%이고 유급종업원이 있는 기업만을 대상으로 했을 때는 28.24%로 이들 세 민족 중 가장 높다. 그 다음으로는 인도인이 소유한 기업으로 전체 기업에서는 20.94%를 유급종업원이 있는 기업에서는 26.16%를 차지하고 있다. 한인이 소유한 기업은 세 민족 중 가장 낮아 전체 기업에서는 14.31%를 유급종업원이 있는 기업에 있어서는 17.88%를 차지하고 있다. 이들 기업의 매출액 비중이나 종업원 수의 비중도 유사한 분포를 보이고 있다. 연간 임금의 비중에 있어서는 인도인의 유급종업원에 대한 연간임금이 아시아인 소유기업 중 31.53%를 차지해 가장 높고, 그 다음으로 중국인(27.63%), 한인의 순이다. 인도인이 소유한 유급종업원이 있는 기업의 기업 수와 매출액, 종업원 수는 중국보다 작지만 연간임금이 높은 편임은 인도인 소유기업이 고임금기업임을 의미한다.

〈표 Ⅲ-23〉 아시아지역인의 기업 중 인도인, 중국인, 한인의 기업 비중

(%)

| 전 체 | 전체 | | 유급종업원이 있는 기업 | | | |
|---|---|---|---|---|---|---|
| | 기업 수 | 매출 | 기업 수 | 매출 | 종업원 수 | 연간임금 |
| 한인 / 아시아지역인 | 14.31 | 14.39 | 17.88 | 14.20 | 14.48 | 11.96 |
| 인도인 / 아시아지역인 | 20.94 | 27.28 | 26.16 | 27.78 | 27.82 | 31.53 |
| 중국인 / 아시아지역인 | 26.28 | 32.56 | 28.24 | 33.28 | 29.67 | 27.63 |
| 합 계 | 61.53 | 74.23 | 72.28 | 75.25 | 71.97 | 71.13 |

## 5) 산업별 현황

미국 센서스 자료는 기업을 NAICS(North American Industry Classification System)의 분류[8]에 따라 18개 산업별로 정리하고 있다. 이에 아시아인

---

8) 〈부록 5〉 참조.

의 기업 수가 많은 산업과 매출액이 높은 산업 6개를 정리하면 〈표 Ⅲ-24〉와 같다(민족별 산업별 전체분포는 〈부록 6〉 참조).

〈표 Ⅲ-24〉 아시아인 소유기업 집중 산업

| 순 위 | 기업 수 기준 상위 6산업 | | 매출액 기준 상위 6산업 | |
|---|---|---|---|---|
| | NAICS code | 산업명 | NAICS code | 산업명 |
| 1위 | 81 | 기타서비스업 | 42 | 도매업 |
| 2위 | 54 | 과학·기술·전문업 | 44-45 | 소매업 |
| 3위 | 44-45 | 소매업 | 72 | 음식숙박업 |
| 4위 | 62 | 보건관련업 | 62 | 보건관련업 |
| 5위 | 72 | 음식숙박업 | 54 | 과학·기술·전문업 |
| 6위 | 53 | 부동산임대업 | 31-33 | 제조업 |

먼저 기업 수를 기준으로 아시아인 소유기업의 기업이 집중된 6개 산업을 중심으로 미국전체와 한인, 중국인, 인도인 소유기업의 분포를 살펴보았다. 기업 수를 기준으로 볼 때 아시아인의 소유기업은 기타서비스업이 17.1%로 가장 높고 그 다음으로 과학·기술·전문업으로 14.0%를 차지하고 있다. 미국 전체적으로는 이 두 산업의 순서가 바뀌어 과학·기술·전문업의 비중이 14.3%로 가장 높고 그 다음이 기타 서비스업으로 11.7%를 차지하고 있다.

한인의 경우 기타 서비스업의 비중이 22.5%로 가장 높고, 그 다음으로 소매업이 21.6%를 차지하고 있다. 중국인의 경우 과학·기술·전문업과 음식숙박업이 각각 17.3%, 15.2%로 가장 높다. 인도인의 경우 소매업이 17.7%를 차지하고, 그 다음으로 과학·기술·전문업이 16.%를 차지하고 있다.

<표 Ⅲ-25> 기업 수의 산업별 비율

(개, %)

| | 미국전체 | | 아시아인 | | 한 인 | | 중국인 | | 인도인 | |
|---|---|---|---|---|---|---|---|---|---|---|
| | 기업수 | 비율 | 기업수 | 비율 | 기업수 | 비율 | 기업수 | 비율 | 기업수 | 비율 |
| 기타서비스업 | 2,677,614 | 11.7 | 188,673 | 17.1 | 35,625 | 22.5 | 30,877 | 10.6 | 15,006 | 6.5 |
| 과학·기술·전문업 | 3,280,627 | 14.3 | 154,235 | 14.0 | 14,112 | 8.9 | 50,166 | 17.3 | 38,916 | 16.8 |
| 소매업 | 2,584,690 | 11.3 | 151,551 | 13.7 | 34,144 | 21.6 | 28,784 | 9.9 | 40,897 | 17.7 |
| 보건관련업 | 2,021,118 | 8.8 | 123,689 | 11.2 | 9,846 | 6.2 | 25,728 | 8.9 | 33,813 | 14.6 |
| 음식숙박업 | 676,116 | 2.9 | 104,978 | 9.5 | 14,038 | 8.9 | 44,028 | 15.2 | 24,497 | 10.6 |
| 부동산임대업 | 2,146,154 | 9.3 | 74,666 | 6.8 | 8,296 | 5.2 | 27,305 | 9.4 | 13,505 | 5.8 |
| 합계 | 13,386,319 | 58.3 | 797,792 | 72.3 | 116,061 | 73.4 | 206,888 | 71.3 | 166,634 | 72.1 |
| 전체 | 22,974,685 | | 1,104,189 | | 158,031 | | 290,197 | | 231,179 | |

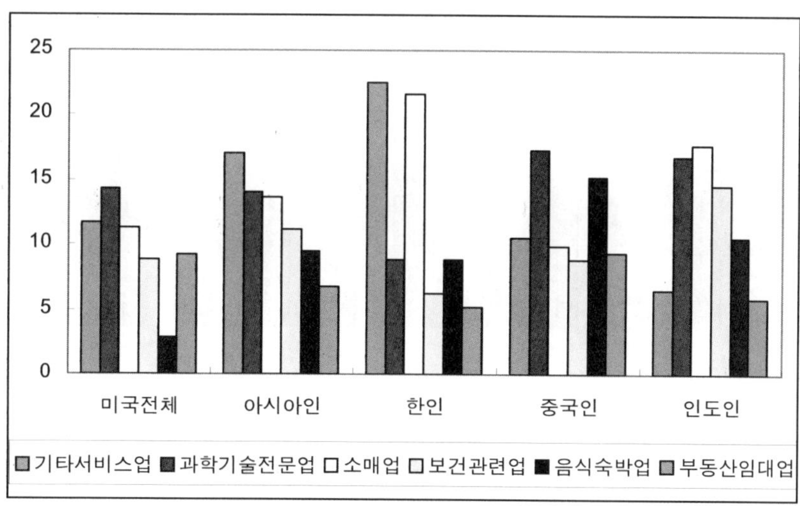



<그림 Ⅲ-20> 산업별 기업 분포(기업 수 기준)

다음으로 매출액을 기준으로 미국전체와 인도인, 중국인, 한인소유기업의 분포를 살펴보았다. <표 Ⅲ-26>은 아시아인의 매출액이 높은 6개 산업의 매출액을 이들 민족별로 살펴본 것이다.

<표 Ⅲ-26> 기업 매출의 산업별 비율(2002년)

(백만달러, %)

| | 미국전체 | | 아시아인 | | 한국인 | | 중국인 | | 인도인 | |
|---|---|---|---|---|---|---|---|---|---|---|
| | 매출액 | 비율 | 매출액 | 비율 | 매출액 | 비율 | 매출액 | 비율 | 매출액 | 비율 |
| 도매업 | 4,779,504 | **21.1** | 87,079 | **26.7** | 12,343 | 26.3 | 43,017 | **40.5** | 13,106 | 14.7 |
| 소매업 | 3,168,416 | 14.0 | 64,931 | 19.9 | 13,075 | **27.8** | 14,462 | 13.6 | 22,821 | **25.6** |
| 음식숙박업 | 467,817 | 2.1 | 32,829 | 10.1 | 3,920 | 8.3 | 12,238 | 11.5 | 9,860 | 11.1 |
| 보건관련업 | 1,155,109 | 5.1 | 29,930 | 9.2 | 2,074 | 4.4 | 5,530 | 5.2 | 11,112 | 12.5 |
| 과학·기술·전문업 | 1,007,956 | 4.5 | 27,211 | 8.3 | 2,201 | 4.7 | 7,031 | 6.6 | 12,157 | 13.7 |
| 제조업 | 4,030,755 | **17.8** | 26,445 | 8.1 | 3,893 | 8.3 | 8,500 | 8.0 | 6,872 | 7.7 |
| 합계 | 14,609,557 | 64.6 | 268,425 | 82.2 | 37,506 | 79.9 | 37,506 | 85.4 | 75,928 | 85.3 |
| 전체 | 22,627,167 | | 326,353 | | 46,948 | | 106,270 | | 89,023 | |

출처: U. S. Census Bureau. Economic Census 2002.

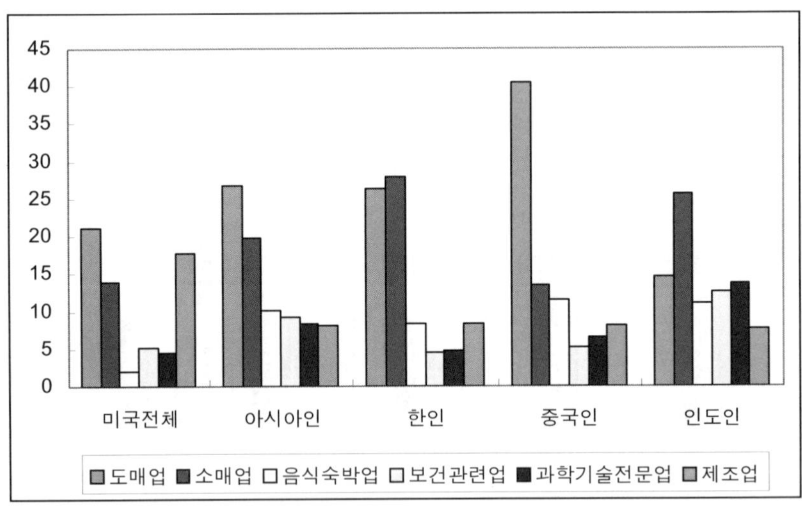


<그림 Ⅲ-21> 산업별 기업 분포(매출액 기준)

미국 전체적으로 매출액에서 가장 높은 비중을 차지하는 산업은 도매업으로 전체의 21.1%를 차지하고 있었다. 아시아인 소유기업의 경우 도매업의 비중이 26.7%로 미국전체에 비해 5%가량 높다. 특히 중국인의 경우 도매업이 무려 40.5%에 달한다. 그러나 인도인과 한인의 경우

소매업의 비중이 각각 25.6%, 27.8%로 가장 높다. 미국 전체적으로 두 번째로 높은 비중을 차지하는 산업인 제조업의 경우 이들 세 민족에 있어서는 7~8% 수준으로 그리 높은 비중을 차지하지 못했다.[9] 아시아인은 미국전체에 비해 대체로 도매업과 소매업에 대한 집중도가 높은 편이다. 그리고 인도인 소유기업의 경우 도매업과 소매업의 비중도 높으나 과학·기술·전문업의 비중이 13.7%로 상당히 높은 편이다. 이는 최근 인도인의 IT산업 부문에 대한 진출이 높은 것을 반영하고 있으며 앞서 인도인 소유기업의 연간임금이 높은 것과도 관련이 있다.

### 6) 지역별 분포

다음으로 지역별로 아시아인 소유의 기업이 많이 분포를 살펴보았다. 각 주별로 살펴본 결과 아시아인 및 한인, 인도인, 중국인의 기업이 가장 밀집된 지역은 캘리포니아주와 뉴욕주로 나타났다. 미국 전체적으로는 이 두 지역에 대한 집중도가 약 20% 수준이나 아시아인의 경우 47%에 달하는 것으로 조사되었다.

중국인의 경우 집중도가 특히 높아 캘리포니아주에 38.7%, 뉴욕주에 9.6%가 있어 이 두 지역에 중국인 소유기업의 58.8%가 집중되어 있다 (기업 수 기준). 한인의 경우 기업 수를 기준으로 캘리포니아주에 33.1%, 뉴욕주에 13.4%로 전체의 46.5%가 집중되어 있고, 인도인의 경우 캘리포니아주와 뉴욕주에 각각18.7%로 전체 37.4%가 두 지역에 집중해 있다. 세 민족 중에서는 중국인의 두 지역에 대한 집중도가 가장 높다. 각 민족별로 50개 주에 대한 기업 수, 매출액 등의 자료는 〈부록 7〉에 첨부하였다.

---

9) 미국 전체 산업에서 높은 비중은 차지하는 산업은 도매업, 제조업, 소매업에 이어 금융·보험업이 있디. 미국 진체직으로는 금융·보험업의 비중이 약 13%에 달하고 있으나 중국인, 인도인, 한인, 아시아인 전체 모두에서 1~2% 수준밖에 되지 않는다.

<표 Ⅲ-27> 지역별 기업 집중도

(개, 백만달러, %)

| | 미국전체 | | 아시아인 | | 한 인 | | 인도인 | | 중국인 | |
|---|---|---|---|---|---|---|---|---|---|---|
| | 기업 수 | 매출액 | 기업 수 | 매출액 | 기업 수 | 매출액 | 기업 수 | 매출액 | 기업 수 | 매출액 |
| 전체 | 22,974,685 | 22,627,167 | 1,104,189 | 326,353 | 158,031 | 46,948 | 231,179 | 89,023 | 290,197 | 106,270 |
| California | 2,908,761 | 2,796,609 | 371,415 | 125,606 | 52,331 | 19,506 | 43,254 | 16,942 | 112,424 | 56,798 |
| (비율) | 12.66 | 12.36 | 33.64 | 38.49 | 33.11 | 41.55 | 18.71 | 19.03 | 38.74 | 53.45 |
| New York | 1,707,172 | 1,737,979 | 145,519 | 30,434 | 21,135 | 5,214 | 43,240 | 11,141 | 58,123 | 10,198 |
| (비율) | 7.43 | 7.68 | 13.18 | 9.33 | 13.37 | 11.11 | 18.70 | 12.51 | 20.03 | 9.60 |
| 합계 | 4,615,933 | 4,534,588 | 516,934 | 156,040 | 73466 | 24720 | 86,494 | 28,083 | 170,547 | 66,996 |
| (비율) | 20.09 | 20.04 | 46.82 | 47.81 | 46.49 | 52.65 | 37.41 | 31.55 | 58.77 | 63.04 |

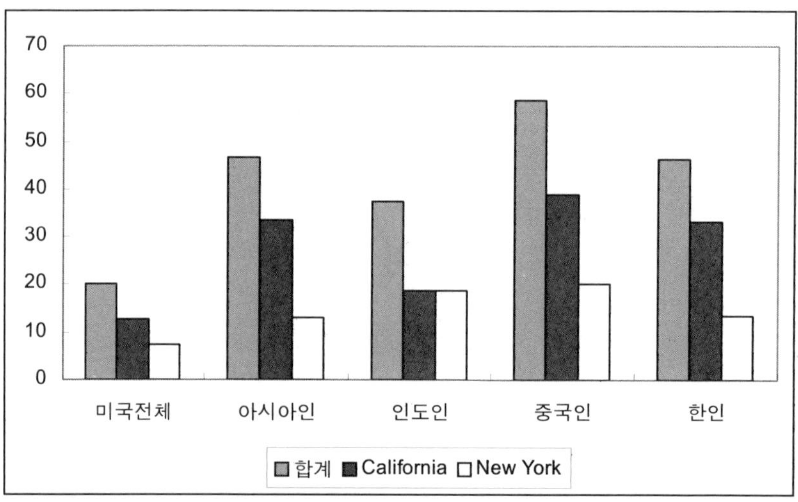


<그림 Ⅲ-22> 캘리포니아, 뉴욕 기업 집중도(기업 수 기준)

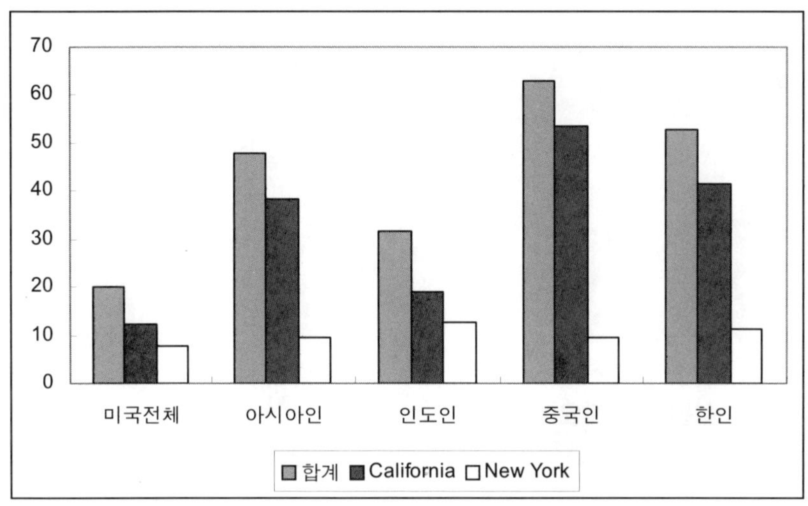


〈그림 Ⅲ-23〉 캘리포니아, 뉴욕 기업 집중도(매출액 기준)

# IV
# 재미 한상기업 네트워크 실태 조사

## 1. 설문조사 개요

이 장은 재미한인 기업을 대상으로 네트워크에 관해 설문조사한 결과를 분석, 정리한 것이다. 설문조사는 로스앤젤레스(LA)와 뉴욕을 중심으로 그 외 샌프란시스코, 시카고, 시애틀 지역에 있는 한인기업들을 대상으로 이루어졌다. 조사는 미국 현지의 한길리서치에서 대행하였으며, 설문기간은 2006년 1월부터 3월까지 약 3개월 동안이다.

표본추출은 미국 내 기업 간 혹은 해외와 연계된 활동을 주로 하는 기업들을 대상으로 하였고, 접촉가능한 업소를 설문하는 방식으로 진행하였다. 설문지는 〈부록 1〉에 첨부하였다. 조사에 응한 165개 기업 중 설문사항의 50% 이상을 답하지 않았거나, 설문에 무성의하게 응답한 2개 기업을 제외하고 총 163개의 완성된 설문지를 분석하였다.

설문지는 총 3부문으로 구성되었다. 제1부문에는 기업과의 네트워크 현황에 대한 8개의 질문에 3~4개의 하위 질문이 포함되어 총 34개의 질문이 있다. 제2부문에는 단체·정부·금융기관과의 네트워크와 관련된 10개의 질문에 1~3개의 하위질문이 포함되어 총 20개의 질문이 있다. 제3부문에는 응답기업의 기본특성에 대한 6개의 질문이 있다. 설문지는 전체적으로 총 3부문에 60개의 질문사항이 포함되었다.

질문의 내용을 좀 더 자세히 살펴보면, 제1부문은 기업의 기업 간 네트워크현황에 대한 부분으로 국가 간 수출입, 한인기업과의 거래관계, 온라인 또는 오프라인 상 한인기업과의 네트워크에 대해 질문하였고, 거래관계에 있어서는 거래의 대상과 비중, 성과, 그리고 거래에 있어 주요 활용 네트워크에 대해 질문하였다.

제2부문은 단체, 정부, 금융기관과의 네트워크와 관련된 부문으로 단체가 네트워크에 미치는 영향과 주로 이용하는 금융기관, 그리고 정부의 역할 등에 대해 질문하였다. 또한 대학이나 연구기관과의 관련성에 대해서도 질문하였다.

제3부문은 응답기업의 기본특성에 대한 질문으로 회사명과 소재지 그리고 종업원 수, 대표자의 이민세대, 홈페이지 주소 등에 대해 질문하였다.

설문의 분석에는 기본적으로 빈도분석을 실시하여 표와 그림을 제시하여 일반적인 경향과 현황을 파악하였다. 또한 필요한 경우 분산분석 등을 실시하여 집단간 차이가 있는지 등을 살펴보았다.


## 2. 조사대상 일반현황

### 1) 지역별 분포

조사대상 기업의 지역별 분포를 보면 LA 지역이 79.7%, 뉴욕이 11.9%, 기타지역이 8.5%이다. 기타 지역으로는 샌프란시스코, 시카고, 시애틀 지역이 해당된다. 미상무성의 1997년 경제센서스에 의하면 한인기업은 캘리포니아 지역에 32%, 뉴욕 지역에 15% 분포해 전체의 50%가량이 집중해 있다. 물론 이 두 지역에 거주 한인의 비율도 높다. 2000년 인구 센서스에서 미국 거주 한인은 약 107만 명으로 추산하고 있으며 이 가운데 로스앤젤레스 지역에 26만여 명(24.1%), 뉴욕 지역에 17만여 명

(16.0%)이 거주해 미국거주 한인의 총 40%가 두 지역에 밀집해 거주하고 있는 것으로 조사되었다. 한인기업 간 거래관계를 조사하기 위해서는 한인기업이 밀집된 지역을 조사할 필요가 있어 조사의 중심지를 LA와 뉴욕 두 지역으로 하였다.

<표 Ⅳ-1> 응답기업의 지역별 분포

(단위: 개, %)

| 지 역 | 기업 수 | 비 율 |
|---|---|---|
| LA | 94 | 79.66 |
| 뉴욕 | 14 | 11.86 |
| 기타 지역 | 10 | 8.47 |
| 전체 | 118 | 100.00 |
| 무응답 | 45 | |

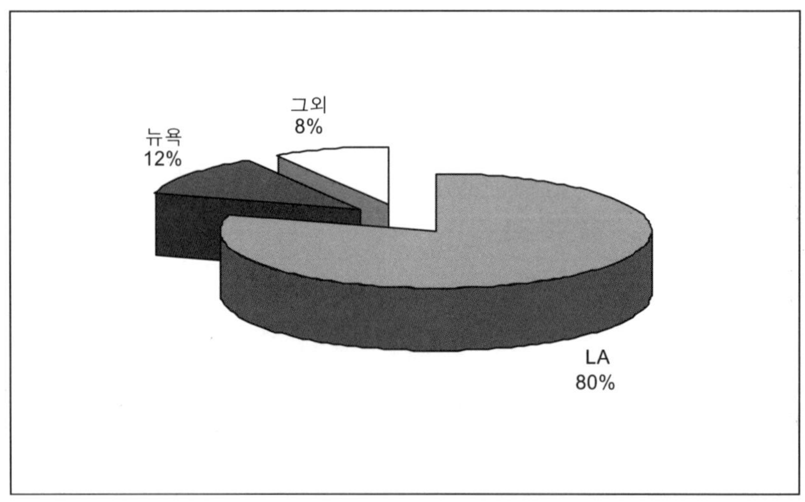


<그림 Ⅳ-1> 응답기업의 지역별 분포

## 2) 설립연도별 분포

기업의 설립연도별 분포를 보면 1990년대에 설립한 기업이 약 57%

로 가장 높고, 2000년대 이후에 설립한 기업이 23%로 그 다음을 차지한다. 재미한인기업은 대부분 1965년 이민법 개정 이후 한인의 이민이 본격적으로 이루어진 시기 이후에 설립된 것으로 조사되고 있다. 본 조사에 응한 한인기업은 이들 중에서도 특히 1990년대와 2000년대에 세워진 비교적 짧은 연륜의 기업들이 대다수를 차지하고 있다.

〈표 Ⅳ-2〉 응답기업의 설립연도별 분포

(단위: 개, %)

| 설립연도 | 기업 수 | 비 율 |
|---|---|---|
| 1970년~1979년 | 4 | 2.96 |
| 1980년~1989년 | 23 | 17.04 |
| 1990년~1999년 | 77 | 57.04 |
| 2000년 이후 | 31 | 22.96 |
| 전체 | 135 | 100.00 |
| 무응답 | 28 | |

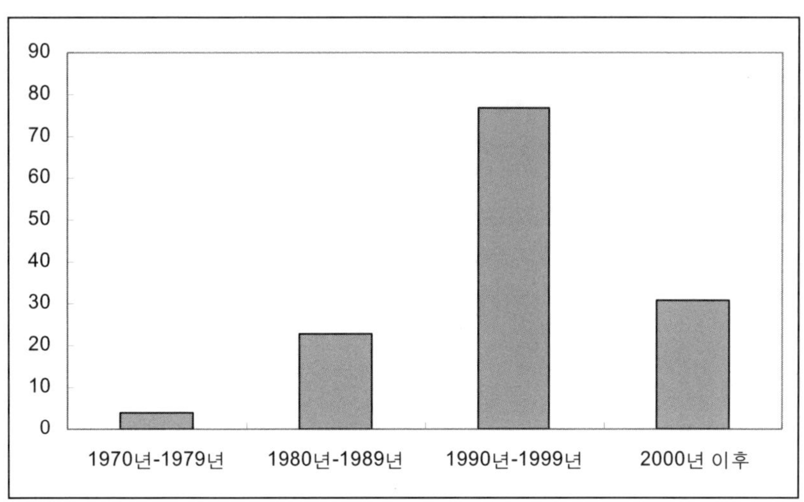


〈그림 Ⅳ-2〉 응답기업의 설립연도별 분포

## 3) 규모별 분포

종업원 수를 기준으로 설문대상 기업의 규모를 살펴보았다. 대상기업의 44%가 종업원 10인~50인 사이의 기업이었으며 5인 미만인 소규모 기업인 경우는 7%밖에 되지 않았다. 본 연구원에서 2005년에 실시한 『재미한인기업 경영실태조사 보고서(2005)』에 의하면 조사대상 한인기업의 절반 이상(53%)이 종업원 10명 이내의 소규모 기업이고 종업원이 5명 미만인 영세기업도 32%나 되었다. 이번 조사에서는 외국 또는 타주에 소재한 기업과 거래관계가 있는 기업들을 대상으로 네트워크 현황에 대해 조사하였기 때문에 대체로 조사대상 기업의 규모가 작지 않다.

〈표 Ⅳ-3〉 응답기업의 규모별 분포(종업원 수 기준)  (단위: 개, %)

| 종업원 수 | 기업 수 | 비 율 |
|---|---|---|
| 5인 미만 | 7 | 7.00 |
| 5인 이상~10인 미만 | 29 | 29.00 |
| 10인 이상~50인 미만 | 44 | 44.00 |
| 50인 이상~100인 미만 | 9 | 9.00 |
| 100인 이상 | 11 | 11.00 |
| 전체 | 100 | 100.00 |
| 무응답 | 63 | |

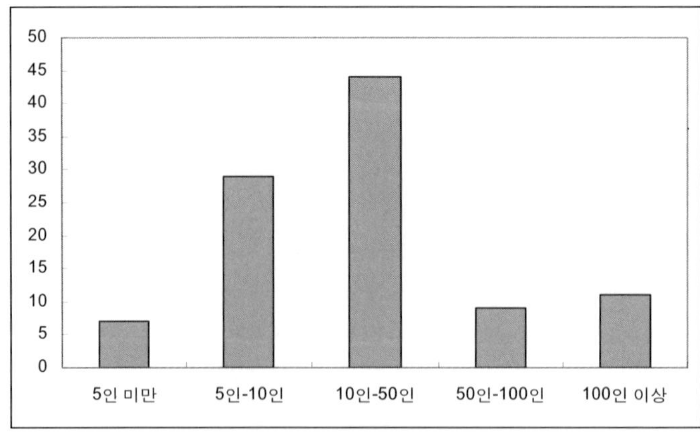


〈그림 Ⅳ-3〉 응답기업의 규모별 분포

## 4) 소유주의 이민세대별 분포

설문 대상 기업 소유주의 이민세대에 대해 살펴본 결과 응답기업의
82.9%가 이민 1세대가 기업의 소유주인 것으로 조사되었다. 미국지역
으로의 이민은 러시아, 중앙아시아나 중국 등의 지역보다 역사가 길지
않다. 2003년이 이민 100주년이 되는 해였으며, 본격적인 이민이 시작
된 시점이 1965년 이민법 개정 이후인 점을 볼 때 활발한 경제활동을
하는 세대는 아직도 이민 1세대임을 짐작할 수 있다.

〈표 Ⅳ-4〉 응답기업 소유주의 이민세대

(단위: 개, %)

| 이민세대 | 기업 수 | 비 율 |
|---|---|---|
| 1세대 | 126 | 82.89 |
| 1.5세대 | 24 | 15.79 |
| 2세대 | 2 | 1.32 |
| 전체 | 152 | 100.00 |
| 무응답 | 11 | |

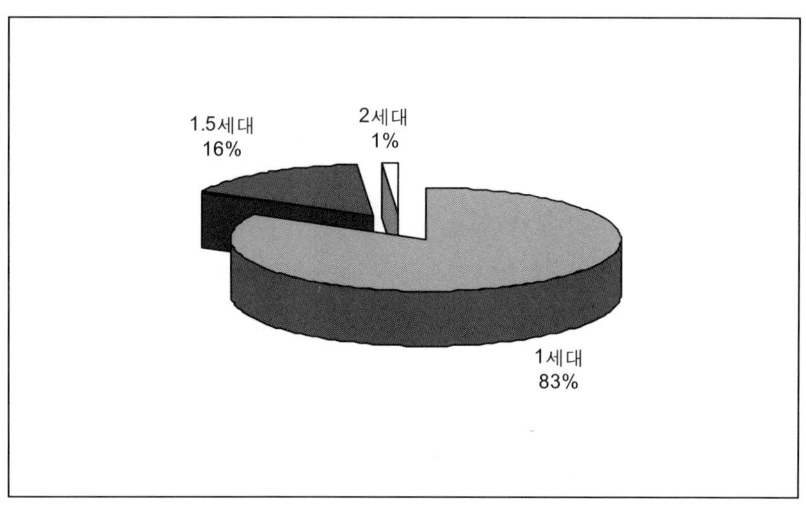


〈그림 Ⅳ-4〉 응답기업 소유주의 이민세대

## 3. 기업 네트워크

한인기업의 네트워크에 대해 살펴보았다. 기업의 네트워크는 크게 두 가지로 나누어서 조사되었는데, 먼저 기업내부, 즉 한 기업 내에서 '본사와 자회사, 혹은 지사, 공장간의 거래관계'를 살펴보았고, 두 번째로는 기업 간 즉 '타기업과의 거래관계'에 대해 살펴보았다. 여기서 거래의 공간적 범위는 미국 내에서의 거래관계와 국경을 초월한 거래관계까지를 포함하고 있으며, 거래의 대상은 상품(원자재 포함)뿐만 아니라 자본거래까지 포함되고 있다.

우선 기업내부 네트워크에 대해 살펴보고, 그 다음으로 기업 간 네트워크에 대해 조사하였다. 그리고 기업 간 네트워크에 있어서는 특히 한인 또는 한국관련 기업과의 거래관계에 대해 보다 자세히 살펴보았다. 거래 상대 한인 또는 한국관련 기업은 그 위치에 따라 ① 미국 내에 있는 한인기업, ② 제3국에 있는 한인기업, ③ 한국에 있는 기업, ④ 미국에 투자한 한국기업으로 구분되며 이들 각각과의 거래관계에 대해 살펴보았다.

### 1) 기업내부 네트워크

기업내부, 즉 한 기업 내에서 본사와 자회사 혹은 지사, 공장 간의 거래관계를 살펴보기 위해 우선 현재의 사업장 외에 지사나 본사 혹은 공장이 따로 있는지에 대해 조사하였다. 지사, 본사, 공장을 따로 갖고 있는 기업은 응답기업의 약 16%로 대부분의 기업이 독자적인 운영을 하고 있는 것으로 나타났다.

〈표 Ⅳ-5〉 지사, 본사, 공장 소유 여부

(단위: 개, %)

|  | 기업 수 | 비 율 |
| --- | --- | --- |
| 있다 | 26 | 15.95 |
| 없다 | 137 | 84.05 |
| 전체 | 163 | 100 |

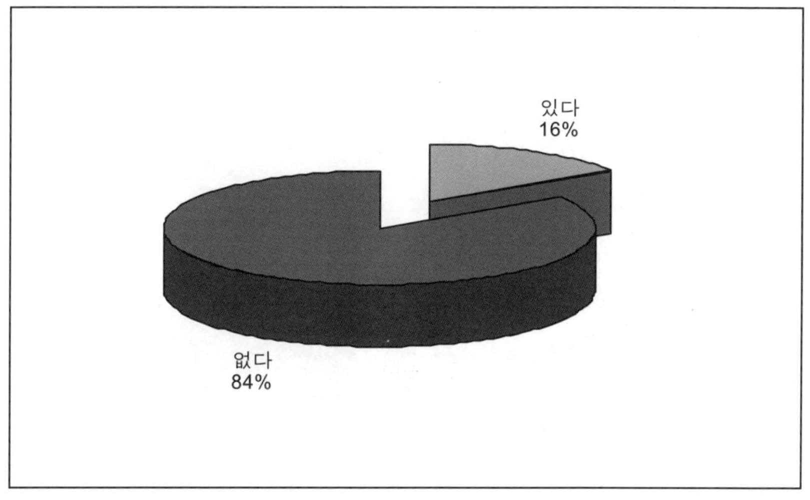


〈그림 Ⅳ-5〉 지사, 본사, 공장 소유 여부

　기업내부 거래관계를 하는 기업들 중 60% 이상이 본사와 자회사 혹은 지사, 공장이 미국 내에 위치하고 있어 국가 간 기업 내 네트워크의 형성은 낮은 수준임을 알 수 있다. 해외에 지사나 본사, 공장이 있는 경우 한국에 두고 있는 경우가 가장 많았으며(34.6%), 그 다음으로는 중국(26.9%)의 순이었다.

〈표 Ⅳ-6〉 지사, 본사, 공장의 위치(복수응답)

(단위: 개, %)

|  | 기업 수 | 비 율 |
|---|---|---|
| 미국 내 | 16 | 61.54 |
| 남미 | 1 | 3.85 |
| 중국 | 7 | 26.92 |
| 한국 | 9 | 34.62 |
| 전체 | 26 |  |

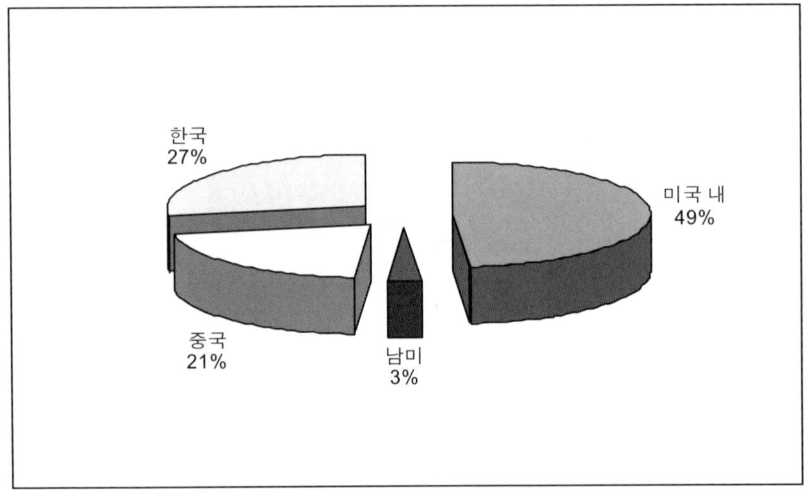


〈그림 Ⅳ-6〉 지사, 본사, 공장의 위치

지사나 본사, 공장이 따로 있는 26개 기업을 대상으로 그 규모를 파악하기 위해 고용인 수를 살펴보았다. 전체적으로 지사나 본사, 공장이 따로 있는 기업의 수나 비율이 높지 않아 대표성을 갖는 데는 어려움이 있지만 평균 종업원 수는 239.7명으로 기업의 규모가 상당히 큰 수준으로 나타났다. 종업원 중 한인의 비율은 약 38%로 한인의 고용비율도 높은 편임을 짐작할 수 있다.

〈표 Ⅳ-7〉 지사, 본사, 공장의 규모와 한인비율

|  | 평 균 |
|---|---|
| 직원 수 | 239.7명 |
| 한인 수 | 157.9명 |
| 비율 | 37.7% |

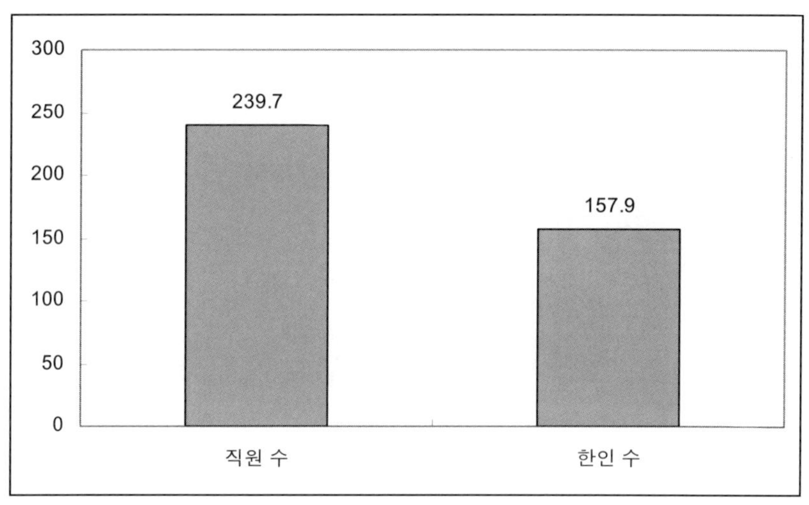


〈그림 Ⅳ-7〉 한인기업의 직원 수 및 한인 수

## 2) 기업 간 네트워크

재미한인기업들의 기업 간 네트워크를 살펴보기 위해 우선 수출과 수입에 대해 살펴보았다. 응답기업 중 수출이나 수입 등 해외교역을 하는 기업은 전체의 67.5%로 2/3 이상이 해외기업과 거래를 하고 있는 것으로 나타났다.

<표 Ⅳ-8> 해외 교역 유무

(단위: 개, %)

|  |  | 기업 수 | 비 율 |
|---|---|---|---|
| 해외교역이 있는 기업 | 수출·수입 | 26 | 15.95 |
|  | 수출 | 9 | 5.52 |
|  | 수입 | 75 | 46.01 |
| 해외교역이 없는 기업 |  | 53 | 32.52 |
| 전 체 |  | 163 | 100 |

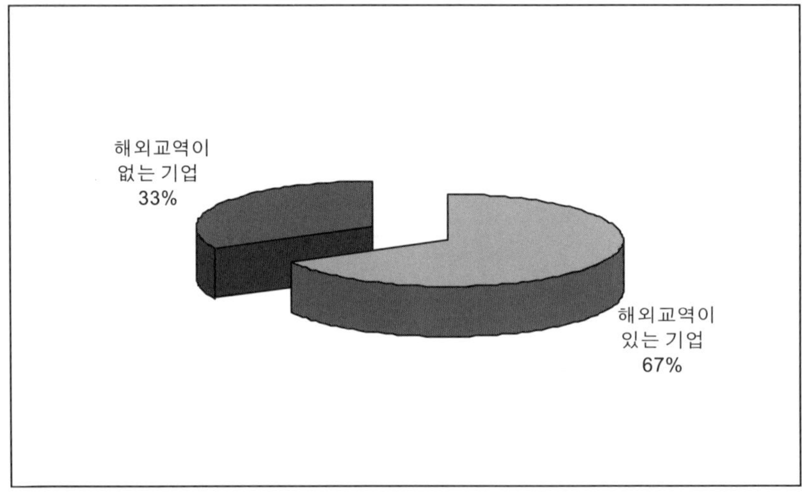


<그림 Ⅳ-8> 해외 교역 유무

　해외교역을 하는 기업들 중에는 수입을 주업으로 하는 기업이 68%로 가장 많고, 수출과 수입을 병행하는 기업은 24%이며, 수출만을 하는 기업은 8%로 가장 낮았다. 즉 대부분의 한인기업의 해외거래가 외국의 제품을 수입해 미국 내에 판매하는 행위로 이루어져 있다는 것이다.

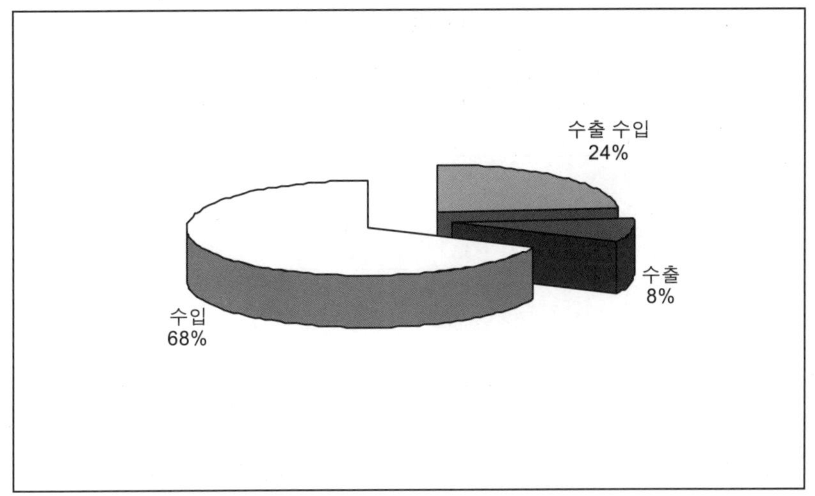


〈그림 Ⅳ-9〉 해외 교역 활동

다음으로 수출이나 수입 등 해외교역이 있는 기업들을 대상으로 중한인기업과의 거래에 대해 질문하였다. 분석결과 수출상에 있어서는 31%가 수입상에 있어서는 60%가 대부분이 한인기업들이 거래상대라고 응답하였다. 수출상의 18.8%, 수입상의 8%가 거래상대가 한인이 전혀없다라고 응답했다. 수입상에 있어서는 92%가 한인기업과 거래를 하는 것으로 나타나 한인기업과의 거래비율이 상당히 높은 것으로 조사되었다. 다음으로 수출과 수입 각각에 대해 주요국가와 제품에 대해 살펴보았다.

<표 Ⅳ-9> 거래업체 중 한인기업의 비중

(단위: 개, %)

| | 수출상 | | 수입상 | |
|---|---|---|---|---|
| | 기업 수 | 비 율 | 기업 수 | 비 율 |
| 전혀 없다 | 6 | 18.75 | 8 | 8.00 |
| 조금 있다 | 16 | 50.00 | 32 | 32.00 |
| 대부분이다 | 10 | 31.25 | 60 | 60.00 |
| 전체 | 32 | 100.00 | 100 | 100.00 |
| 무응답 | 3 | | 1 | |

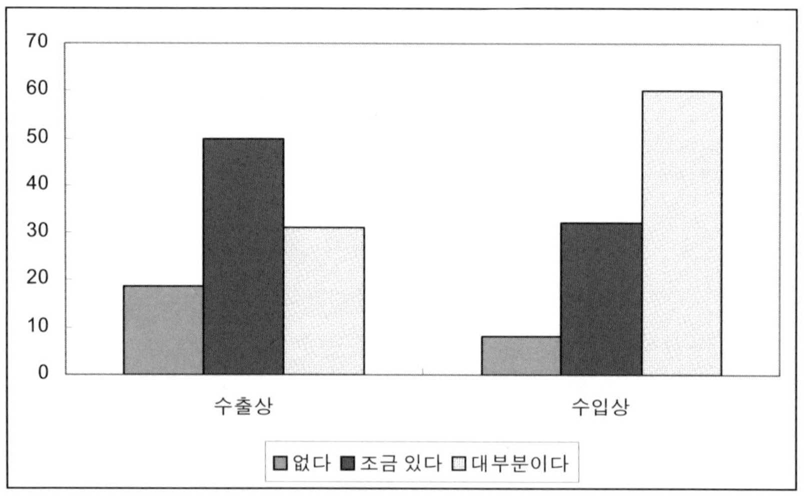


<그림 Ⅳ-10> 거래업체 중 한인기업의 비중

## (1) 수 출

수출활동을 하는지에 대해 질문한 결과 응답기업의 21.5%가 '수출한
다'고 응답했다. 응답기업의 78.5%는 수출활동을 하고 있지 않아 한인
기업의 수출활동은 그리 활발하지 않은 것으로 보인다.

<표 Ⅳ-10> 수출 여부                    (단위: 개, %)

| | 기업 수 | 비 율 |
|---|---|---|
| 수출한다 | 35 | 21.47 |
| 수출하지 않는다 | 128 | 78.53 |
| 전체 | 163 | 100 |

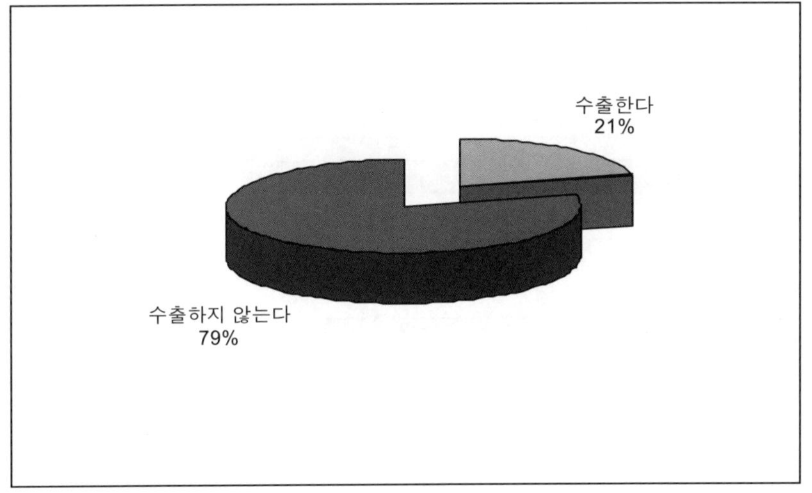


<그림 Ⅳ-11> 수출 여부

　주요수출국은 남미지역으로 34.3%를 자치하고 있다. 남미시장의 지리적인 이점이 수출을 가능케 했을 것으로 보인다. 한국으로의 수출도 25.7%로 두 번째로 높고, 그 다음으로는 유럽 지역이 22.9%를 차지한다. 수출제품의 유형은 완제품이 74.3%로 원자재나 반제품보다는 대부분 완제품의 형태로 수출되고 있다.

### 〈표 IV-11〉 한인기업의 주요 수출국(복수응답)

(단위: 개, %)

|  | 기업 수 | 비 율 |
| --- | --- | --- |
| 한국 | 9 | 25.71 |
| 중국 | 5 | 14.29 |
| 유럽 | 8 | 22.86 |
| 남미 | 12 | 34.29 |
| 기타 | 6 | 17.14 |
| 전체 | 35 |  |

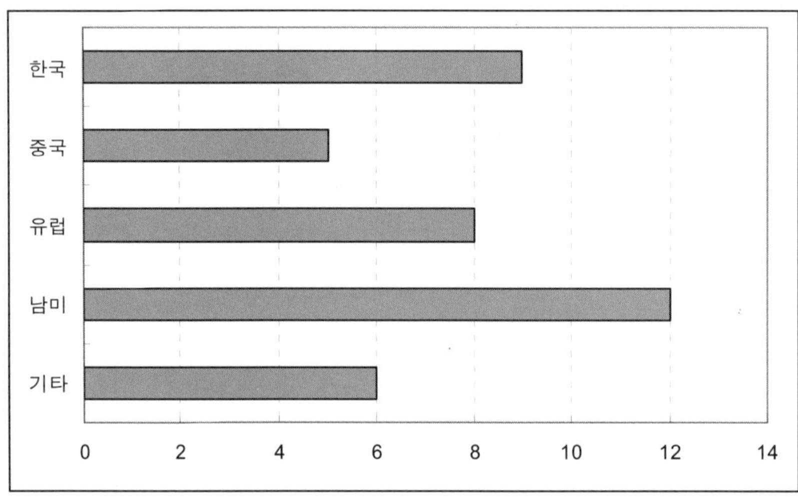


〈그림 IV-12〉 주요 수출국

### 〈표 IV-12〉 주요 수출품(복수응답)

(단위: 개, %)

|  | 기업 수 | 비 율 |
| --- | --- | --- |
| 완제품 | 26 | 74.29 |
| 원자재(반제품 포함) | 10 | 28.57 |
| 기타 | 3 | 8.57 |
| 전체 | 35 |  |

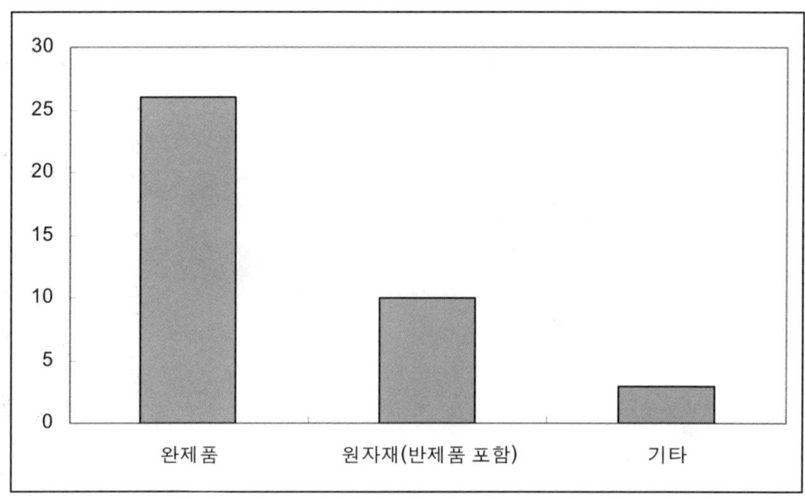



〈그림 Ⅳ-13〉 주요 수출품

## (2) 수 입

수입활동 여부에 관하여 질문한 결과 응답기업의 62%가 수입을 하고 있는 것으로 조사되었다. 앞서 〈표 Ⅳ-8〉에서 나타난 바와 같이 순전히 수입활동만을 하는 기업은 46%이고 수출과 수입을 병행하는 기업이 16%를 차지해 전체적으로 수입을 하는 기업이 62%를 차지하고 있다. 조사대상 한인기업들이 수출에 비해 수입부문에 보다 활발한 활동을 하고 있는 것으로 보인다.

〈표 Ⅳ-13〉 수입 여부

(단위: 개, %)

|  | 기업 수 | 비율 |
|---|---|---|
| 수입한다 | 101 | 61.96 |
| 수입하지 않는다 | 62 | 38.04 |
| 전체 | 163 | 100 |

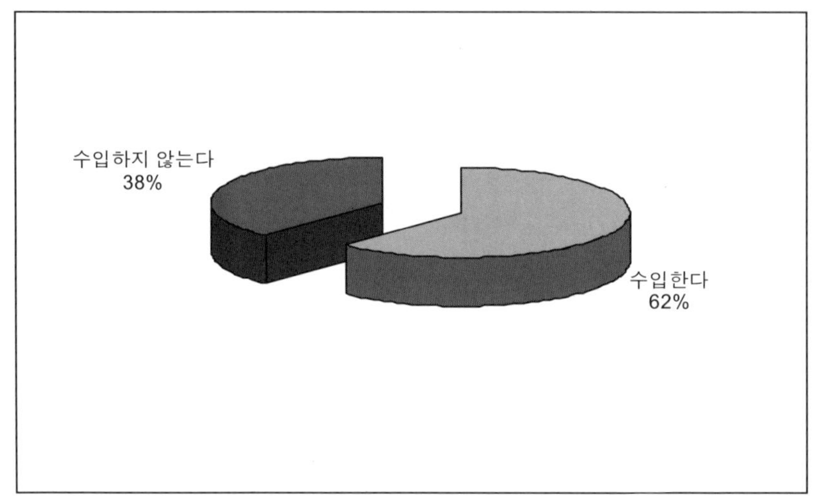


〈그림 Ⅳ-14〉 수입 여부

　주요수입국은 중국이 83%로 압도적인 비중을 차지하고 있다. 앞서 중국으로 수출은 14.3%로 남미나 한국, 유럽시장에 비해 낮은 수준이었으나 수입은 높은 비중을 차지하고 있다. 최근 중국은 저임노동을 바탕으로 한 가격우위전략으로 세계 각국의 수입시장을 장악하고 있으며 특히 의류 등 경공업제품에서 미국시장을 석권하고 있는 것으로 조사되고 있다. UN 무역통계에 따르면 중국의 세계시장점유율 1위 수출품이 2003년 기준 116개를 기록하여 독일(158개), 미국(128개)등에 이어 3위를 차지한다고 보고한 바 있다(한국은 9개에 불과했음).10)

---

10) 차문중, 최용석, 김종일, '중국의 경제성장과 교역증대가 우리 경제에 갖는 의미: 한·중 간 경쟁관계를 중심으로' KDI보고서 2006. 4.

〈표 Ⅳ-14〉 주요 수입국(복수응답)  (단위: 개, %)

|  | 기업 수 | 비 율 |
|---|---|---|
| 중국 | 83 | 83.00 |
| 한국 | 47 | 47.00 |
| 유럽 | 3 | 3.00 |
| 남미 | 3 | 3.00 |
| 기타 | 1 | 1.00 |
| 전체 | 100 | |
| 무응답 | 1 | |

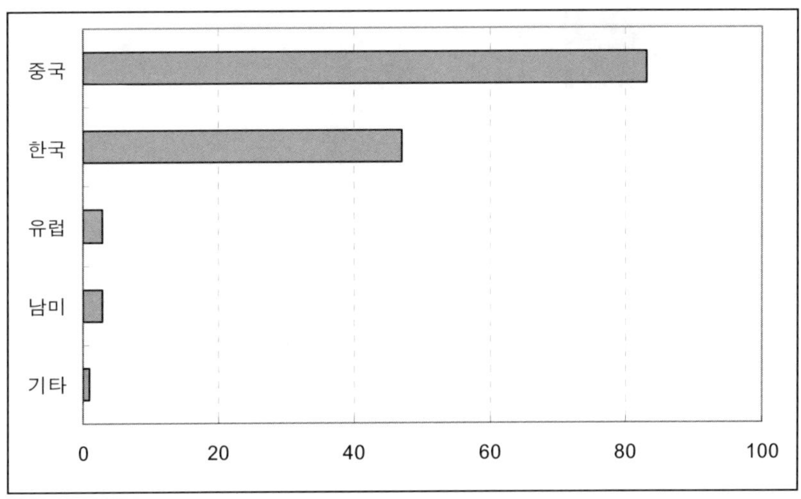

〈그림 Ⅳ-15〉 주요 수입국

수입제품의 유형을 보면 완제품이 66.3%를 차지해 수출이나 수입제품은 대부분 완제품의 형태인 것으로 나타났다. 수입제품의 판매경로를 살펴보면 회사나 중개상에게 판매하는 경우가 79%로 일반 소비자에게 직접 판매하는 비율 26%보다 훨씬 높은 것으로 나타났다. 이는 조사대상 한인기업이 대체로 소매업보다는 도매업, 중간상임을 의미한다.

<표 IV-15> 주요 수입품(복수응답)

(단위: 개, %)

| | 기업 수 | 비 율 |
|---|---|---|
| 완제품 | 67 | 66.34 |
| 원자재(반제품 포함) | 48 | 47.52 |
| 기 타 | 4 | 3.96 |
| 전 체 | 101 | |

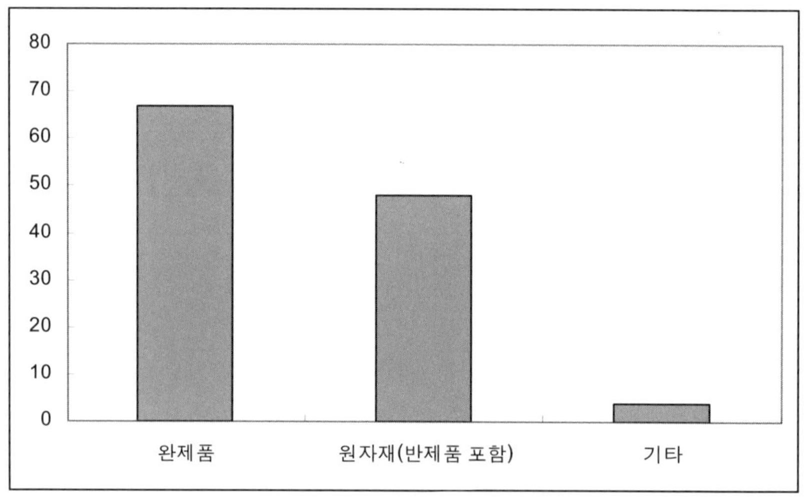


<그림 IV-16> 주요 수입품

<표 IV-16> 수입품의 판매 경로(복수응답)

(단위: 개, %)

| | 기업 수 | 비 율 |
|---|---|---|
| 직접 소비자에게 판매 | 26 | 26.00 |
| 회사 또는 중개상에 납품 | 79 | 79.00 |
| 기타 | 8 | 8.00 |
| 전체 | 100 | |
| 무응답 | 1 | |

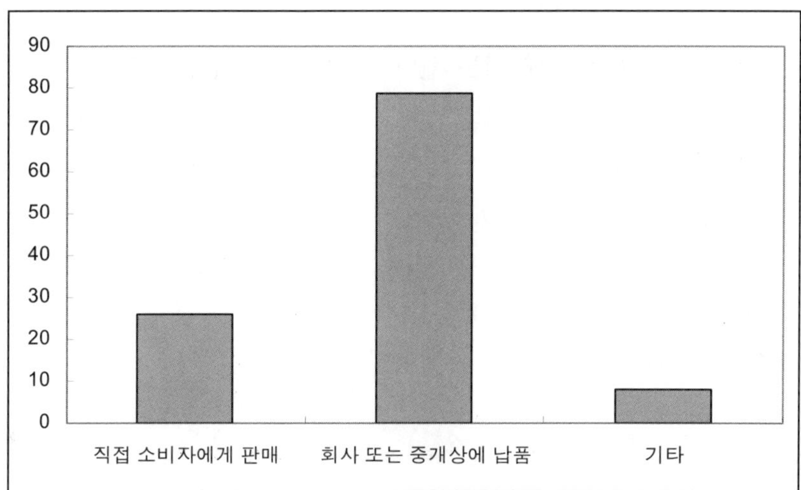


〈그림 Ⅳ-17〉 수입품의 판매 경로

## 3) 한인기업과의 네트워크

다음으로는 한인기업과의 거래관계에 대해 살펴보았다. 거래 상대 한인기업은 그 위치에 따라 ① 미국 내에 있는 한인기업, ② 제3국에 있는 한인기업, ③ 한국에 있는 기업, ④ 미국에 투자한 한국기업으로 구분할 수 있다. 본 절에서는 각각에 대해 거래관계를 살펴보았다.

### (1) 한인기업과의 거래 경험

한인기업과 거래한 적이 있는지에 대해 질문한 결과 응답기업의 95% 가 거래경험을 갖고 있다고 응답해 대부분의 기업이 한인과 거래한 적

〈표 Ⅳ-17〉 거래경험 (단위: 개, %)

|  | 기업 수 | 비 율 |
|---|---|---|
| 있다 | 155 | 95.1 |
| 없다 | 8 | 4.9 |
| 전체 | 163 | 100 |

이 있는 것으로 나타났다.

유형별로는 미국 내에 있는 한인기업과의 거래경험이 있는 기업이 전체의 93.2%로 가장 높았고, 그 다음으로 제3국에 있는 한인기업과의 거래경험(52.5%), 그리고 한국에 있는 기업과의 거래(46.0%), 미국에 투자한 한국기업과의 거래(9.3%)의 순으로 나타났다. 한인기업과의 거래는 대부분 미국 내에 위치한 한인기업과의 거래이며 미국 내에 위치하더라고 한국에서 직접투자한 대기업의 자회사(LG전자, 현대자동차 등)등과의 거래관계는 낮은 수준이다.

<표 Ⅳ-18> 한인기업 유형별 거래경험

(단위: 개, %)

| 거래경험 | 미국내에 있는 한인기업 | | 제3국에 있는 한인기업 | | 한국에 있는 기업 | | 미국에 투자한 한국기업 | |
|---|---|---|---|---|---|---|---|---|
| | 기업 수 | 비율 | 기업 수 | 비율 | 기업 수 | 비율 | 기업 수 | 비율 |
| 있다 | 151 | 93.21 | 85 | 52.47 | 75 | 46.01 | 15 | 9.26 |
| 없다 | 11 | 6.79 | 77 | 47.53 | 88 | 53.99 | 147 | 90.74 |
| 전체 | 162 | 100 | 162 | 100 | 163 | 100 | 163 | 100 |
| 무응답 | 1 | | 1 | | | | 1 | |

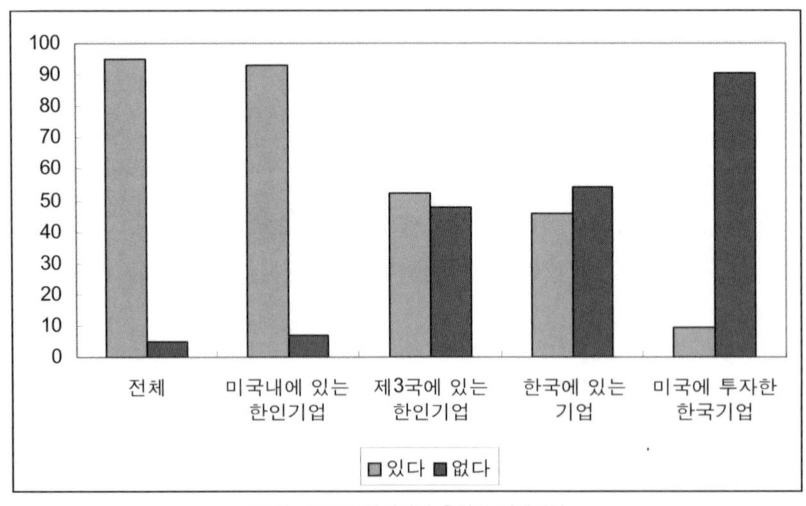


<그림 Ⅳ-18> 한인기업 유형별 거래경험

## (2) 거래경험이 없는 이유

한인기업과 거래가 없는 경우는 전체 163개 기업 중 4.9%에 해당하는 8개 업체에 불과했다. 비율과 업체 수는 작아 대표성을 갖기는 힘들지만 이들을 대상으로 거래하지 않는 이유와 향후 거래를 희망하는지 등에 대해 조사하였다. 거래를 하지 않은 이유로 이들 중 85.7%는 '거래할 것이 없다'라고 응답하고 있고, 나머지 14.3%도 특별한 이유가 없는 것으로 나타났다. 즉, 한인기업과 거래가 없는 이유가 특별히 한인을 기피한다거나 원인이 있기보다는 기업의 취급품목이나 거래 대상품을 취급하는 한인기업이 없기 때문인 것으로 보인다.

〈표 Ⅳ-19〉 거래경험이 없는 이유

(단위: 개, %)

|  | 기업 수 | 비 율 |
| --- | --- | --- |
| 거래할 것이 없다 | 6 | 85.71 |
| 기타(이유없음) | 1 | 14.29 |
| 전체 | 7 | 100 |
| 무응답 | 1 |  |

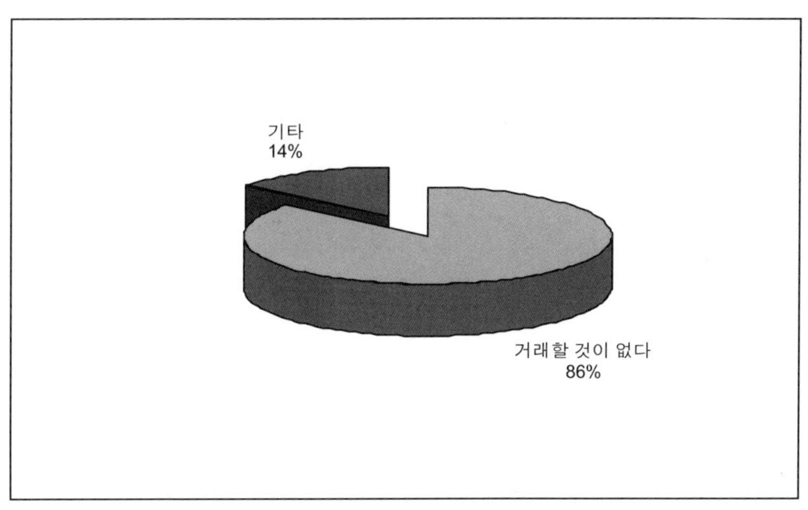


〈그림 Ⅳ-19〉 거래경험이 없는 이유

이들을 대상으로 향후 한인기업과 거래를 희망하는지에 대해 살펴본 결과 1기업을 제외하고는 '희망하지 않는다'라고 응답해 지금까지 한인과 거래한 경험이 없는 기업들은 향후 거래에 대해서도 크게 기대하거나 희망하고 있지 않는 것으로 나타났다.

〈표 Ⅳ-20〉 향후 한인기업과 거래

(단위: 개, %)

|  | 기업 수 | 비 율 |
| --- | --- | --- |
| 희망한다 | 1 | 14.29 |
| 희망하지 않는다 | 6 | 85.71 |
| 전체 | 7 | 100 |
| 무응답 | 1 |  |

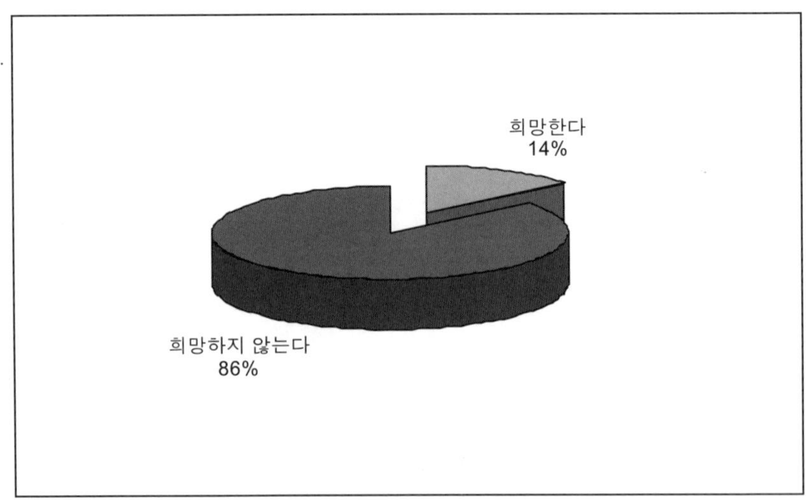


〈그림 Ⅳ-20〉 향후 한인기업과 거래

### (3) 교역 대상

한인기업과 거래한 적이 있는 기업을 대상으로 교역대상에 대해 질문한 결과 응답기업의 94%가 상품(원자재/완제품)을 거래한 것으로 조사되었다. 자본거래를 한 경우는 전체의 3%도 되지 않아 대부분의 기업이 상품교역을 주로 해왔음을 알 수 있다.

<표 Ⅳ-21> 교역 대상(복수응답)

(단위: 개, %)

|  | 기업 수 | 비 율 |
|---|---|---|
| 상품거래(원자재/완제품 등) | 142 | 94.04 |
| 자본거래 | 4 | 2.65 |
| 기타 | 6 | 3.97 |
| 전체 | 151 | |
| 무응답 | 4 | |

한인기업의 유형별 교역대상을 살펴본 결과 미국 내에 있는 한인기업, 제3국에 있는 한인기업, 한국에 있는 기업과의 거래에 있어서는 95%이상이 상품거래로 나타났으나 미국에 투자한 한국기업과의 거래에 있어서는 상품거래의 비중이 73%로 상대적으로 낮게 나타났다. 미국에 투자한 한국기업과의 거래에 있어서는 기타 거래(인력 등)의 비중이 26.7%를 차지하고 있다.

<표 Ⅳ-22> 한인기업 유형별 교역대상(복수응답)

(단위: 개, %)

|  | 미국내에 있는 한인기업 | | 제3국에 있는 한인기업 | | 한국에 있는 기업 | | 미국에 투자한 한국기업 | |
|---|---|---|---|---|---|---|---|---|
|  | 기업수 | 비율 | 기업수 | 비율 | 기업수 | 비율 | 기업수 | 비율 |
| 상품거래 (원자재/완제품 등) | 139 | 94.56 | 81 | 97.59 | 73 | 98.65 | 11 | 73.33 |
| 자본거래 | 4 | 2.72 | 2 | 2.41 | 1 | 1.35 | | |
| 기타(인력 등) | 5 | 3.40 | 1 | 1.20 | 1 | 1.35 | 4 | 26.67 |
| 전체 | 147 | | 83 | | 74 | | 15 | |
| 무응답 | 4 | | 2 | | 1 | | | |

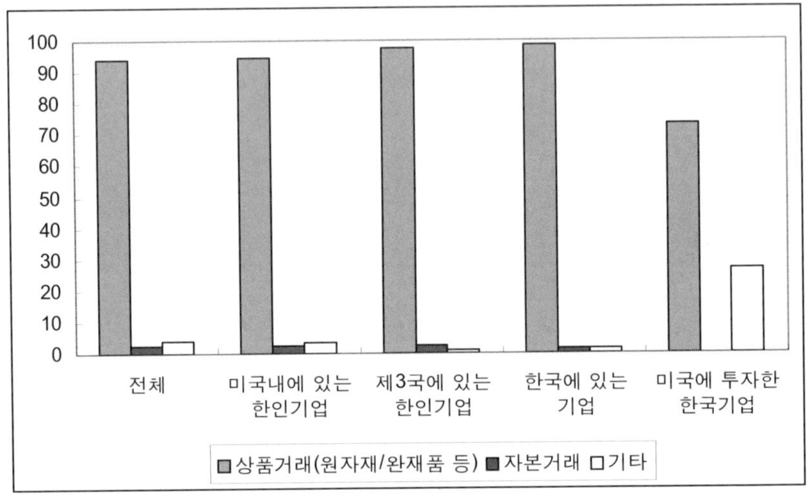



〈그림 Ⅳ-21〉 한인기업 유형별 교역대상

## (4) 거래 이유

한인기업과 거래하는 이유에 대해서는 거래관행(언어, 의사소통포함)이 편리하다는 이유가 63.6%로 가장 높았고 그 다음으로는 수익성(25.8%)을 꼽고 있다. 한인에 대한 신뢰성이 높다는 것은 2.7%로 매우 낮은 수준이다. 이러한 성향은 거래한인업체의 유형별로도 유사한 경향을 보인다. 거래상대가 한인업체인 경우 거래관행, 즉 언어를 포함해 의사소통 등이 편하다는 장점이 있어 거래를 편하게 할 수 있다는 것이다.

종합하면 한인기업과의 거래는 거래의 편리성이 가장 크게 작용하고 있으며, 그 다음으로는 수익성이 높다는 점이 작용하고 있다. 한인기업에 대한 신뢰성이 특별히 더 높지는 않은 것으로 보인다.

<표 Ⅳ-23> 거래 이유(복수응답)  (단위: 개, %)

|  | 기업 수 | 비 율 |
|---|---|---|
| 거래관행이 편리해서 | 96 | 63.58 |
| 한인을 더 신뢰할 수 있어서 | 4 | 2.65 |
| 수익성이 높아서 | 39 | 25.83 |
| 기타 | 33 | 21.85 |
| 전체 | 151 |  |
| 무응답 | 4 |  |

<표 Ⅳ-24> 한인기업 유형별 거래 이유(복수응답)  (단위: 개, %)

|  | 미국내에 있는 한인기업 | | 제3국에 있는 한인기업 | | 한국에 있는 기업 | | 미국에 투자한 한국기업 | |
|---|---|---|---|---|---|---|---|---|
|  | 기업 수 | 비율 | 기업 수 | 비율 | 기업 수 | 비율 | 기업 수 | 비율 |
| 거래관행 | 94 | 63.95 | 53 | 63.86 | 44 | 59.46 | 6 | 40.00 |
| 신뢰성 | 4 | 2.72 | 2 | 2.41 | 3 | 4.05 | 1 | 6.67 |
| 수익성 | 38 | 25.85 | 29 | 34.94 | 32 | 43.24 | 7 | 46.67 |
| 기 타 | 32 | 21.77 | 15 | 18.07 | 13 | 17.57 | 6 | 40.00 |
| 전 체 | 147 |  | 83 |  | 74 |  | 15 |  |
| 무응답 | 4 |  | 2 |  | 1 |  |  |  |

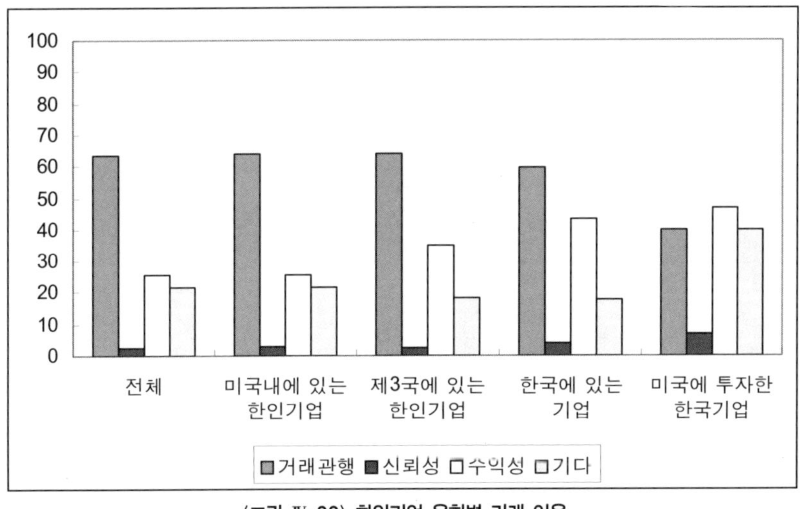


<그림 Ⅳ-22> 한인기업 유형별 거래 이유

### (5) 거래 비중

한인기업과의 거래비중은 '많은 편임'이라는 응답이 40.1%로 가장 높았다. '매우 적은 편임'에 1점을 '적은 편임'에 2점을 '보통'에 3점을, '많은 편임'에 4점을 '매우 많은 편임'에 5점을 두어 5점 리커트(Likert) 척도로 측정한 결과 평균은 3.51로 '보통 이상'의 수준이다. 한인기업의 유형별 거래비중의 평균을 살펴본 결과 한국에 있는 기업(3.59)이 가장 높고, 제3국에 있는 한인기업(3.58), 미국 내에 있는 한인기업(3.52)의 순으로 나타났으나 이들간 통계적으로 유의한 차이가 있는 것은 아니다.

<표 Ⅳ-25> 거래 비중

(단위: 개, %, 점)

| | 기업 수 | 비율 | 평균(표준편차) |
|---|---|---|---|
| 매우 적은 편임 | 7 | 4.61 | |
| 적은 편임 | 14 | 9.21 | |
| 보통 | 48 | 31.58 | 3.51 |
| 많은 편임 | 61 | 40.13 | (1.00) |
| 매우 많은 편임 | 22 | 14.47 | |
| 전체 | 152 | 100 | |
| 무응답 | 3 | | |

<표 Ⅳ-26> 한인기업 유형별 거래 비중

(단위: 개, %, 점)

| | 미국내에 있는 한인기업 | | 제3국에 있는 한인기업 | | 한국에 있는 기업 | | 미국에 투자한 한국기업 | |
|---|---|---|---|---|---|---|---|---|
| | 기업 수 | 비율 | 기업 수 | 비율 | 기업 수 | 비율 | 기업 수 | 비율 |
| 매우 적은 편임 | 6 | 4.05 | 1 | 1.19 | 1 | 1.33 | 2 | 13.33 |
| 적은 편임 | 13 | 8.78 | 10 | 11.9 | 10 | 13.33 | 2 | 13.33 |
| 보통 | 48 | 32.43 | 28 | 33.33 | 24 | 32 | 4 | 26.67 |
| 많은 편임 | 60 | 40.54 | 29 | 34.52 | 24 | 32 | 5 | 33.33 |
| 매우 많은 편임 | 21 | 14.19 | 16 | 19.05 | 16 | 21.33 | 2 | 13.33 |
| 전체 | 148 | 100 | 84 | 100 | 75 | 100 | 15 | 100 |
| 무응답 | 3 | | 1 | | | | | |
| 평균(표준편차) | 3.52(0.98) | | 3.58(0.97) | | 3.59(1.01) | | 3.2(1.26) | |

F=0.70 p=0.5505.

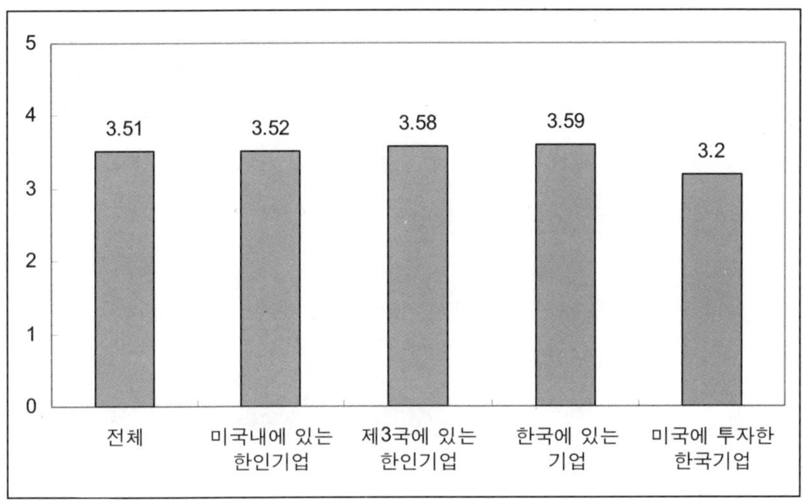


〈그림 Ⅳ-23〉 한인기업 유형별 거래 비중

## (6) 거래초기 활용 네트워크

거래초기 활용 네트워크로는 '기타'를 제외하고는 '협회 등 업종 네트워크(무역협회 등)'의 이용이 34.9%로 가장 높다. 그 다음으로는 '인적관계(학연, 지연, 혈연 등)'가 37.6%로 높은 편이다. '공신력 있는 기관의 네트워크(한상네트워크, 상공회의소 등)'의 이용은 가장 낮아 이들 기관 네트워크의 이용은 한 건도 존재하지 않았다.

〈표 Ⅳ-27〉 거래초기 활용 네트워크(복수응답)  (단위: 개, %)

| 네트워크 유형 | 기업 수 | 비 율 |
|---|---|---|
| 인적관계(학연, 지연, 혈연 등) | 42 | 27.63 |
| **협회 등 업종 네트워크(무역협회 등)** | **53** | **34.87** |
| 사회 네트워크(한인회, 교회 등) | 22 | 14.47 |
| 공신력 있는 기관의 네트워크<br>(한상네트워크, 상공회의소 등) | 0 | 0.00 |
| 기타 | 60 | 39.47 |
| 전체 | 152 | |
| 무응답 | 3 | |

한인기업의 유형별로 거래초기 활용 네트워크를 살펴본 결과 미국 내에 있는 한인기업과 제3국에 있는 한인기업의 경우 기타를 제외하고는 '협회 등 업종 네트워크(무역협회 등)'의 이용이 가장 높았으나 한국에 있는 기업과 미국에 투자한 한국기업과의 거래에 있어서는 '인적관계(학연, 지연, 혈연 등)'의 활용이 가장 높았다.

〈표 Ⅳ-28〉 한인기업 유형별 거래초기 활용 네트워크(복수응답)

(단위: 개, %)

| | 미국내에 있는 한인기업 | | 제3국에 있는 한인기업 | | 한국에 있는 기업 | | 미국에 투자한 한국기업 | |
|---|---|---|---|---|---|---|---|---|
| | 기업 수 | 비율 | 기업 수 | 비율 | 기업 수 | 비율 | 기업 수 | 비율 |
| 인적관계 (학연, 지연, 혈연 등) | 41 | 27.70 | 26 | 30.95 | **33** | **44.00** | **10** | **66.67** |
| 협회 등 업종 네트워크 (무역협회 등) | **53** | **35.81** | **33** | **39.29** | 25 | 33.33 | 3 | 20.00 |
| 사회 네트워크 (한인회, 교회 등) | 21 | 14.19 | 17 | 20.24 | 15 | 20.00 | 1 | 6.67 |
| 기타 | 58 | 39.19 | 27 | 32.14 | 22 | 29.33 | 3 | 20.00 |
| 전체 | 148 | | 84 | | 75 | | 15 | |
| 무응답 | 3 | | 1 | | | | | |

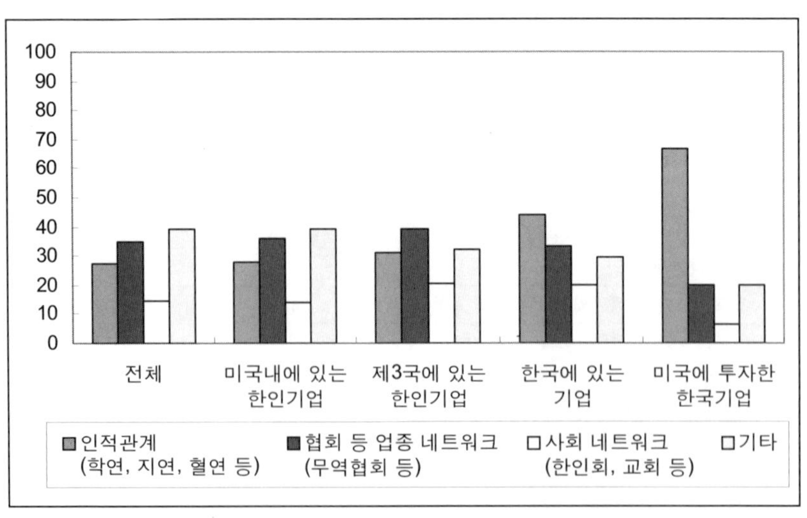


〈그림 Ⅳ-24〉 한인기업 유형별 거래초기 활용 네트워크

## (7) 네트워크별 중요도

각 네트워크별로 '전혀 중요하지 않음'에 1점을 '중요하지 않음'에 2점을 '보통'에 3점을, '조금 중요'에 4점을 '매우 중요'에 5점을 두어 5점 리커트(Likert)척도로 측정한 결과 '사회 네트워크(한인회, 교회 등)'가 2.77점으로 가장 높고 '협회 등 업종 네트워크(무역협회 등)'가 2.64로 높게 나타났다. 전반적으로 각 네트워크의 중요성에 대해서 3점(보통)이하의 평가를 하고 있다. 앞서 초기 이용 네트워크 현황에서 본 바와 같이 각 네트워크의 이용빈도는 높으나 그 중요성에 대해서는 높게 평가하고 있지 않은 것으로 보인다.

<표 IV-29> 네트워크별 중요도

(단위: 개, 점)

| 네트워크 유형 | 응답 수 | 중요도 평점 | 표준편차 |
|---|---|---|---|
| 학연(학교동창) | 154 | 2.46 | 1.2 |
| 지연(고향 등 향우회) | 152 | 2.42 | 1.2 |
| 혈연(가족, 친인척) | 153 | 1.79 | 0.41 |
| 협회 등 업종 네트워크(무역협회 등) | 150 | 2.64 | 1.21 |
| 사회 네트워크(한인회, 교회 등) | 151 | 2.77 | 1.05 |
| 공신력 있는 기관의 네트워크(한상네트워크, 상공회의소 등) | 148 | 2.38 | 1.07 |

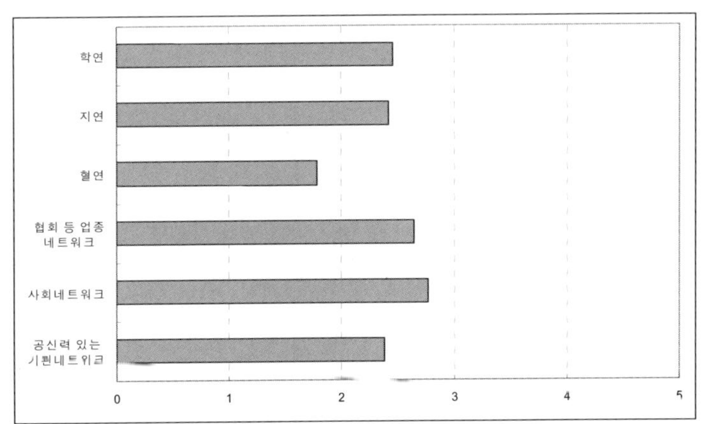


<그림 IV-25> 네트워크별 중요도

한인기업의 유형별로 중요도에 대한 평균을 살펴본 결과 미국 내에 있는 한인기업, 제3국에 있는 한인기업, 한국에 있는 기업과의 거래에 있어서는 '사회 네트워크(한인회, 교회 등)'가 가장 중요하다는 평가를 받고 있으며, 미국에 투자한 한국기업과의 거래에 있어서는 '학연'이 가장 중요하다는 평가를 받고 있다.

그러나 각 네트워크별로 한인기업의 유형별 중요성 평가에 차이가 있는지에 대해 살펴본 결과 기업의 유형별 차이는 없는 것으로 나타났다.

<표 IV-30> 한인기업 유형별 네트워크 중요도

(단위: 개, 점)

| | 미국내에 있는 한인기업 | | 제3국에 있는 한인기업 | | 한국에 있는 기업 | | 미국에 투자한 한국기업 | | F-값 | p |
|---|---|---|---|---|---|---|---|---|---|---|
| | 응답 수 | 중요도 평점 | 응답 수 | 중요도 평점 | 응답 수 | 중요도 평점 | 응답 수 | 중요도 평점 | | |
| 학연 | 150 | 2.45 | 84 | 2.62 | 75 | 2.79 | **15** | **2.87** | 1.68 | 0.1711 |
| 지연 | 149 | 2.42 | 83 | 2.6 | 73 | 2.74 | 15 | 2.67 | 1.12 | 0.3078 |
| 혈연 | 149 | 1.79 | 83 | 1.73 | 74 | 1.61 | 15 | 1.67 | 2.03 | 0.1091 |
| 협회 등 업종 네트워크 | 146 | 2.63 | 81 | 2.8 | 72 | 2.83 | 15 | 2.60 | 0.64 | 0.5871 |
| 사회 네트워크 | **148** | **2.78** | **83** | **2.87** | **72** | **2.99** | 15 | 2.67 | 0.77 | 0.5132 |
| 공신력 있는 기관의 네트워크 | 145 | 2.38 | 79 | 2.46 | 70 | 2.57 | 15 | 2.53 | 0.50 | 0.6859 |

## (8) 거래성과

한인기업과의 거래성과에 대한 만족도에 대해 질문한 결과 53.3%가 '만족'한다고 평가하고 있으며 41.5%는 '보통'으로 평가하고 있다. 95% 이상이 '보통' 이상의 평가를 하고 있으며 '매우 불만족'에 1점을 '불만족'에 2점을, '보통'에 3점을, '만족'에 4점을, '매우 만족'에 5점을 두어 5점 리커트(Likert)척도로 측정한 결과 평균은 3.53으로 거래성과에 대한 평점은 보통 이상으로 나타났다.

한인기업의 유형별 성과에 대한 평가는 미국 내에 있는 한인기업이

3.55, 제3국에 있는 한인기업이 3.54%로 높은 편이고 미국에 투자한 한국기업이 3.20%로 가장 낮다. 그러나 이들 유형별 성과 간에 통계적으로 유의한 차이는 없는 것으로 나타났다.

<표 Ⅳ-31> 거래성과

(단위: 개, %)

| | 기업 수 | 비 율 | 평균(표준편차) |
|---|---|---|---|
| 매우 불만족 | 1 | 0.66 | |
| 불만족 | 4 | 2.63 | |
| 보통 | 63 | 41.45 | 3.53 (0.62) |
| 만족 | 81 | 53.29 | |
| 매우 만족 | 3 | 1.97 | |
| 전체 | 152 | 100 | |
| 무응답 | 3 | | |

<표 Ⅳ-32> 한인기업의 유형별 성과

(단위: 개, %)

| | 미국내에 있는 한인기업 | | 제3국에 있는 한인기업 | | 한국에 있는 기업 | | 미국에 투자한 한국기업 | |
|---|---|---|---|---|---|---|---|---|
| | 기업 수 | 비율 | 기업 수 | 비율 | 기업 수 | 비율 | 기업 수 | 비율 |
| 매우 불만족 | 1 | 0.68 | | | 1 | 1.33 | 1 | 6.67 |
| 불만족 | 3 | 2.03 | 2 | 2.38 | 3 | 4 | | |
| 보통 | 61 | 41.22 | 38 | 45.24 | 37 | 49.33 | 10 | 66.67 |
| 만족 | 80 | 54.05 | 41 | 48.81 | 31 | 41.33 | 3 | 20.00 |
| 매우 만족 | 3 | 2.03 | 3 | 3.57 | 3 | 4 | 1 | 6.67 |
| 전체 | 148 | 100 | 84 | 100 | 75 | 100 | 15 | 100 |
| 무응답 | 3 | | 1 | | | | | |
| 평균 (표준편차) | 3.55 (0.61) | | 3.54 (0.61) | | 3.43 (0.70) | | 3.20 (0.86) | |

F-값: 1.76 p=0.1555.

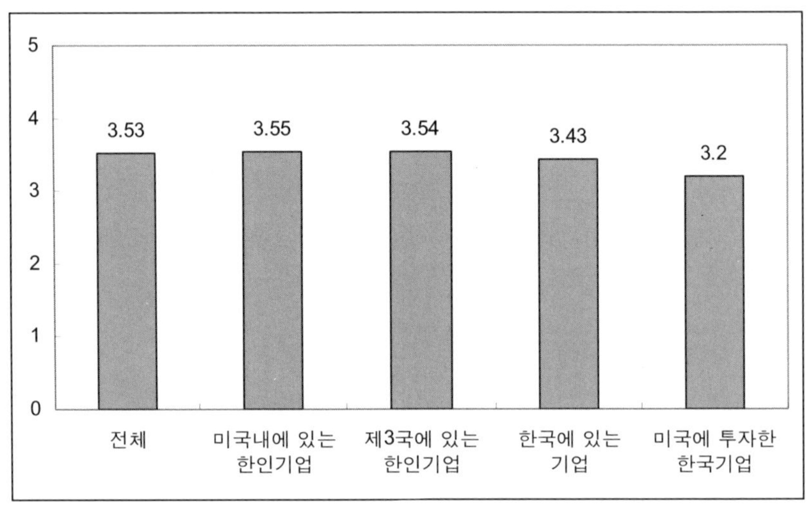


〈그림 Ⅳ-26〉 한인기업의 유형별 성과

## (9) 향후 한인기업과의 네트워크

향후 한인기업과의 네트워크 활성화를 위한 네트워크별 중요성을 5점 리커트척도로 평가해 보았다. '전혀 중요하지 않음'에 1점을 '중요하지 않음'에 2점을 '보통'에 3점을, '조금 중요'에 4점을 '매우 중요'에 5점을 두어 5점 리커트(Likert)척도로 측정한 결과, 가장 중요한 네트워크는 '협회 등 업종 네트워크(무역협회 등)'에 대한 평점이 2.97로 가장 높고, 학연(학교동창), 지연(고향 등 향우회), 혈연(가족, 친인척)등 연고 관련 네트워크에 대한 평점이 2.43, 2.38, 2.49점으로 낮은 수준이다. 전체적으로 중요도 평점은 2~3점 사이로 '보통' 이하의 평가를 해 향후 한인기업과의 네트워크 활성화를 위해 기존의 네트워크에 대한 중요성이 크지 않은 것으로 보인다.

<표 Ⅳ-33> 향후 활용 네트워크

(단위: 개, 점)

| 네트워크 유형 | 응답 수 | 중요도 평점 | 표준편차 |
|---|---|---|---|
| 학연(학교동창) | 155 | 2.43 | 1.18 |
| 지연(고향 등 향우회) | 154 | 2.38 | 1.17 |
| 혈연(가족, 친인척) | 155 | 2.49 | 1.22 |
| 협회 등 업종(무역협회 등) | 152 | 2.97 | 1.28 |
| 사회(한인회, 교회 등) | 154 | 2.83 | 1.02 |
| 공신력 있는 기관<br>(한상네트워크, 상공회의소 등) | 149 | 2.78 | 1.21 |

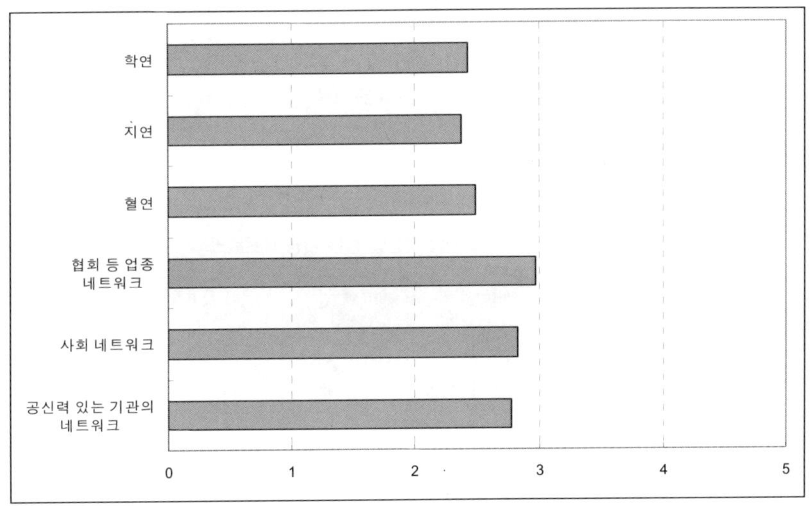


<그림 Ⅳ-27> 향후 활용 네트워크

거래 한인기업의 유형별로 향후 거래 네트워크의 중요성에 대한 평가에 차이가 있는지 살펴보았다. 우선 '미국 내에 있는 한인기업'과의 거래하는 경우 '협회 등 업종 네트워크'의 중요성에 대해 2.96점으로 가장 높기는 하나, 전체적으로 각 네트워크의 중요성에 대한 평점이 '보통(3점)' 이하로 평가받고 있다. '제3국에 있는 한인기업'과 거래하

는 기업의 경우 '협회 등 업종 네트워크'와 '공신력 있는 기관의 네트워크'의 중요성에 대해 각각 3.11, 3점으로 평가해 '보통' 이상의 평가를 하고 있다. '한국에 있는 기업'과 거래하는 경우 '협회 등 업종 네트워크', '사회 네트워크', '공신력 있는 기관의 네트워크'의 중요성에 대해 각각 3.25, 3.14, 3.04점으로 평가해 '보통' 이상의 평가를 하고 있다. '미국에 투자한 한국기업'과 거래하는 경우 학연과 지연을 제외한 모든 네트워크에 '보통' 이상의 평가를 하고 있다.

미국 내 한인기업은 '미국 내 한인기업'과는 대체로 많은 거래를 하고 있는데 향후 거래 활성화를 위해 기존의 네트워크의 필요성이나 중요성은 크게 평가하지 않고 있다는 것이다. 그러나 거래관계가 대체로 높지 않은 '미국에 투자한 한국기업'과 거래하는 경우 향후 네트워크 활성화를 위해 기존의 네트워크에 대해 어느 정도 중요하게 고려하고 있다는 것이다.

〈표 Ⅳ-34〉 한인기업 유형별 향후 활용 네트워크

(단위: 개, 점)

| 네트워크 유형 | 미국내에 있는 한인기업 | | 제3국에 있는 한인기업 | | 한국에 있는 기업 | | 미국에 투자한 한국기업 | | F-값 | p |
|---|---|---|---|---|---|---|---|---|---|---|
| | 응답 수 | 중요도 평점 | 응답 수 | 중요도 평점 | 응답 수 | 중요도 평점 | 응답 수 | 중요도 평점 | | |
| 학 연 | 151 | 2.41 | 85 | 2.53 | 75 | 2.75 | 15 | 2.73 | 1.48 | 0.2187 |
| 지 연 | 151 | 2.38 | 85 | 2.49 | 74 | 2.68 | 15 | 2.73 | 1.19 | 0.3149 |
| 혈 연 | 151 | 2.48 | 85 | 2.6 | 75 | 2.8 | 15 | 3 | 1.62 | 0.1836 |
| 협회 등 업종 | 148 | 2.96 | 82 | 3.11 | 73 | 3.25 | 15 | 3.8 | 2.33 | 0.0742 |
| 사 회 | 151 | 2.84 | 85 | 2.95 | 74 | 3.14 | 15 | 3 | 1.37 | 0.2523 |
| 공신력 있는 기관 | 146 | 2.77 | 81 | 3 | 70 | 3.04 | 14 | 3.57 | 2.32 | 0.0758 |

'협회 등 업종 네트워크'와 '공신력 있는 기관의 네트워크'의 중요성에 대해서도 각각 '미국 내에 있는 한인기업'이 가장 낮고 '미국에 투자

한 한국기업'이 가장 높아 거래 한인기업 유형별간 통계적으로 유의한 차이가 있음을 알 수 있다.

## (10) 거래처 선정상 주안점

향후 거래대상의 선정에 있어 가장 중요하게 고려하는 사항으로는 48.4%의 기업이 수익성을 1순위로 꼽고 있다. 그 다음으로는 34.8%의 기업이 신뢰성을 1순위로 고려해 일반적으로 기업에 있어 가장 중요한 사항인 '수익성'이 가장 큰 관심사인 것으로 조사되었다.

제2순위에서는 신뢰성(36.1%), 수익성, 충분한 정보(29.7%)가 중요 고려사항이며, 제3순위에서는 충분한 정보가 4.5%로 가장 중요한 고려사항으로 조사되었다.

거래 한인기업의 유형별 거래처 선정상 주안점에 대한 평가는 유사한 편이다(〈부록 2〉 참조).

〈표 Ⅳ-35〉 거래처 선정상 주안점

(단위: 개, %)

| | 1순위 | | 2순위 | | 3순위 | |
|---|---|---|---|---|---|---|
| | 기업 수 | 비율 | 기업 수 | 비율 | 기업 수 | 비율 |
| 충분한 정보 | 25 | 16.13 | 46 | 29.68 | **67** | **43.51** |
| 수익성 | **75** | **48.39** | 46 | 29.68 | 32 | 20.78 |
| 신뢰성 | 54 | 34.84 | **56** | **36.13** | 34 | 22.08 |
| 인적관계 | 1 | 0.65 | 6 | 3.87 | 14 | 9.09 |
| 사회적 관계 | | | 1 | 0.65 | 7 | 4.55 |
| 전체 | 155 | 100 | 155 | 100 | 154 | 100 |
| 무응답 | | | | | 1 | |

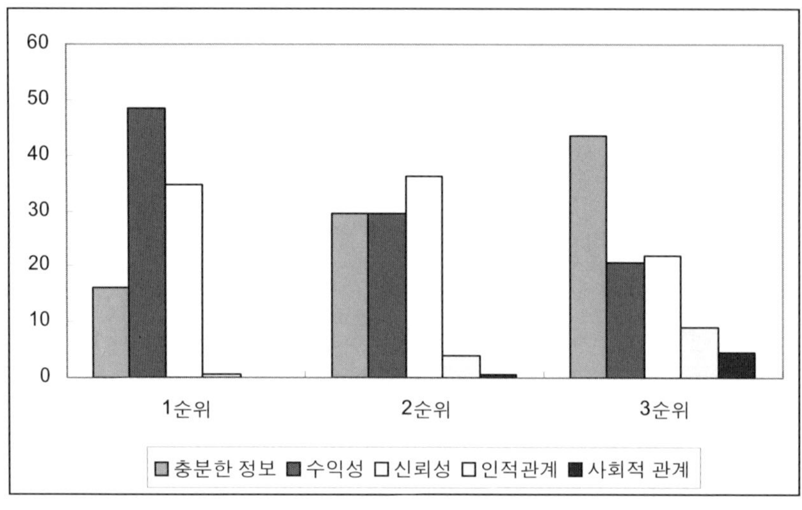



〈그림 Ⅳ-28〉 거래처 선정상 주안점

## 4) 한상네트워크(오프라인)

### (1) 한인기업에 대한 선호도

동일한 조건이라면 '한인 또는 한국기업과의 거래'를 다른 외국기업과의 거래보다 선호하겠는지에 대한 질문에 응답기업의 44.8%가 '선호'한다고 대답했다. '전혀 선호하지 않거나' '선호하지 않는 경우'는 각각 8.0%, 4.9%로 한인에 대해 부정적인 기업은 전체의 12.9%를 차지하고 있다. 이에 비해 '선호'하거나 '매우 선호'하는 경우는 각각 44.8%, 6.1%로 절반 이상이 한인기업과의 거래에 대해 긍정적인 평가를 하고 있다.

'전혀 선호하지 않음'에 1점을, '선호하지 않음'에 2점을 '보통'에 3점을 '선호함'에 4점을 '매우 선호함'에 5점을 주어 5점 리커트 척도로 측정한 결과 평균은 3.36점으로 한인기업과의 거래에 대한 선호는 '보통 이상'의 평가를 받고 있다.

<표 Ⅳ-36> 한인기업에 대한 선호도

(단위: 개, %, 점)

|  | 기업 수 | 비 율 | 평균(표준편차) |
|---|---|---|---|
| 전혀 선호하지 않음 | 13 | 7.98 | |
| 선호하지 않음 | 8 | 4.91 | |
| 보통 | 59 | 36.2 | 3.36<br>(0.97) |
| 선호함 | 73 | 44.79 | |
| 매우 선호함 | 10 | 6.13 | |
| 전체 | 163 | 100 | |

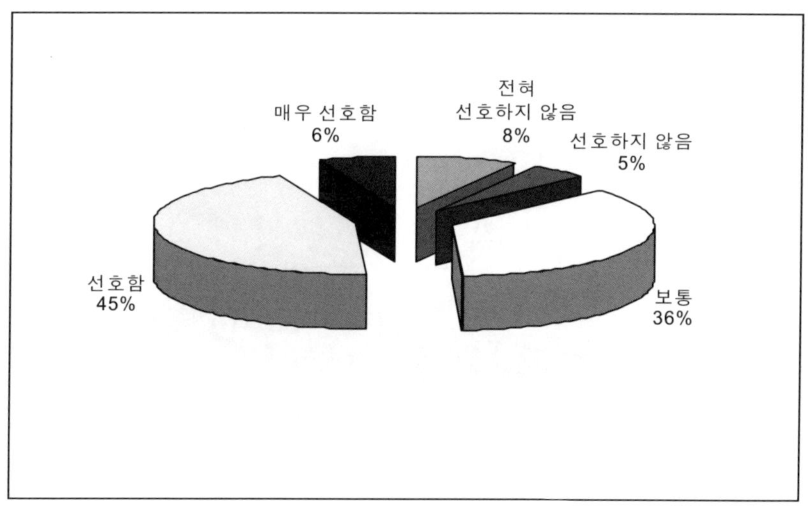


〈그림 Ⅳ-29〉 한인 기업에 대한 선호도

## (2) 한인기업가 모임

만약 미국 내 특정 지역에서 관련된 업종의 한인기업가들의 컨퍼런스가 개최된다면 참가할 의사가 있는지에 대해 질문한 결과 '꼭 참석하겠다' 또는 '시간이 되면 참석하겠다'는 긍정적인 의사를 보이는 응답자가 69.9%이다. '별로 혹은 절대 참석하지 않고 싶다'는 의사를 표시한 경우 전체의 30.1%가 한인기업가 모임에 대해 부정적인 견해를 갖고 있다.

〈표 Ⅳ-37〉 한인기업가 모임 참석 여부

(단위: 개, %, 점)

| | 기업 수 | 비율 | 기업 수 | 비율 |
|---|---|---|---|---|
| 꼭 참석하겠다. | 12 | 7.36 | 114 | 69.94 |
| 시간이 되면 참석하겠다. | 102 | 62.58 | | |
| 별로 참석하고 싶지 않다. | 37 | 22.7 | 49 | 30.06 |
| 절대 참석하지 않겠다. | 12 | 7.36 | | |
| 전체 | 163 | 100 | | |

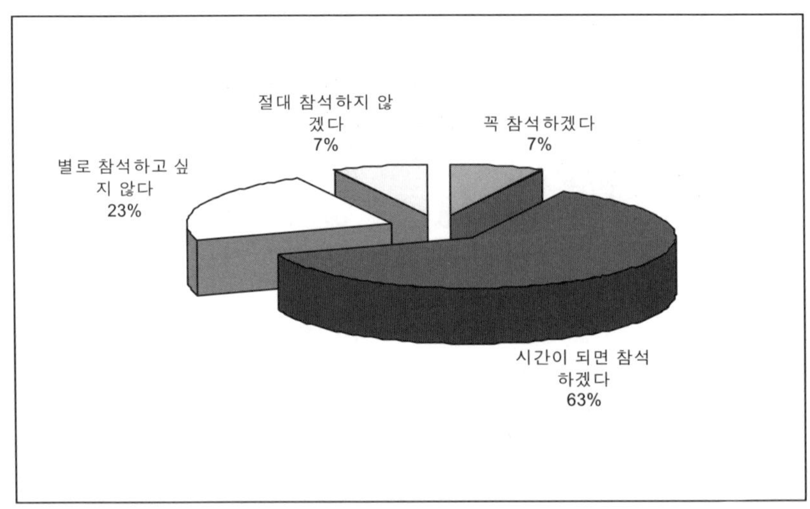


〈그림 Ⅳ-30〉 한인기업가 모임 참석 여부

한인교포기업 간 또는 한국의 기업과 한인기업과의 네트워크 구축을 통해 서로간의 거래 활성화를 위한 노력에 대해 57.7%가 필요성을 느끼고 있고, 반면 19.6%의 기업만 그러한 노력에 대해 부정적인 시각을 갖고 있다. '전혀 필요없다'에 1점을 '필요없다'에 2점을 '보통'에 3점을 '필요하다'에 4점을 '매우 필요하다'에 5점을 주어 5점 리커트(Likert) 척도로 측정한 결과 평균은 3.36으로 거래활성화를 위한 노력의 필요성 은 '보통 이상'의 평가를 받고 있다.

<표 Ⅳ-38> 네트워크 구축 필요성

(단위: 개, %, 점)

| | 기업 수 | 비율 | 기업 수 | 비 율 | 평균<br>(표준편차) |
|---|---|---|---|---|---|
| 전혀 필요없다 | 13 | 7.98 | 32 | 19.64 | 3.36<br>(1.04) |
| 필요없다 | 19 | 11.66 | | | |
| 보통 | 37 | 22.7 | 37 | 22.7 | |
| 필요하다 | 84 | 51.53 | 94 | 57.66 | |
| 매우 필요하다 | 10 | 6.13 | | | |
| | 163 | 100 | | | |

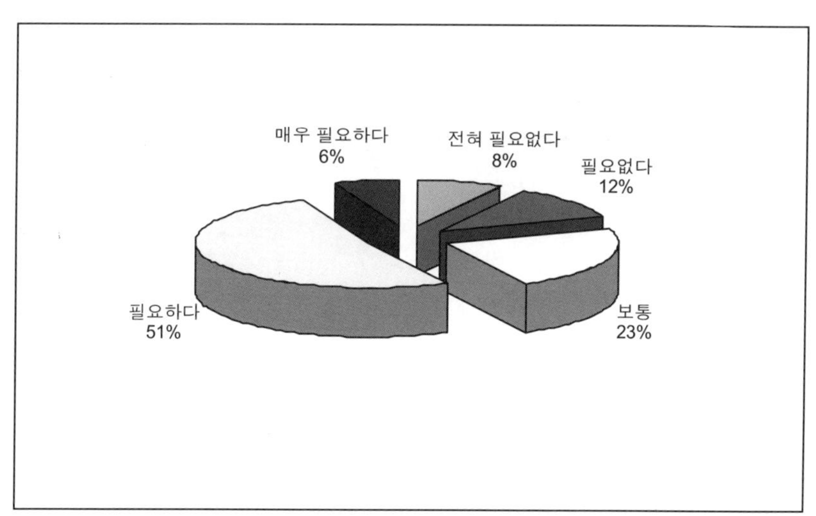


<그림 Ⅳ-31> 네트워크 구축 필요성

## (3) 거래 활성화 방안

한인기업 간 네트워크 구축을 통해 경제거래의 활성화를 위한 방안으로는 개별기업들의 자체적인 노력이 필요하다는 응답이 47.2%로 가장 높았다. 단체의 형성이나 정부의 정책적 지원을 통한 활성화는 각각 23.3%, 12.9%를 차지하고 있다. 즉, 한인기업들은 한인기업 간 경제거래를 활성화하기 위해서는 단체나 정부차원의 노력보다는 개별기업차원에서 자체적으로 노력해야 한다고 생각하고 있다는 것이다.

〈표 Ⅳ-39〉 거래 활성화 방안(복수응답)  (단위: 개, %)

|  | 기업 수 | 비 율 |
|---|---|---|
| 개별기업들의 자체적 노력 | 77 | 47.24 |
| 민간단체의 형성을 통한 공동노력 | 38 | 23.32 |
| 한국정부의 정책적 지원 | 21 | 12.89 |
| 기타 | 30 | 18.4 |
|  | 163 |  |

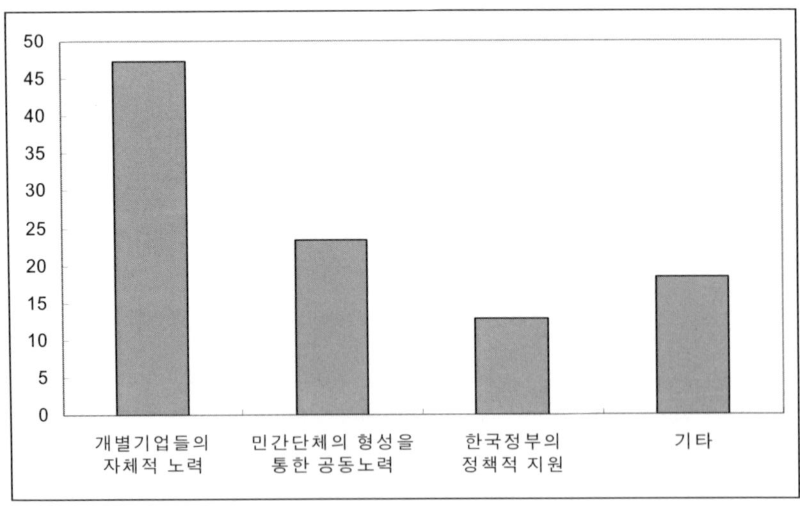


〈그림 Ⅳ-32〉 거래 활성화 방안

한국정부의 정책적 지원에 대한 필요성은 높지 않으나 그럼에도 불구하고 한인기업 간 네트워크 구축을 위해 한국정부가 노력해야 할 방향으로는 행정적 지원과 정보공유를 위한 전산망 구축이 각각 27.5%로 높은 편이다.

<표 Ⅳ-40> 한국정부의 정책적 지원(복수응답)

(단위: 개, %)

|  | 기업 수 | 비 율 |
|---|---|---|
| 세제혜택 | 23 | 14.38 |
| 법률적 지원 | 16 | 10.00 |
| 행정적 지원 | 44 | 27.51 |
| 정보공유를 위한 전산망 구축 | 44 | 27.50 |
| 기타 | 33 | 20.63 |
| 전체 | 160 |  |
| 무응답 | 3 |  |

## 5) 온라인 한상네트워크

### (1) 네트워크의 필요성

온라인 상 한상네트워크, 즉 한인기업의 포털사이트 구축에 대한 의견을 살펴보았다. 한인기업 포털사이트는 한인기업들에 대한 정보를 인터넷상에서 검색하여, 접근할 수 있도록 하는 것으로 장차 기업 간 정보검색에서 거래체결, 결재까지도 가능하게 하는 것이다. 이러한 한상네트워크의 필요성에 대해 응답기업의 56.8%는 필요하다고 생각하고 있으며 13.6%는 필요없다고 생각하고 있다.

〈표 Ⅳ-41〉 온라인 한상네트워크의 필요성

(단위: 개, %)

| | 기업 수 | 비 율 |
|---|---|---|
| 필요하다 | 92 | 56.79 |
| 필요없다 | 22 | 13.58 |
| 모르겠다 | 48 | 29.63 |
| 전체 | 162 | 100 |
| 무응답 | 1 | |

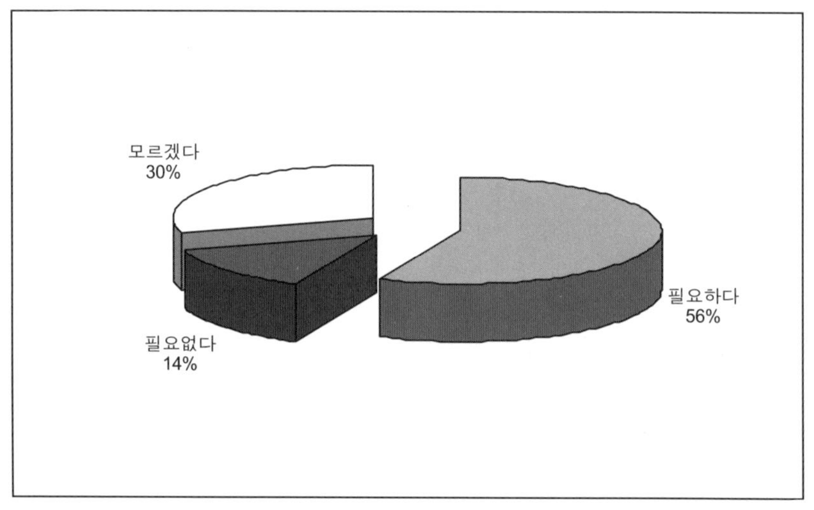


〈그림 Ⅳ-33〉 온라인 한상네트워크의 필요성

## (2) 네트워크 참가의향

온라인상 포털사이트가 구축되었을 때 사이트에 회원가입하고 자사의 정보를 제공하는 등 참가 의사가 있는지에 대해서는 '반드시 참가' 혹은 '참가'의 의사를 표시한 경우가 27.4%이고, '고려해 보겠다'는 의사를 표시한 경우가 56.2%로 나타났다. '참가할 의사가 없다'고 한 경우는 16.4%에 불과해 대부분 참가하거나 고려해 보겠다는 의사를 갖고 있다.

<표 Ⅳ-42> 온라인 한상네트워크 참가의향 (단위: 개, %)

| | 기업 수 | 비 율 |
|---|---|---|
| 반드시 참여하겠다. | 7 | 4.79 |
| 참여하겠다. | 33 | 22.6 |
| 고려해 보겠다. | 82 | 56.16 |
| 참여할 의사가 없다. | 24 | 16.44 |
| 전체 | 146 | 100 |
| 무응답 | 17 | |

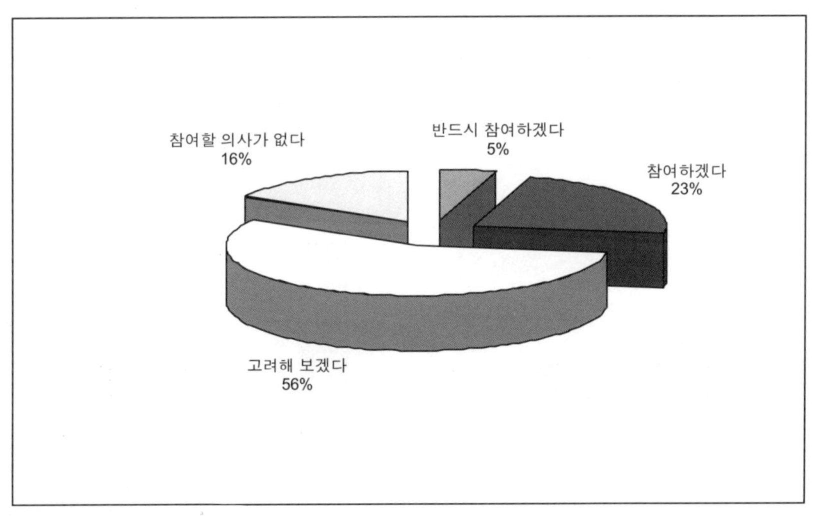


<그림 Ⅳ-34> 온라인 한상네트워크 참가의향

## (3) 네트워크 활용방안

온라인 한상네트워크가 구축되었을 때 가장 얻고자 하는 정보는 '해외 수출입 정보(29.1%)'와 '기업정보(27.7%)'이다. 온라인 한상네트워크를 통해 해외 거래선을 찾고, 제품의 수출입을 하고자 하는 것이 주요한 목적인 것으로 추측된다. '인력정보(1.4%)'에 내한 수요는 가장 낮아 해외인력에 관한 관심은 크지 않은 것으로 보인다.

<표 Ⅳ-43> 온라인 한상네트워크 활용방안(복수응답)

(단위: 개, %)

| | 기업 수 | 비 율 |
|---|---|---|
| 해외 수출입 정보 | 41 | 29.08 |
| 자본 및 투자정보 | 22 | 15.6 |
| 인력정보 | 2 | 1.42 |
| 기업정보 | 39 | 27.66 |
| 기술정보 | 25 | 17.73 |
| 기타 | 22 | 15.6 |
| 전체 | 141 | |
| 무응답 | 22 | |

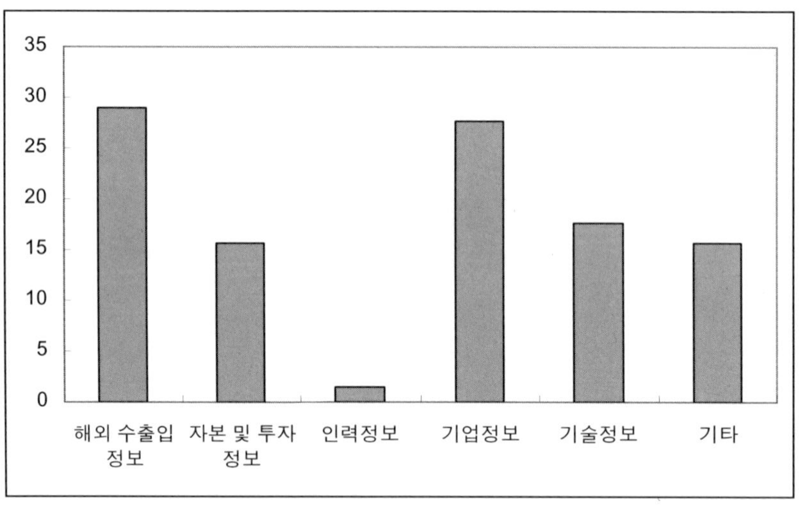


〈그림 Ⅳ-35〉 온라인 한상네트워크 활용방안

## 4. 단체/정부/금융기관/대학·연구소와의 네트워크

### 1) 단 체

### (1) 한인회, 협회 등

① 가입여부

미국 내에는 한인회를 비롯한 각종 봉사단체, 직능단체 등 약 3,000 여개의 한인 관련 단체가 있는 것으로 조사되고 있다. 먼저 응답기업들을 대상으로 이러한 단체에 가입하였는지를 살펴본 결과 약 23.3%만이 가입한 것으로 나타나 가입률이 그리 높지는 않은 것으로 나타났다.

〈표 Ⅳ-44〉 한인회, 협회 가입여부

(단위: 개, %)

|  | 기업 수 | 비 율 |
|---|---|---|
| 예 | 38 | 23.31 |
| 아니오 | 125 | 76.69 |
| 전체 | 163 | 100 |

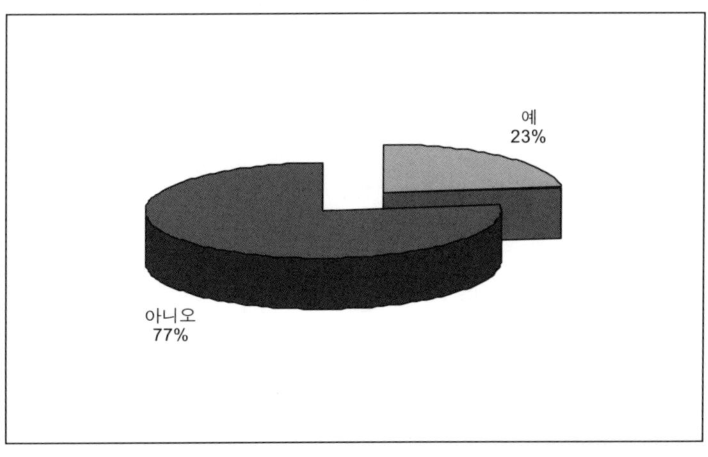


〈그림 Ⅳ-36〉 한인회, 협회 가입여부

## ② 가입목적

이들 가입한 기업을 대상으로 가입한 목적에 대해 질문한 결과 순전히 친목도모를 위해 가입한 경우는 2.6%에 불과해 대부분 사업활동을 위한 목적으로 단체에 가입해 활동하고 있는 것으로 나타났다.

〈표 Ⅳ-45〉 한인회, 협회 가입목적

(단위: 개, %)

| | 기업 수 | 비 율 |
|---|---|---|
| 사업활동 | 17 | 44.74 |
| 친목도모 | 1 | 2.63 |
| 사업활동과 친목도모 | 20 | 52.63 |
| 전체 | 38 | 100 |

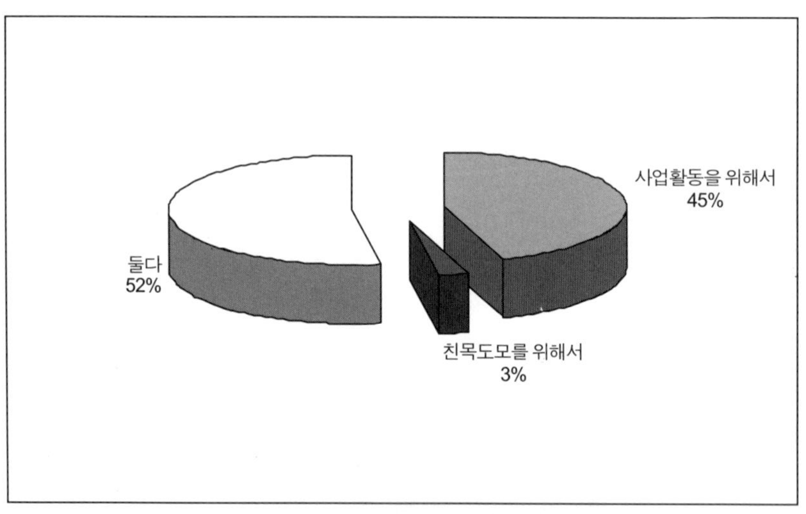


〈그림 Ⅳ-37〉 한인회, 협회 가입목적

## ③ 단체의 기업활동에 미치는 영향

단체가 기업의 활동에 미치는 영향은 크게 중요하지 않은 경우가

23.7%, 보통이 57.9%, 중요하다는 경우가 18.4%로 나타났고, 5점 리커트(Likert)로 측정한 결과 평균도 2.9점으로 보통 이하로 나타났다. 단체가 기업의 활동에 미치는 영향은 그리 중요하지 않은 것으로 평가하고 있다.

<표 Ⅳ-46> 한인회, 협회의 영향력

(단위: 개, %, 점)

| | 기업 수 | 비 율 | 평균<br>(표준편차) |
|---|---|---|---|
| 전혀 중요하지 않다 | 3 | 7.89 | |
| 중요하지 않다 | 6 | 15.79 | |
| 보통 | 22 | 57.89 | 2.9<br>(1.05) |
| 중요하다 | 2 | 5.26 | |
| 매우 중요하다 | 5 | 13.16 | |
| 전체 | 38 | 100 | |

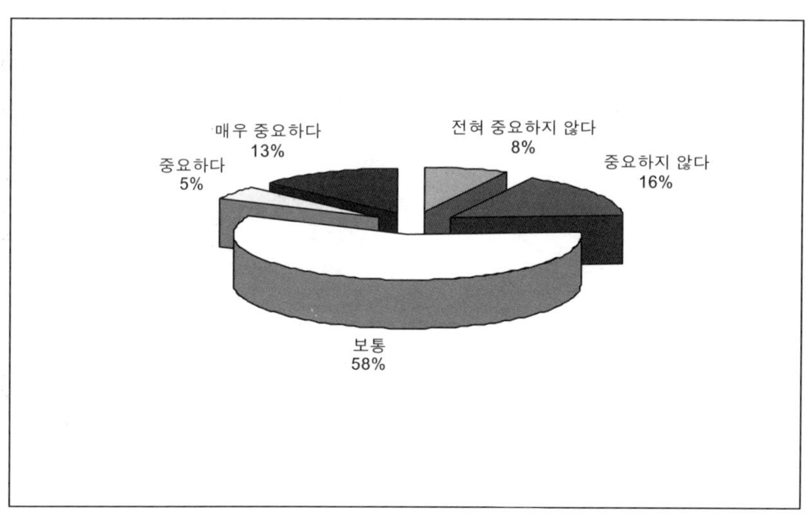


<그림 Ⅳ-38> 한인회, 협회의 영향력

〈LA 한인타운에 있는 한인회관〉

④ 활용부분

단체의 주요활용부분은 '인적네트워크'를 구축하기 위해서라는 응답이 41.7%로 가장 높다. 그 다음으로 기타가 30.6%, 사업투자정보수집이 22.2%의 순이다.

한인기업들의 단체가입비율은 대체로 높지 않은 수준이며, 주로 사업활동 상 인적네트워크를 구성하기 위해 가입하고 있다. 그리고 단체가 기업활동에 미치는 영향은 그리 크지 않은 것으로 나타났다.

〈표 Ⅳ-47〉 한인회, 협회의 활용부분(복수응답)  (단위: 개, %)

| | 기업 수 | 비 율 |
|---|---|---|
| 사업투자정보 | 8 | 22.23 |
| 인적네트워크 | 15 | 41.67 |
| 기술관련정보 | 2 | 5.56 |
| 고용관련정보 | 2 | 5.56 |
| 법률/상거래관련정보 | 1 | 2.78 |
| 기타 | 11 | 30.56 |
| 전체 | 36 | |
| 무응답 | 2 | |

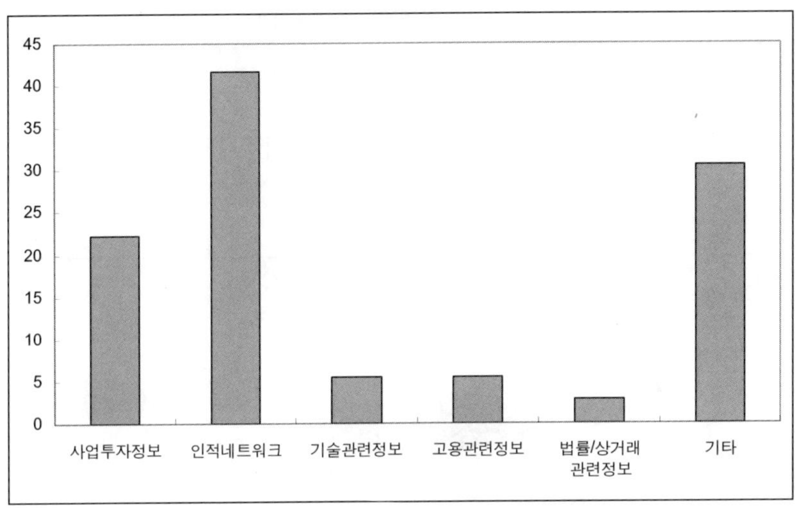



〈그림 Ⅳ-39〉 한인회, 협회의 활용부분

## (2) 한국관련 단체(코트라, 무역협회)

미국에 있는 한국관련 단체와의 관련성에 대해 살펴보았다. 이들 단체로는 대한무역진흥공사(KOTRA)나 한국무역협회(KITA), 한인상공회의소(KOCHAM) 등의 기관이 해당한다. 우선 이들 한국관련 단체에서 제공하는 서비스를 이용한 적이 있는지에 대해 질문한 결과 응답기업의 89.6%에 해당하는 기업들이 이용경험이 있다고 응답해 한인기업들의 한국관련 단체 이용비율은 상당히 높은 것으로 조사되었다. 그리고 주로 이용하는 서비스로는 기타를 제외하고는 '상품정보'가 19.9%로 가장 높다. '고용관련정보'나 '투자정보' 등의 이용비율은 5% 미만으로 대체로 낮은 수준으로 나타났다.

<표 Ⅳ-48> 한국관련 단체 이용경험

(단위: 개, %)

| | 기업 수 | 비 율 |
|---|---|---|
| 있다 | 146 | 89.57 |
| 없다 | 17 | 10.43 |

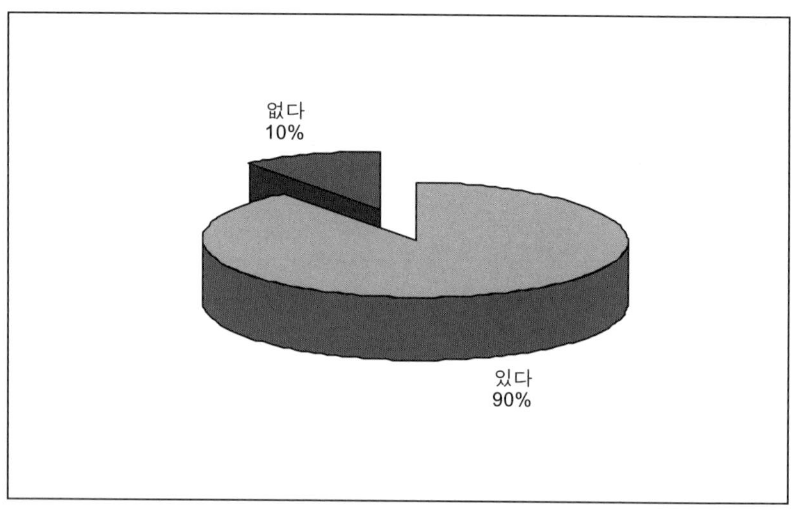


<그림 Ⅳ-40> 한국관련 단체 이용경험

<표 Ⅳ-49> 한국관련 단체 활용부분(복수응답)

(단위: 개, %)

| | 기업 수 | 비 율 |
|---|---|---|
| **상품정보** | 29 | **19.86** |
| 투자정보 | 7 | 4.79 |
| 기술관련정보 | 10 | 6.85 |
| 고용관련정보 | 4 | 2.74 |
| 법률/상거래관련정보 | 9 | 6.16 |
| 기타 | 88 | 60.27 |
| 전체 | 146 | |

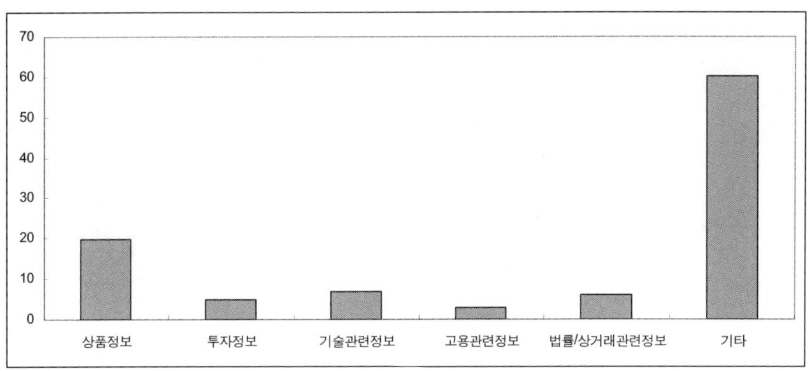



<그림 Ⅳ-41> 한국관련 단체 이용부문

## 2) 금융기관

한인기업들이 주요 거래 금융기관으로는 나라은행 등과 같은 한인금
융기관의 이용비율이 82.2%로 가장 높았다. 그 다음으로 미국계 금융
기관의 이용비율이 20.9%로 나타났으며 조흥은행이나 우리은행과 같
이 한국소재 은행의 현지법인인 은행의 이용비율은 2.5%에 불과했다.

<표 Ⅳ-50> 주요거래 금융기관(복수응답)

(단위: 개, %)

|  | 기업 수 | 비 율 |
| --- | --- | --- |
| 미국계 은행(BOA 등) | 34 | 20.85 |
| 한인은행(나라은행 등) | 134 | 82.21 |
| 한국계 은행(조흥은행 등) | 4 | 2.45 |
| 기타 | 1 | 0.61 |
| 전체 | 163 |  |

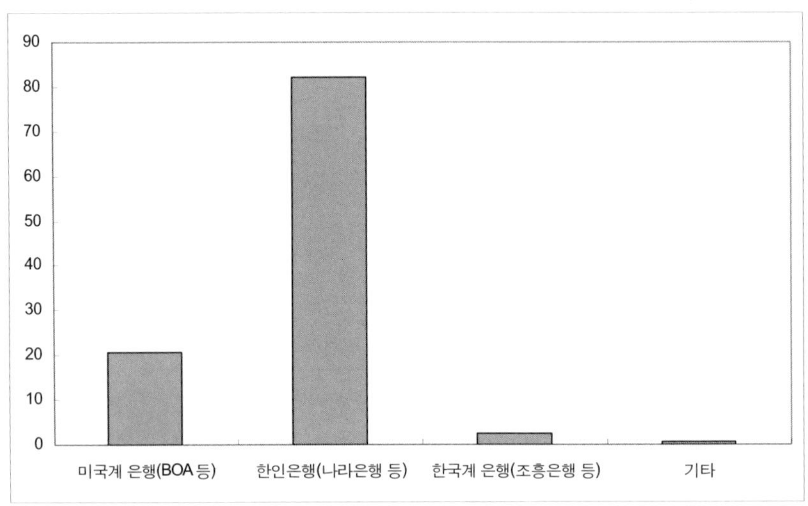

〈그림 Ⅳ-42〉 주요거래 금융기관

은행의 주요업무별로 각 이용은행의 이용비율을 살펴본 결과 예금에 있어서는 한인은행의 이용비율이 90.7%이고, 미국계 은행은 29.78%로 한인은행의 비율이 훨씬 높았다.

대출이나 무역금융에 있어서는 한인은행의 이용비율이 각각 60.6%, 65.9%이고 미국계 은행의 이용비율이 58.4%와 41.5%로 예금에 비해 미국계 은행의 이용비율이 높아져 두 금융기관의 이용비율이 유사한 수준이다.

신용카드관련 업무의 경우 미국계 은행의 이용비율이 88.9%로 크게 증가해 한인은행 이용비율 51.6%보다 높다.

즉, 한인기업들은 예금에 있어서는 한인은행을, 신용카드관련 업무에 있어서는 미국계 은행을 이용하는 비율이 높다. 대출이나 무역금융에 있어서는 한인은행의 이용비율이 미국계 은행보다 약간 높은 수준이다.

〈표 Ⅳ-51〉 주요업무별 이용비율(복수응답)  (단위: 개, %)

| | 예 금 | | 대 출 | | 무역금융 | | 신용카드관련 | |
|---|---|---|---|---|---|---|---|---|
| | 기업수 | 비율 | 기업수 | 비율 | 기업수 | 비율 | 기업수 | 비율 |
| 미국계은행(BOA 등) | 48 | 29.82 | 80 | 58.4 | 34 | 41.47 | **136** | **88.88** |
| 한인은행(나라은행 등) | **146** | **90.69** | **83** | **60.59** | **54** | **65.86** | 79 | 51.63 |
| 한국계은행(조흥은행 등) | 1 | 0.62 | 3 | 2.19 | 7 | 8.54 | 2 | 1.3 |
| 기타 | | | 1 | 0.73 | 2 | 2.44 | | |
| 전체 | 161 | | 137 | | 82 | | 153 | |
| 무응답 | 2 | | 26 | | 81 | | 10 | |

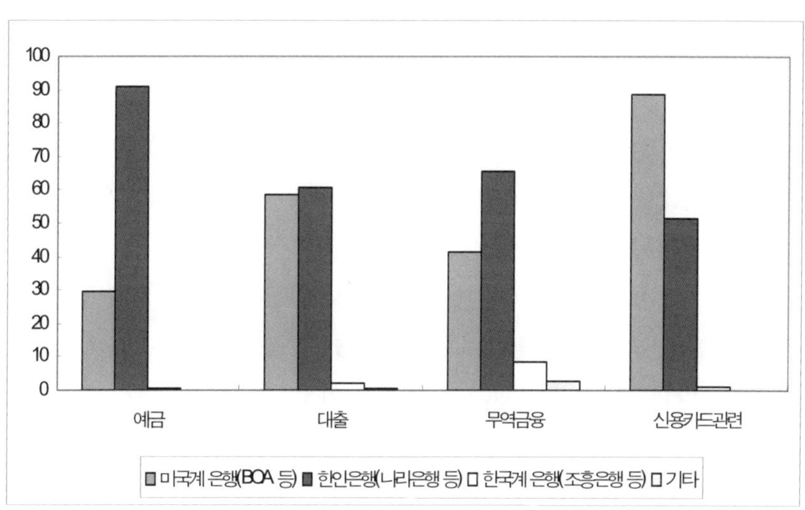


〈그림 Ⅳ-43〉 주요업무별 이용비율

〈LA 한인타운에 있는 한인은행들: 한미, 나라, 중앙, 새한은행〉

## 3) 정부정책의 한인기업에 대한 영향

### (1) 미국정부 정책

한인기업이 미국정부와 한국정부의 정책에 어느 정도의 영향을 받는지 살펴보았다. 우선 미국정부의 무역정책과 노동정책, 이민자정책에 어느 정도 영향을 받는지에 대해 조사한 결과 가장 높은 비율을 차지하는 응답이 '거의 받지 않는다'로 무역정책은 43.4%가 노동정책은 46.3%가 이민자정책은 49.7%를 차지하고 있다. 각각의 정책에 대해 5점 리커트척도로 측정한 결과 모두 3점 이하, 즉 '보통수준 이하'의 영향을 받는 것으로 나타났다.

그러나 모든 기업이 미국정부의 정책에 대해 영향을 받지 않는 것은 아니다. 미국정부의 정책에 영향을 '많이 받는다'라는 응답자도 상당부분 있어 무역정책에서는 22.6%를, 노동정책에 있어서는 19.1%를, 이민자정책에 있어서는 19.9%를 차지하고 있다.

〈표 Ⅳ-52〉 미국정부정책의 영향

(단위: 개, %)

| | 무역정책 | | 노동정책 | | 이민자정책 | |
|---|---|---|---|---|---|---|
| | 기업 수 | 비율 | 기업 수 | 비율 | 기업 수 | 비율 |
| 거의 받지 않는다 | 69 | 43.4 | 75 | 46.3 | 80 | 49.69 |
| 조금 받는다 | 16 | 10.06 | 12 | 7.41 | 9 | 5.59 |
| 보통수준이다 | 22 | 13.84 | 20 | 12.35 | 24 | 14.91 |
| 많이 받는다 | 36 | 22.64 | 31 | 19.14 | 32 | 19.88 |
| 아주 많이 받는다 | 16 | 10.06 | 24 | 14.81 | 16 | 9.94 |
| 전체 | 159 | 100 | 162 | 100 | 161 | 100 |
| 무응답 | 4 | | 1 | | 2 | |
| 평균(표준편차) | 2.46(1.48) | | 2.49(1.57) | | 2.35(1.49) | |

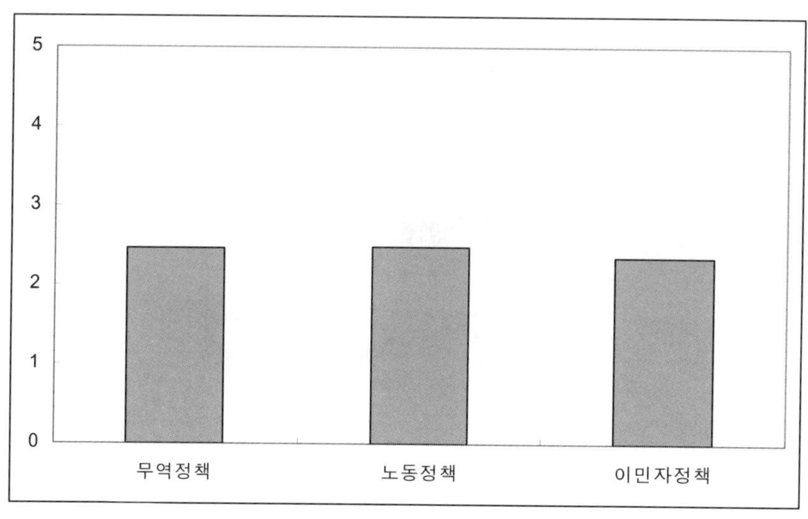


〈그림 Ⅳ-44〉 미국정부정책의 영향

## (2) 한국정부의 한인기업에 대한 영향

다음으로 한국정부 정책과의 관련성에 대해 살펴보았다. 한국과 미국의 통상마찰이 기업경영에 영향을 미치는지에 대해 질문한 결과 응답기업의 74.8%가 '그렇지는 않다'고 응답했다. '악영향을 준다'는 응답자는 전체의 약 10% 수준에 불과했으며 5점 척도로 측정했을 때 평균도 2.2로 보통(3점)에 미치지 못한다.

〈표 Ⅳ-53〉 한-미 간 통상마찰의 영향

(단위: 개, %, 점)

| | 기업 수 | 비 율 | 평균(표준편차) |
|---|---|---|---|
| 전혀 그렇지 않다 | 32 | 19.63 | |
| 그렇지 않다 | 90 | 55.21 | |
| 보통 | 23 | 14.11 | 2.2<br>(0.96) |
| 그렇다 | 12 | 7.36 | |
| 매우 그렇다 | 6 | 3.68 | |
| 전체 | 163 | 100 | |

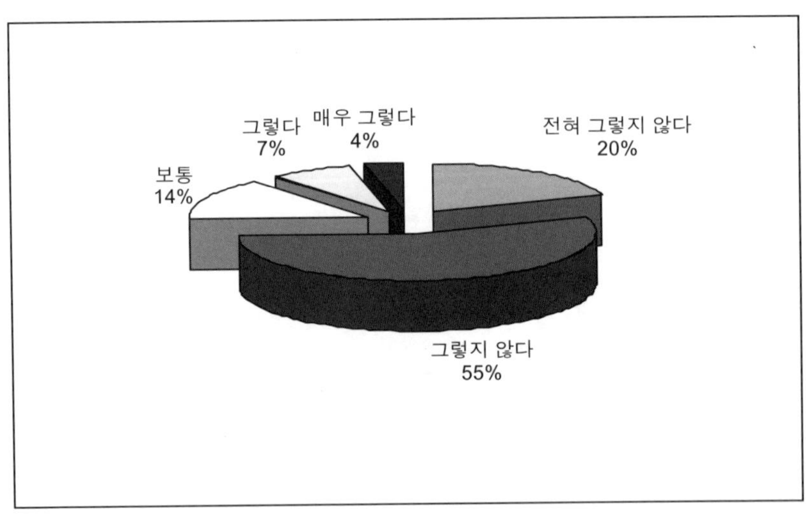


〈그림 Ⅳ-45〉 한-미 간 통상마찰의 영향

한국의 미국에 대한 시위나 반미감정이 기업경영에 악영향을 미치는지에 대해 질문한 결과 '그렇지 않다'는 응답이 전체의 77.9%로 나타나

한국 내 반미감정이 미국에 있는 한인기업의 경영에까지 영향을 미치
지는 않은 것으로 나타났다. 5점 리커트척도로 측정한 결과도 평균이
2.13으로 보통(3점) 수준에 미치지 못한다. 일반적인 통념과는 달리 한
국과 미국의 통상마찰이나 한국 내 반미감정 등은 재미한인 기업의 경
영활동에 그다지 큰 영향을 주지 않는 것으로 나타났다.

<표 Ⅳ-54> 한국 내 시위, 반미감정의 영향

(단위: 개, %, 점)

| | 기업 수 | 비 율 | 평 균<br>(표준편차) |
|---|---|---|---|
| 전혀 그렇지 않다 | 40 | 24.54 | |
| 그렇지 않다 | 87 | 53.37 | |
| 보통 | 17 | 10.43 | 2.13<br>(0.99) |
| 그렇다 | 13 | 7.98 | |
| 매우 그렇다 | 6 | 3.68 | |
| 전체 | 163 | 100 | |

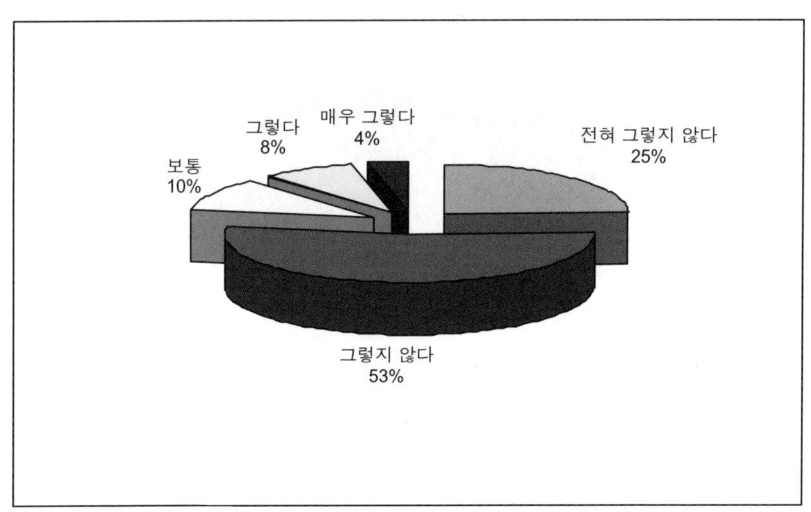


<그림 Ⅳ-46> 한국 내 시위, 반미감정의 영향

### 4) 대학, 연구소와의 네트워크

미국 내 혹은 한국 소재 대학이나 연구소와의 관련성에 대해 살펴보았다. 먼저 이들 대학이나 연구소와 관련을 가진 적이 있었는지에 대해 질문한 결과 97.6%가 '관련성을 가진 적이 없다'고 응답해 한인기업의 대학 혹은 연구소와의 관련성은 아주 낮은 것으로 나타났다.

<표 Ⅳ-55> 대학, 연구소와의 관련성

(단위: 개, %)

| | 기업 수 | 비 율 |
|---|---|---|
| 예 | 4 | 2.45 |
| 아니오 | 159 | 97.55 |
| 전체 | 163 | 100 |

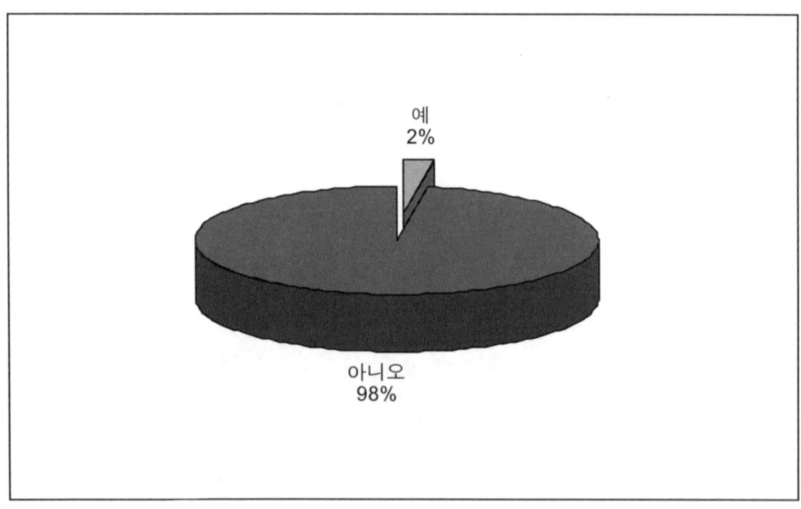


<그림 Ⅳ-47> 대학, 연구소와의 관련성

〈LA에서 개최된 미국 내 한 민간 경제연구소 주최 경제컨퍼런스(2006.1): 미국내에서는 최근 이민 100주년을 맞이하여 미국 이주역사와 한인 등에 대한 연구가 활발히 이루어지고 있다.〉

관련성을 가졌던 기업은 4개 기업에 불과했으며 관련성을 가졌던 부분에 대해 조사한 결과 50%가 '채용관련'된 부분이라고 응답했으나 표본이 너무 작아서 대표성을 갖기는 힘들 것으로 보인다.

〈표 Ⅳ-56〉 대학, 연구소와 관련 부문

(단위: 개, %)

|  | 기업 수 | 비 율 |
|---|---|---|
| 채용(인턴십) | 2 | 50 |
| 직원교육 | 1 | 25 |
| 제품/기술개발 | 1 | 25 |
| 전체 | 4 | 100 |

향후 이들 대학이나 연구소와 협력관계를 원하는지에 대해서는 20% 정도가 희망하고 있어 대학이나 연구소 능과의 협력을 원하는 기업의 비율은 낮은 편이다. 협력을 희망하는 기업을 대상으로 협력을 원하는

부문에 대해 질문한 결과 '제품/기술개발'이 71.9%로 가장 높게 나타났다. 채용과 관련해서도 25%가 관련성을 갖고 싶다고 응답했다. 이와는 별도로 만약 대학에서 인턴십을 요청하는 경우 받아들일 수 있는지에 대해 질문한 결과 18.5%의 기업들이 받아들이고 싶다고 응답하고 있다.

〈표 Ⅳ-57〉 대학, 연구소와 향후 관련성

(단위: 개, %)

|  | 기업 수 | 비 율 |
| --- | --- | --- |
| 희망한다 | 32 | 20.38 |
| 희망하지 않는다 | 125 | 79.62 |
| 전체 | 157 | 100 |
| 무응답 | 6 |  |

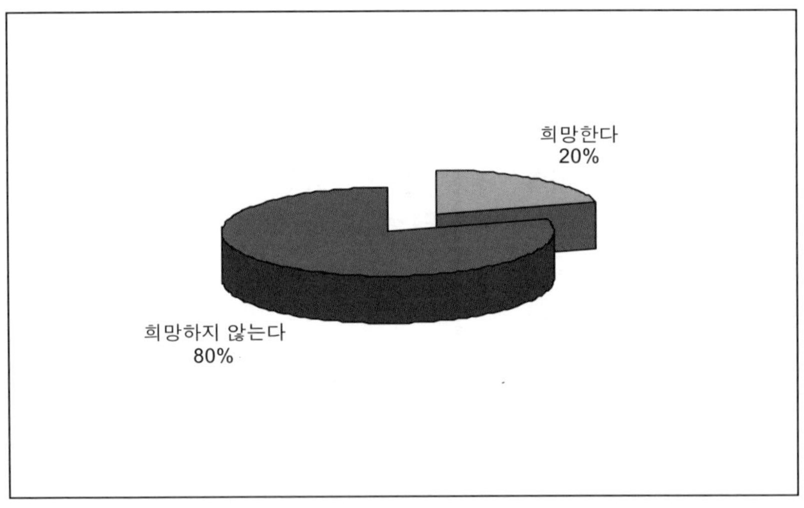


〈그림 Ⅳ-48〉 대학, 연구소와 향후 관련성

<표 Ⅳ-58〉 대학, 연구소와 향후 관련성 부문(복수응답)

(단위: 개, %)

| | 기업 수 | 비 율 |
|---|---|---|
| 채용(인턴쉽) | 8 | 25.01 |
| 직원교육 | 1 | 3.13 |
| 제품/기술개발 | 23 | 71.89 |
| 경영자문 | 3 | 9.39 |
| 전체 | 32 | |

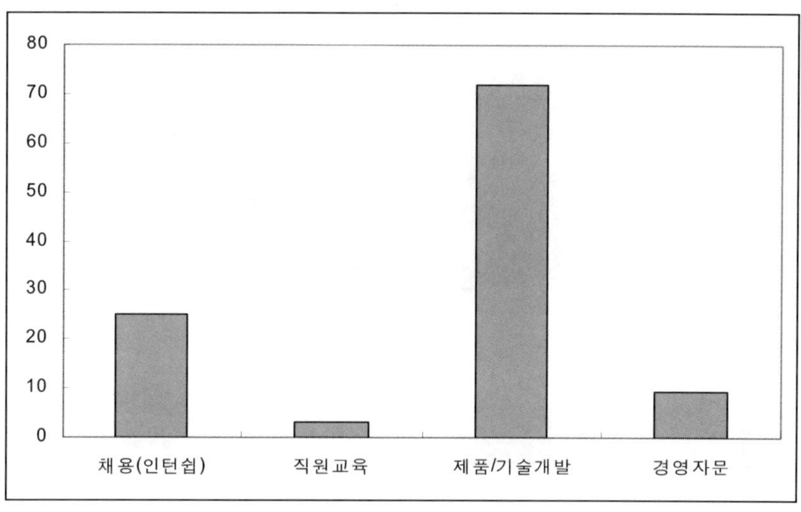

〈그림 Ⅳ-49〉 대학, 연구소와 향후 관련성 부문

<표 Ⅳ-59> 인턴쉽 가능 여부

(단위: 개, %)

| | 기업 수 | 비 율 |
|---|---|---|
| 받아들일 수 있다 | 30 | 18.52 |
| 받아들일 수 없다 | 132 | 81.48 |
| 전체 | 162 | 100 |
| 무응답 | 1 | |

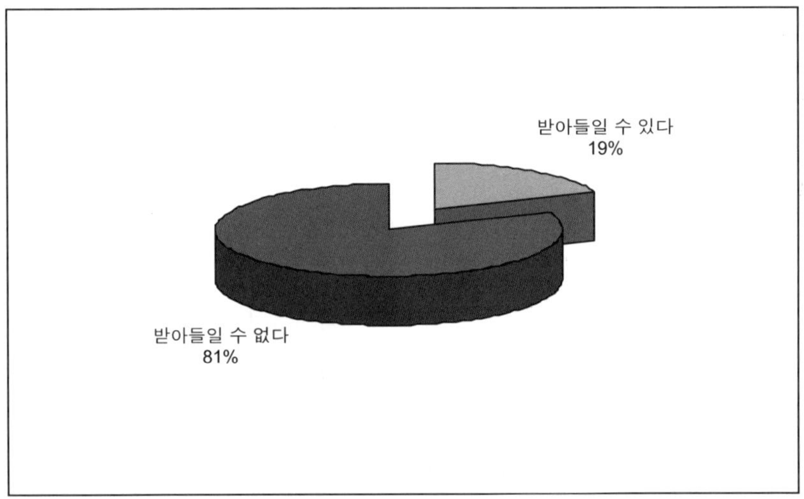


<그림 Ⅳ-50> 인턴십 가능 여부

# V
# 맺음말

## 1. 한민족 네트워크 형성을 위한 정책 제언

### 1) 한민족 네트워크와 타민족 네트워크의 비교

네트워크는 연결된 구성원들이 공동의 목적을 실현하기 위해 서로간의 대화와 공통이해를 바탕으로 자율적으로 협력해 나가는 것을 의미한다. 즉, 네트워크란 자주적인 개인간의 공동목적을 실현하기 위해 자율적으로 연계하여 이루는 협동적인 활동시스템으로서의 조직형태라고 할 수 있다.

한국은 재외동포 상공인, 무역인, IT인, 과학기술자단체 등을 중심으로 한 세계한상대회를 매년 개최하고 있다. 이는 화교처럼 혈연, 지연, 업연에 의한 인간관계보다는 민족애와 동포애를 모태로 한 네트워크이다. 이것은 다소 추상적인 정서를 갖는다는 점에서 화교 네트워크와 다르다. 또한 한상공동체는 자연발생적으로 형성된 화교 네트워크와는 달리 정부주도적이며, top-down 방식에 의해서 형성이 되었기 때문에 구성원들의 자발적인 참여를 끌어내기가 쉽지 않다는 문제점이 있다.

그리고 전 세계 170여 개국에 퍼져 있는 650여만 명의 해외동포들을 연결시키자는 슬로건으로 출발한 해외한인무역협회(OKTA)의 해외한민족 경제공동체 대회가 있는데, 1996년 21세기를 향한 코리아 경제권

구축이라는 슬로건으로 제1차 대회를 서울 무역센타(KOTRA)에서 개최한 이래, 매년으로 한국과 미국에서 번갈아가며 개최하고 있다. 현재 회원수는 70개국 84개 지회 4천 6백여 명이다. 이 대회의 목적은 지구촌을 무대로 활동하는 해외 한인 무역상 경제인들이 자리를 같이 하여 상호화합과 유기적 협력체계를 도모하고 글로벌시대 한인경제네트워크를 구축함에 있다. 이 대회에서는 세계 한민족 무역인 및 경제인의 상호 교류확대, 대회 참가자 간의 교역수주 및 상담 적극추진, 투자/교역을 통한 한국 및 상호 거주지역 경제발전 기여, 해외 한인 무역상과 경제인의 권익신장 및 공감대 형성을 그 목표로 하고 있다.

한국의 교포네트워크가 최근에야 적극적인 관심을 갖게 됨에 비해 화교나 유태인 네트워크의 역사는 훨씬 길다. 화교 네트워크는 19세기 초 중국인의 해외 이주로 상호원조와 정보교환을 목적으로 형성되었으며 혈연, 지연, 업연을 바탕으로 한 절대적인 신뢰가 그들간의 거래비용을 감소시키고, 신속한 의사결정을 가능하게 하는 자연발생적인 경제공동체이다. 즉, 거래나 계약을 구두약속 방식으로 하는 경우도 많은데, 만일 어떤 사람이 약속을 한번 어긴 경우 그는 이 화교 네트워크에서는 거래를 전혀 할 수 없을 정도로 배제되기 때문에 강한 결속력을 갖는다.

화교 네트워크의 경우 정부주도가 아닌 자연발생적인 시장의 힘을 바탕으로 형성되었다는 특징이 있다. 즉 공식적이고 정치적인 조직체가 아니라 교역과 투자 등이 중심을 이루는 경제활동체이며, 지역적인 경제협력의 성격을 넘어서 중국인 특유의 민족적인 경제결합체의 성격을 띠고 있다. 그리고 중국 대륙밖에 거주하는 화교들의 막대한 자본력을 바탕으로 동남아와 홍콩이 화교 연락망의 거점 역할을 하고 있다. 또한 화교경제권은 EU, NAFTA 등과 같은 여타 경제권에 비교하여 국가간의 이해조정이 아닌 기업간의 이해관계이기 때문에 정치적 제약을 덜 받아 지속적인 발전이 가능하다.

유태인 네트워크의 경우 오랜 기간 선민의식, 교육, 상호돕기식 커뮤니티 활동이 네트워크 형성의 기본틀이 되었다. 어느 나라에 살든 유태인은 하나라는 뿌리깊은 인식이 그들을 강하게 만들고 있다. 또한 유태인을 하나로 묶는 조직의 조직력과 파워도 크다. 조직적인 연대와 이를 매개로 한 사회활동에의 참여를 통해 적응력을 함양으로써 성공할 수 있었다.

화교와 유태인 네트워크의 형성과 발전을 보면 둘다 자연발생적인 네트워크로 정부의 역할은 교포들 간 연계 혹은 국내활동을 지원하는 정도이며, 네트워크를 주도하지는 않는다. 이들은 같은 민족이라는 의식을 통해 외부의 영향력이 없이도 서로 돕고 협력하는 공동체를 형성하고 있다. 이처럼 교포네트워크의 형성을 위해서는 같은 민족이라는 의식이 선행되어야 한다. 이러한 면에서 우리나라의 경우 교포네트워크이 형성과 유지가 비교적 어렵지 않을 것으로 보인다. 다만 화교의 수적 규모면이나 유태인에서 볼 수 있는 종교적 공동의식이 부족하기 때문에 각지에 흩어져있는 교포를 규합하는 기회가 제공되지 못했던 것으로 생각된다. 따라서 이러한 기회제공의 역할을 정부가 해야 할 것이다.

### 2) 한국 교포 네트워크 형성의 문제점

우리나라의 해외교민 수는 전체인구의 15% 가량으로 유태인 다음으로 교민비중이 크다. 그럼에도 불구하고 재외동포의 투자비중이 낮고, 유태인이나 화교처럼 네트워크가 형성되어 있지 않은 데는 여러 가지 이유가 있다. 화교 네트워크는 우리에게 유용한 시사점을 주지만 화교 형성의 역사와 현재의 위상이 우리 재외동포와 많은 차이점이 있다. 먼저 화상네트워크와의 비교를 통해 한상네트워크 형성의 문제점을 알아보자.

첫째, 우리 재외동포들은 화교처럼 혈연, 지연, 업연에 의한 인간관계가 그다지 강하지 않다. 우리의 경우에는 민족애 또는 동포애와 같은 다소 추상적인 정서가 한민족 네트워크의 구심점이다. 그러나 경제적 요인이 결합되지 않은 민족애만으로는 경제네트워크의 구축에 한계가 있다.

둘째, 화교경제권은 정부주도가 아닌 자연발생적인 경제활동체인데 비해, 현재의 한상네트워크는 정부 주도적이고 top-down방식이기 때문에 구성원들의 자발적인 참여를 이끌어내는 데 한계가 있다. 앞으로 한상네트워크의 구축은 기업 중심으로 자발적으로 형성되도록 하고, 정부는 이의 원활한 구축을 위해 간접적인 정책적 지원에 힘써야 할 것이다.

셋째, 한국의 경제발전단계와 중국의 발전단계가 다르고, 해외동포의 경제적·사회적 여건이 화교경제권과 다르다. 한국 경제의 주력 산업은 자본집약적이고 기술집약적인 전자, 자동차 산업 등에 집중된 반면, 중국의 주력 산업은 저기술, 단순노동집약재 산업이다. 따라서 중국은 해외교포들이 중국의 저임금 노동력을 활용하기 위한 투자가 활발하게 이루어질 수 있으나, 한국의 교포기업들이 한국에 투자하기 위해서는 고기술을 보유하고 있어야 한다.

넷째, 화교들의 경제력은 매우 크지만, 한국 교포들의 경제력은 상대적으로 크지 않다. 화교는 동남아 인구의 10%도 안 되면서 지역 무역의 2/3를 차지하고 있고, 동남아 부호의 86%를 차지하고 있다. 따라서 화교의 중국에 대한 투자는 그 여력이 크지만, 경제규모가 크지 않은 한인기업들의 모국투자 여력은 크지 않다.

이와 같이 한인 교포경제가 중국의 교포경제와 달라서 네트워크 구성에 한계가 있기도 하지만, 한국 내의 교포경제에 대한 인식이나 정책 때문에 네트워크 구축에 어려움을 자아내기도 한다. 이를 열거하면 다음과 같다.

첫째, 법적·제도적 측면에서 재외동포의 모국투자시 동포의 국적문제와 복잡한 행정절차, 행정관청의 자의적인 업무처리 및 관료주의, 불합리한 거래관행 등이 교포들의 모국에서의 경제활동에 어려움을 초래

하는 측면이 있다. 재외동포의 교류나 투자시 인·허가에 걸리는 기간
이 길고 창구가 단일화되어 있지 않다.

둘째, 해외 교포와의 경제거래에 필요한 충분한 정보를 제공해 주지
못하고 있다. 교포 기업과의 경제교류를 촉진하기 위한 홍보활동이나
정보를 제공해 주는 기관이나 단체가 미흡하다. 재미 교포기업에 대한
조사결과에 의하면, 앞으로 한국에 투자하겠다는 기업의 비율이 한국에
투자한 경험이 없는 기업들보다 이미 한국에 투자한 경험이 있는 기업
들에서 더 높다. 투자경험이 있는 기업에서 그 비율이 더 높은 것은 이
들이 투자정보에 익숙하기 때문으로 해석된다. 따라서 교포기업의 모국
투자활성화를 위해서는 정보제공과 홍보가 필요하지만, 이에 대한 현황
은 미흡하다.

셋째, 본국기업과 연계가 가능한 업종이 많지 않다. 대부분의 재미 교
포기업들은 소규모이고, 의류, 세탁소, 청과, 주류 등 특정업종에 집중
되어 있다. 의류를 제외하고는 한국경제와 교포기업 간의 업종간 공통
분모가 별로 없다.

마지막으로 한민족 경제네트워크에 대한 필요성이 절실하지 않다. 이
는 한국경제와 교민경제의 특성 차이로 상호 시너지 효과를 얻을 수 있
는 분야가 많지 않기 때문일 것이다. 그러나 650만 해외교포의 경제규
모가 작지 않다는 점에서 한국경제와 경제네트워크 구축을 위한 기반
을 마련하고 이를 발전시켜 가려는 의지가 필요하다.

### 3) 정책 제언

재외동포의 결속력을 강화하고 한상네트워크 형성과 발전을 도모하
기 위한 방법은 여러 가지 측면에서 생각해 볼 수 있다. 재외동포를 어
떻게 볼 것인가 하는 기본적인 시각을 정립해야 하고, 민족공동체의식
유지, 강화를 위하여 전통과 문화적 동질성의 유지, 언어교육 지원 등

장기적인 정책을 추진해야 하며, 단기적으로는 한민족 네트워크 강화를 통한 경제적 이익을 확대하기 위한 정책을 추진해야 한다. 한상네트워크의 결성은 한민족의 결속을 강화하여 한국과 재외 동포의 경제적 공동 발전을 도모에 도움이 될 것이다.

재외교포 상공인의 네트워크 형성은 교민의 경제적 지위 향상을 위해서만이 아니라 한국의 경제발전을 위해서도 필요하다. 그런데 한국의 경우는 중국이나 이스라엘과 같이 네트워크가 잘 구축되어 있는 국가들에 비해 사회문화적인 여건이나 경제적 여건이 미흡하므로 네트워크의 형성을 위해서는 타민족보다 정부의 역할이 더 중요하다. 다만 네트워크의 형성은 정부 주도적이라기보다는 자발적인 체제가 되어야 한다는 점에서 구축에 어려움이 있다. 한상네트워크 형성과 발전에 관한 몇 가지 제언을 요약해 본다.

### 4) 경제교류 강화 방안

첫째, 재외동포의 모국투자를 활성화하기 위해서는 단지 재외동포들에게 내국인과 동일한 자격과 권리를 주는 것만으로는 불충분하다. 무엇보다도 재외동포의 특성과 처지를 이해하고 그것에 적합한 투자상품과 투자환경을 마련하는 일이 중요하다. 대부분의 재미·재일동포 상공인들의 기업체는 중소규모이고 거주국 내수시장 지향형이기 때문에 모국투자 여력은 크지 않고, 또한 모국의 자본집약적 부분에의 투자여력도 불충분하다. 따라서 이들이 모국에서 소액의 안정적 투자 상품에 투자할 수 있는 여건을 만드는 일이 필요하다. 이러한 현실적 상황에 적극 대응하기 위해서는 단기적으로 모국투자에 대한 불안감을 해소시키면서 투자에 대한 안정성과 편리성을 높일 수 있도록 공적기관(예를 들어, 지방자치단체, 토지개발공사 등)과 신뢰성 있는 금융기관(유력 증권회사, 은행 등)들이 미국이나 일본의 관계기관과의 제휴를 통하여 중소액의 부동산펀드, SOC펀드, 채권펀드, 벤처펀드 등 일정 수익율을 보장할 수 있는 각종 상품들을 개발, 제공하는 것이 효과적일 것으로 판단된다(산업자원부, 1999).

둘째, 재외동포 시장과 이들이 의존하는 소수민족시장의 규모가 작은 것을 고려하여 대기업보다는 틈새시장을 파고 들 수 있는 중소기업의 해외진출이 필요하다. 한국의 중소기업들이 재외동포들과 공동으로 현지에서 상품성 있는 품목을 개발하고 판촉활동을 하여 해외로 진출하는 방안이 있다. 재외동포들이 공동으로 한국 대기업으로부터 대량 주문을 하게 되면 규모의 경제 효과를 거둘 수 있다. 아울러 한국의 대기업들은 과거처럼 해외지사를 통한 재외동포와의 수직적 연관관계를 구축하는 것 이외에도 합작투자를 통해서 이들과의 수평적 관계를 맺는 것도 바람직하다(구성렬, 1996).

셋째, 사업적으로 투자메리트를 느낄 만한 투자환경을 마련하는 일이 중요하다. 재일동포 상공인들을 대상으로 실시된 여러 설문조사 결과들에 따르면 적지 않은 동포상공인들이 모국투자에의 관심과 애정을 갖고 있다. 그러나 이들은 투자에 있어서 모국애보다는 경제적, 사업적 투자 메리트를 기준으로 투자를 결정하겠다는 자세를 보인다. 따라서 앞으로 재외동포에 대한 투자유치 전략에 있어서도 여타 외국인 투자유치와 동일선상에서 수익성이 있음을 인식할 수 있도록 투자환경 조성 및 이의 홍보에 힘을 써야 할 것이다.

넷째, 해외 현지에서의 모국경제와 현지 재외동포 간의 경제적 연관관계를 높이는 한편 모국과 재외동포 간의 교류증진을 위하여 상호방문 및 행사의 공동주최 등을 활성화하여 재외동포와의 의사소통을 원활히 할 필요가 있다. 모국에 대한 지식, 경험, 모국 내의 사람들과의 사회적 연결망을 적극적으로 활용하도록 하여 투자의 불확실성과 위험부담을 감소시키고 신뢰를 형성하면 투자 활성화에 기여한 것이다. 즉 투자활성화를 위해서는 모국과 재외동포 기업가들 간에 빈번한 교류와 상호협력을 통한 신뢰 형성이 필요하다.

끝으로 신규 투자가를 물색하는 것보다는 이미 모국에 진출해 있는 기존투자가를 지원하고 이들의 애로사항을 해결하여 추가 투자를 활성화하는 것이 효과적일 수 있다. 이미 진출해 있는 재외동포 사업체의 성공사례가 많아지면 재외동포의 추가 투자는 자연적으로 확대될 수 있기 때문이다. 따라서 그간 어려운 조건에도 먼저 진출한 기존투자가를 적극 지원하는 것이 무경험의 새로운 투자가를 찾는 것보다 비용과 효과면에서도 뛰어날 것이다.

### 5) 법적 지원

우리나라에서 해외교포에게 지원해 줄 수 있는 법적 측면은 크지 않다. 한국국적이 아닌 재외동포를 내국인 대우 조항을 적용할 경우, 외국인과의 차별화 조항이 적용되어 형평성에 어긋나서 외국 정부의 반발을 초래할 수 있기 때문이다. 다만 재외동포가 국내에 투자를 하기 위해서 한국민으로서 누릴 수 있는 편리성을 제공해 주고, 유익한 정보를 제공하는 현실성 있는 대응책을 제시할 수 있다.

### 6) One-Stop Service

원스톱서비스란 재외동포와 국내기업의 투자 및 교역활동을 지원하는 활동으로 재외동포의 국내투자가 단일 창구를 통해 이루어 질 수 있도록 하고, 국내기업 역시 재외동포와의 교류가 단일 창구를 통해 이루어지게 하는 것이다. 이는 효율적인 자원배분, 운영효율성 향상, 만족이라는 세 가지 측면에서 이익을 준다. 재외동포재단이나 무역협회에 원스톱 서비스를 하는 부서를 설치하고, 정보를 제공하기 위해서 최소한의 인력을 배치하여 행정적인 지원을 하는 것이 한 방법이다.

재외동포에게만 해당되는 서비스는 아니지만 한국무역협회는 국내 중소기업의 미국 수출지원을 위해 뉴욕지부에 '인터내셔널 소싱 센터 (ISC: International Sourcing Center)'를 설치, 운영하고 있다. ISC는 중소기업이 미국시장 진출을 원할 경우 바이어 발굴 및 소개, 수출상담 주선, 통역알선, 사무집기 등을 일괄 무료 제공하는 서비스를 실시하고, 기업들의 미국 마케팅을 지원하고, 마찬가지로 미국 내 바이어로부터도 국내에서 구입을 원하는 품목을 접수받아 국내 중소기업과 연결해주는 서비스를 목표로 한다.

또한 재외동포들의 모국투자를 활성화하기 위해서는 사회문화적 측면과 법적 · 제도적 측면의 저해요소를 개선해야 한다. 사회문화적 측면에서는 앞으로 재외동포 2 · 3세의 상공인들의 모국투자를 유치하기 위해서도 이중언어와 이중문화의 능력과 식견을 갖춘 전문인력을 외국인투자지원센터에서 투자 상담 및 고충처리 전문요원으로 충원할 필요가 있다. 그리고 모국에서 사업하면서 겪는 고충과 문제점을 지적하고 개선책을 제안하는 옴부즈만제도를 도입할 필요가 있다. 법적 · 제도적 측면에서는 단지 재외동포뿐만 아니라 국내기업과 여타 외국인투자가들에게도 공통적으로 경제의 개방화와 국제화에 발맞추어 행정의 간소화, 투명화, 전문화가 지속적으로 개선되어야 한다(외국인투자 옴부즈만 사무소, 1999).

중국의 경우 서부지역개발을 위해 외국기업이 지역에 투자를 원하는 경우 공장설립에 관한 인 · 허가서류가 접수되면 직접 공무원이 뛰어다니며 모든 절차를 9일 안에 원스톱으로 끝내준다고 한다(대한매일, 2003. 8. 23). 우리나라도 장기적인 관점에서 전문적 현장지식을 갖춘 공무원을 양성하고, 이들이 재외동포들에 대해 원스톱 서비스를 제공할 수 있도록 모국투자유치 관련기구를 설치할 필요가 있다.

## 7) Internet web site

재외동포관련 사이트로는 외교통상부 산하 국내 재외동포재단의 홈페이지(http://www.okf.or.kr/), 해외 재외동포재단 홈페이지(http://www.okf.com), 한민족 네트워크(http://www.hanminjok.net/) 등이 대표적이다. 이들 사이트로 다른 동포관련 사이트들이 주제별, 국가별로 링크되어 있으므로 동포와 관련된 사이트의 검색은 이들 사이트를 이용하면 된다. 그러나 Guide web을 구축할 때, 일방향 서비스를 추구하기보다는 쌍방향 서비스가 이루어질 수 있도록 웹구축이 되어야 한다.

네트워크의 구축의 바탕에는 신뢰와 정보의 교환이 있어야 한다는 점에서 신뢰성 있는 정보를 모아 재외교포 상공인 간, 그리고 한국기업과 재외교포 상공인 간에 정보를 교환할 수 있는 Web을 구축하는 일은 시급하고, 이것은 한민족 네트워크 구축의 출발점이 될 것이다.

## 8) 정보교류 및 행사

재외동포상공인의 행사로는 외교통상부 산하 재외동포재단과 매일경제신문이 주축이 되어 개최해 온 세계한상대회(世界韓商大會) (http://www.hansang.net/)가 있다. 2002년 10월 최초로 제1차 세계한상대회에서는 재외동포 상공인들이 한자리에 모여 컨퍼런스, 포럼, 국제학술세미나 등의 행사를 개최하였다. 대회에서는 각종 사교행사뿐만 아니라 비즈니스 프로그램으로 1:1 미팅, 투자유치 설명회, 기업홍보전 등을 실시하였고, 시도지사와의 상견례, 재외동포 경제인 고향방문행사(모천행사) 등도 실시하였다. 이에 이어 2003년 10월 서울, 2004년 10월 제주도, 2005년 10월 경기도에서 2차, 3차, 4차 세계한상대회가 각각 개최되었다.

우리나라보다 10년 앞서 중국화상들은 1991년부터 '세계화상대회(世界華商大會)'를 2년마다 개최해 왔다. 세계화상대회는 참가업체나 규모가 동남아 화교들의 경제권을 반영하듯 매우 크다. 화상들은 이 화상대회를 통해 경제교류와 문화교류를 촉진하는 방안을 찾고 있다. 화교 숫자는 대만, 홍콩, 마카오를 포함하면 98년 현재 5,500만 명에 이르고 이들이 보유한 유동자산은 2조 달러를 넘는다고 한다. 특히 동남아 경제권은 이들의 손안에 놓여 있다. 동남아 지역 화교는 이 지역 인구의 6%에 불과하지만 자산은 86%, 실질적인 경제 장악력은 70%에 달하는 것으로 추정되고 있다.

화상대회와 비교해 한상대회는 아직은 대회의 규모가 작고 참가업체도 많지 않다. 물론 화상의 경제권에 비교해 한상의 경제력이 크게 떨어지기 때문이지만, 대회의 활성화를 통해 경제·문화 교류를 증가시키도록 노력해야 한다. 많은 기업들이 대회에 참가할 수 있도록 충분한 홍보를 해야 하고 참가기업 간 기업정보를 공유할 수 있도록 주최측의 적극적이고 체계적인 기획이 필요하다. 화상네트워크와 한상네트워크를 연결하면 의외의 시너지 효과가 나올 수 있다. 한국기업들의 중국투자는 물론 아세안과의 경제협력을 위해 화상의 힘을 적극적으로 활용해야 할 것이다.

### 9) 교민지원 부서 설치

재외동포의 모국투자를 활성화하기 위해서는 우선 동포관련 기구인 재외동포재단과 무역협회에서 효율적인 운영방안을 모색할 필요가 있다. 현재 재외동포재단 내에 동포관련 부서가 설치되어 있지만 명맥만을 유지하고 있을 뿐 실질적인 활용면에서는 그 기능이 극히 미흡한 상태이다. 따라서 무역이나 투자와 관련된 부분은 무역협회와 긴밀한 관계를 유지할 수 있도록 하는 방안을 마련해 주어야 한다.

교민 수와 교민 경제규모가 작지 않음을 생각하면, 교포관련 업무를 관리하는 전담기구가 필요하다. 그런데 새로운 기구를 만들어 운영하는 것은 이미 있는 자원을 활용하지 못하는 비효율성을 유발할 수 있다.

따라서 외교통상부에 교민청까지는 아니더라도 재외동포와 관련된 제반사항을 처리할 수 있는 부서인 "교민국"을 설치하여 적극적으로 교민을 관리하는 것이 필요하다.

## 10) 교민관련 기초통계구축

동포의 인구나 교포사회에 관한 통계는 정확하지 않다. 현재 가장 일반적으로 이용하고 있는 자료는 외교통상부의 재외동포 통계자료인데 이 자료의 신뢰성이 그리 높지 않다. 미국 한인사회의 경우 외교통상부의 자료와 미국 상무부 센서스국의 자료(Census 2000)에 차이가 있다. 교포수를 예로 보면 외교통상부의 통계자료는 2001년 기준 2,123,167명으로 밝히고 있으나 미국 Census자료에서는 2000년 기준 1,228,427명(혼혈 한국인 151,555명 포함)으로 추정하고 있다. 또한 한국의 외교통상부보다는 미국 Census의 자료는 한인사회에 대해 보다 세부적인 자료를 제공하고 있다.

교민사회에 관한 기초적 자료뿐만 아니라 동포와 모국과의 교류에 관한 자료, 예를 들면 무역규모나 투자건수, 금액 등에 관한 자료 역시 거의 찾아볼 수 없다. 미국 국제경제연구소(IIE: Institute for International Economics)에 의하면 재미동포와 한국과의 교류가 한국수출입에서 차지하는 비중이 14~16% 수준이라고 한다. 그러나 그 근거자료나 구체적 현황은 밝혀지지 않은 상태이다.

추가로 한인의 주요 사업체나 규모 등에 관한 조사도 이루어져야 할 것이다. 현재 제공된 자료는 사업체명이나 대표자, 전화번호 등이 전부이며 구체적 규모나 현황 등에 관한 자료는 없는 실정이다. 재외동포에 관한 정책이나 대안을 제시하기 위해서는 이들 통계자료가 필수적이다. 따라서 이러한 기초통계구축을 위한 정부차원의 조사 및 연구지원이 필요하다.

## 2. 요약 및 결론

본 연구는 재미 한인기업을 중심으로 한민족공동체의 현황을 살펴보고 그 발전방안을 모색하고 있다. 민족네트워크는 같은 민족이라는 공통점에서 발생하는 이점이 있지만 상호간 연관관계를 가질 충분한 경제적 동기가 없다면 쌍방의 경제교류 및 네트워크 구축은 불가능할 뿐아니라 바람직하지도 않다. 본 연구에서는 현재 관찰되는 교민경제의 상호 연계성을 파악하고, 이들의 효율적인 연계가능성 및 방향을 모색하고 있다.

본 연구는 크게 4부문으로 구성되어 있다. 첫째, 한인을 비롯한 민족네트워크에 대한 문헌연구를 하였다. 민족네트워크와 관련된 문헌을 통해 민족네트워크의 개념과 범위를 설정하고 관련된 연구들을 몇 가지 주제로 나누어 정리하였다. 이들 연구의 주제는 민족네트워크의 개념과 적용, 타민족네트워크, 그리고 한민족네트워크 형성 및 발전 방안으로 분류할 수 있다. 각 주제별로 기존의 연구논문, 도서, 보고서를 분류하여 재정리하였다. 또한 이들 연구를 통해 네트워크 조사연구를 위한 연구의 모형을 설정하여 제시하고 있다.

둘째, 미국의 Economic Census 2002의 자료를 이용해 미국 내 주요 소수민족인 유태인, 중국인, 인도인, 한국인의 미국 내 경제활동에 대해 조사하였다. 이는 성공적인 민족네트워크를 구축하고 있는 민족의 현황을 살펴봄으로써 한인의 민족네트워크를 활성화하는 방안을 모색하고자 함이다.

유태인, 중국인, 인도인은 해외이민경제를 성공적으로 운영하고 있는 민족이다. 유태인의 경우 세계에서 모국 인구 대비 재외국민의 비율이 가장 높은 민족이고, 특히 미국 내에서 가장 활발한 경제활동을 영위하고 있는 이민족으로 경제뿐만 아니라 정치적 사회적으로도 미국사회에 막강한 영향력을 미치는 있으며, 강력한 민족네트워크를 구축하고 있다.

중국인은 동남아시아 지역을 중심으로 화교경제권을 형성하고 있으며, 중국에 대한 대규모 투자로 중국본토의 경제 활성화에 기여하고 있다. 동남아 각국에서 인구비중은 높지 않으나 경제적인 영향력은 결코 과소평가할 수 없는 수준이다. 화교 경제권은 1980년대 중국정부의 경제개방으로 본격화되기 시작했으며 같은 언어와 문화, 역사의 공유를 바탕으로 혈연과 지연을 중심으로 기업간 상호협력이 쌓여 형성된 것이 화교 네트워크이다.

인도인의 해외이주는 일자리를 찾기 위해 국제적으로 이주한 노동 디아스포라로 볼 수 있다. 인도인들은 식민시기에 영국으로 이주하기 시작하였지만, 본격적인 이주가 이루어진 것은 제2차 세계대전 이후 전쟁복구에 필요한 인력차출이었다. 1980년대 이후 영국의 인구가 급격히 감소하면서 고급 IT인력, 교사, 의사, 엔지니어 등에 대한 수요가 증가하면서 그 틈새에서 인도인들이 성공하게 되었다. 이는 최근 미국 내에서 인도인의 IT산업진출이 크게 증가할 수 있는 계기가 되었다. 중국인이나 인도인은 아시아 민족으로 미국 내에서의 영향력은 유태인에 비해 크지 않으나 활발한 경제활동을 하고 있다. 특히 인도인의 경우 최근 두드러진 경제성장을 하고 있는 민족이다.

셋째, 재미한인기업들을 대상으로 한민족네트워크에 대해 설문조사를 하였다. 설문조사에서는 네트워크의 구성요소인 기업, 단체, 정부기관, 금융기관, 대학·연구소 간 네트워크에 대해 조사였다.

먼저 기업 간 네트워크로 ① 재미 한인경제 내부에 있는 경제단 위간의 네트워크, ② 재미한인경제와 한국경제와의 네트워크, 그리고 ③ 재미한인경제와 다른 국가에 있는 한인경제와의 네트워크에 대해 설문하였다.

　단체로는 기업가 단체, 공공단체와의 네트워크에 대해 설문하였다. 정부기관으로는 현지국정부와 모국정부 각각과의 관련성에 대해 조사였다. 금융기관은 그 현지국의 금융기관을 중심으로 조사하였으며, 대학과 연구소는 현지국 및 모국의 기관과의 관련성을 살펴보았다.

　설문조사의 결과를 요약하면 다음과 같다.

　① 수출입을 하는 재미 한인기업들을 보면 수출기업보다는 수입기업의 비중이 더 높고, 한국과의 거래도 수출보다는 수입을 주로 하고 있다. 주요 수출국은 남미, 한국, 유럽 등 비교적 다양하게 분포되어 있으나, 수입국은 중국과 한국에 집중되어 있다.

　② 대부분의 기업이 한인기업과 거래경험이 있고, 한인기업과의 거래 비중도 많은 편이며, 거래성과에 대한 만족도도 높다. 거래 이유에 대해서는 거래관행의 편의성과 높은 수익성을 들고 있다.

　③ 거래 초기 활용한 네트워크는 협회 등 업종네트워크와 학연, 지연 등 인적네트워크였다. 네트워크의 활용률은 높았으나 그 중요성에 대해서는 그렇게 높게 평가하고 있지 않다. 향후 한인 네트워크의 중요성에 대한 견해에 대해서는 미국 내 한인기업 간의 네트워크는 그 중요성을 보통 이하로 평가함에 비해, 해외 한인기업과의 네트워크는 그 중요성을 보통 이상으로 평가하고 있다. 이는 해외에 있는 기업일수록 그 정보가 충분하지 않기 때문에 네트워크를 활용하는 것이 중요하다고 평가하는 것으로 보인다.

　④ 한인기업과의 거래에 대한 선호도는 높은 편이고, 향후 한상네트워크 구축의 필요성에 대해서도 긍정적이다. 구축방안으로는 정부보다는 민간중심이 되어야 하고, 정부의 지원방안은 행정적 지원과 전산망 구축 등 간접적 지원에 그쳐야 한다고 생각하고 있다. 온라인 포털사이트의 구축에 대해서는 비교적 긍정적이지만, 적극적이지는 않다.

　⑤ 응답기업의 한인 단체 가입률은 23.3%로 높지 않았다. 가입 목적

은 대부분 사업활동에 도움을 얻기 위함이었고, 단체가 기업활동에 미치는 영향은 그리 크지 않았다.

⑥ 미국에 있는 한국관련 단체인 대한무역진흥공사(KOTRA)나 한국무역협회(KITA) 등이 제공하는 서비스를 이용한 경험이 있는 기업은 많았으나, 이용내용이 구체적인 사업활동과 깊은 관련이 있지는 않았다.

⑦ 한인기업들이 주로 이용하는 금융기관은 재미한인이 설립한 은행들이었다. 최근 한인교포가 설립하는 은행이 급속히 증가하는 것은 한인기업들이 주로 한국계 은행을 이용하고 한인경제규모가 커지면서 이에 대한 수요가 증가한 것이 주요 요인인 것으로 생각된다.

⑧ 한인기업의 대학 혹은 연구소와의 관련성은 매우 낮다. 하지만 향후 대학이나 연구소와 협력관계를 원하는 기업은 20% 정도였고, 협력을 원하는 부문은 주로 제품개발 및 기술개발이었으며, 대학의 인턴십을 받아들일 수 있는 기업은 18.5% 정도였다.

넷째, 이상의 연구를 바탕으로 한상네트워크 구축을 위한 몇 가지 정책적 제언을 하였다. 한민족 네트워크 구축의 문제점을 지적하고 이를 해결하기 위한 방안을 제시하며, 한민족의 경제교류의 활성화 방안과 법적 지원방안 등을 제시하고 있다. 재외 한민족의 결속력을 강화하고 한상네트워크 형성과 발전을 도모하기 위한 방법은 여러 가지 측면에서 생각해 볼 수 있다. 민족공동체의식 유지, 강화를 위하여 전통과 문화적 동질성의 유지, 언어교육 지원 등의 장기적인 문제와 단기적으로 네트워크의 구성을 통해 한민족의 공동 이익을 추구하는 정책을 추진할 필요가 있다.

재외한인의 네트워크 형성은 한인의 경제적 지위 향상을 위해서만이 아니라 한국의 경제발전을 위해서도 필요하다. 다만 네트워크의 형성은 정부 주도적이라기보다는 자발적인 체제가 되어야 한다는 점에서 구축에 어려움이 있다. 그런데 한국의 경우는 중국이나 인도인과 같이 네트

워크가 잘 구축되어 있는 국가들에 비해 사회문화적인 여건이나 경제
적 여건이 미흡하다. 따라서 한국은 중국이나 이스라엘보다는 정부의
역할이 더 중요하다고 본다.

# 참고문헌

## 1. 국내문헌

권기철(2000), 메콩강 유역의 교역 네트워크, 국제지역연구, Vol.4 No.2.

권중달(1998), "한민족공동경제권 확립을 지향한 정책대안", 한민족공동경제권 형성을 위한 워크숍, 중앙대학교.

김인영(2000), "한민족네트워크공동체: 현황과 과제", 『북한연구』, 3, 23-55쪽.

김춘근(1977), 『남가주 한인교포 사회의 경제실태 조사』, 미주 생활정보, 남가주 한인상공회의소.

김태기 외 2인(2003), "재외교포 상공인 네트워크화 방안에 관한 연구", 국회산업자원위원회, 정책연구보고서.

대한상공회의소 한국경제연구센터(1996), 『해외교포가 한국경제 발전에 미치는 영향』, 서울: 대한상공회의소 한국경제연구센터.

미주한인기업연감(2005), 남가주해외한인무역협회.

민병갑 외(1991), 『미국 속의 한국인』, 서울: 유림 문화사.

박광희·김정원·유화숙(2003), 『섬유·패션산업』, 서울: 교학연구사.

세계한상문화연구단(2004), 『세계한상네트워크와 한민족공동체 조사연구 − 미국, 일본, 중국, 러시아 중앙아시아 지역의 재외한인을 중심으로 − 재미한인사회의 경제환경 기초조사』.

손준식(1998), "화교경제권과 중국의 화교정책", 한민족 공동경제권 형성을 위한 워크숍, 중앙대학교.

신동호(2000), 미국 실리콘 밸리 벤처기업의 경영네트워크: 한국 교민기업을 중심으로, 한국중소기업학회, Vol. 22 No2, 289-312쪽.

오문성(1986), 『교포상공인의 실태조사』, 남가주한인상공회의소.

______(2003), 『미주한인 경제권 형성과 성장, 미주한인이민 100년사』, 한미동포
재단, ch.7.

윤인진(1996), "재미 한인의 민족 정체성과 애착의 세대간 차이", 『재외한인연구』,
6, 66-95쪽.

______(2001), "재외동포 본국 진출의 제도화 필요성과 과제", 『통일한국』, 210,
31-33쪽.

______(2001), "재외동포 인적자원 활용방안", 재외동포재단.

______(2002), "재외동포 모국투자의 현황과 활성화 방안", 재외동포재단.

이광규(1989), 『재미한국인: 총체적 접근』, 서울: 일조각.

______(2000), 『재외동포』, 서울대학교 출판부.

______(2002), "재외동포 한민족 공동체 개발전략과 민족 교육", 중앙일보, 미주판.

이구홍(1990), "해외동포가 국가발전에 미치는 영향", 『재외한인연구』, 1.

이문봉(1994), "화교 네트워크: 실상과 대응", 삼성세계경제, 27쪽.

이용준(2001), 『미국 경제의 유태인 파워』, 가야넷.

이종훈(1998), "한민족 공동경제권 확립을 지향한 정책대안", 한민족공동경제권
형성을 위한 워크숍, 중앙대학교.

이종훈·박호성·이종철(1999), 『주요 국정지표에 기초한 재외동포정책 추진방
향과 재외동포재단 중장기 사업계획』, 서울: 재외동포재단.

전형권(2004), "세계의 인교 네트워크 발전과 인도의 재외동포정책: 한국에 주는
함의", 대한정치학회보, 제12집 2호, 대한정치학회.

정성호(1999), 유태인 네트워크의 위력, 사회과학연구, 강원대학교 사회과학연
구소, Vol. 37, 217-230쪽.

이준식(1999), 『세계주의에서 열린 민족주의로: 재중 동포 문제를 통해 본 한국
의 민족주의』, 『담론 201』, 겨울호.

장태한(2000), "로스엔젤레스 폭동과 동포사회의 미래", 『한국학연구』 12, 고려
대학교 한국학연구소.

진형기(1978), 『재미교포 기업체의 경영실태 조사: 로스앤젤레스 지역을 중심으
로』, 남가주 한인 상공회의소.

최은미(2002), 『유태인 상술 화교상술』, 시간과 공간사.

한표환(1999), 도시간 협력네트워크 구축에 관한 시론적 연구-동남권 산업도시를 중심으로, 한국행정학회, Vol. 33 No 3. 345-362쪽.

한광수, 『중화경제권시대의 개막과 우리 기업의 대응』(서울: 대한상공회의소, 1997), 13쪽.

최협 · 이광규(1998), 『다민족국가의 민족문제와 한인사회』, 집문당.

## 2. 외국문헌

American Jewish Committee(1995), 「American Jewish Yearbook」.

Beije, P. R. and J. Groenewegen. 1992. "A Network Analysis of Markets." Journal of Economic Issues, March 1992.

Bailey and Waldinger(1991), "Primary Secondary and Enclave Labor Markets: A Training Systems Approach," American Sociological Review 56(4), p.435.

Bang, Heeduk(1983), The Self-Help/Mutual Aid Component in Small Business within the Korean-American Community, Ph. D. Dissertation, University of Pennsylvania.

Boissevain, Jeremy(1984), "Small Entrepreneurs in Contemporary Europe", pp.20-38, in *Ethnic Communities in Business*, edited by Robin Ward and Richard Jenkins, New York: Cambridge University Press.

Bonacich and Modell(1981), *The Economic Basis of Ethnic Solidarity, Los Angels:* University of California, p.13.

Bonacich, Edna, Light, Ivan, and Wong, Charlie Choy(1980), "Korean immigrants' small business in Los Angeles," Roy simon(ed.), Sourcebook on the New Immigration: Implications for the United States and the International Community, New Brunswick, Transaction Book, pp.167-184.

______(1983), "Koreans in Business," J. Howard,(ed.), Awakening Minorities, New Brunswick, Transaction Books, pp.87-95.

Camagni, Roberto P. & Salone, C.1993. Network Urban Structures in Northern

Italy: Element for Theoretical Framework, Urban Studies, 30(6):1053-1064.

Changwoo Lee and Hiroshi Wagatsuma(1979), "The Settlement Patterns of Koreans in Los Angeles," Paper Presented Asian Studies Association Annual Meeting, Los Angeles, CA, March 30.

Chiswick(1984), "Illegal Aliens in the United States Labor Market: Analysis of Occupational Attainment and Earnings," International Migration Review, vol. 18, no.3, pp.714-732.

Edna Bonacich, Richard Appelbaum(2000), *Behind the Label: Inequality in the Los Angeles Apparel Industry*. Berkeley and Los Angeles: University of California Press.

Economides, Nicholas. 1994. "The Economics of Networks." EC-94-24, Stern School of Busienss, New York University.

Gregory D. Squires and Sungwoong Kim(1995), "Does Anybody who works here look like me? Mortgage Lending, Race, and Lender Employment" Social Science Quarterly 6, pp.823-838.

Haninrok(1975), The Korean Directory of Southern California, Los Angels: Keys Publishing Co.

______(1979), The Korean Directory of Southern California, Los Angels: Keys Publishing Co.

Ivan Light and Edna Bonacich(1988), Immigrant Entrepreneurs Koreans in Los Angeles 1965-1982, University of California Press.

Ivan Light and Steven J. Gold(2000), Ethnic Economics, Academic Press.

Jayaram, N(1998), The study of Indian Diaspora: A Multidisciplinary Agenda, Occasional Paper 1, Hyderaabad: Centre for Study of Indian Diaspora.

Jeffrey G. Reitz(1990), "Ethnic Concentrations in Labor Market and their Implications for Ethnic Inequality," in Ethnic Identity and Equality, Raymond Breton Wsevold W. Isajiw Warren E. Kalbach, and Jeffrey G. Reitz, eds.(Toronto: University of Toronto), pp.135-195.

Jenkins, Richard(1984), Ethnicity and the Rise of Capitalism in Ulster, Ch.4 in *Ethnic Communities in Business*, edited by Robin Ward and Richard Jenkins,

New York: Cambridge University Press.

Jin, Hyung-Ki(1978), A Survey on the Economic and Managerial Status Among Koreans Contractors in the Los Angels Area, Translated by Terry Chang, Los Angels: Korean Chamber of Commerce of Southern California.

______(1981), A Survey on the Economic and Managerial Status of Factories Owned and Operated by Korean Contractors in the Los Angels Area, Ponoma, CA: Industrial Research Institute for Pacific Nations, California State Polytechnic University(Ponoma).

Jin-Kyung Yoo(1998), Korean Immigrant Entrepreneurs: network and ethnic resources, A Garland Series, Chapter 5 Pre-Immigration Background and Employment.

KAMA(2004), Korean Apparel Manufacturers Association Directory.

Kenndy(1973), "The Korean Fiscal Kye(Rotating Credit Association," Ph.D Dissertation, University of Hwaii.

Kim, Kwang Chung and Hurh, Won Moo(1984), The Formation and Maintenance of Korean Small Business in the Chicago Minority Area, Macomb, IL: Western Illinois University.

______(1985), "Ethnic Resources Utilization of Korean Immigrant Entrepreneurs in the Chicago Minority Area," International Migration Review, 19(1), pp.82-111.

Kitano, H. L. and Daniels, Roger. (1988), Asian Americans: Emerging Minorities. Englewood Cliffs, N.J.: Prentice Hall.

Kotkin, Joel(1993), How Races, Religion and Identity Determine Success in New Global Economy, New York: Random House.

Lee, John Y.(1983), A Study on financial Structure and Operating Problems of Korean Small Business in Los Angeles, Los Angeles, Mid-Wilshire Community Research Center.

Lee, Myoung Jin(1993), "Asian-Born Scientists and Engineers : Their Immigration Flow and Labor Market Adjustment," Korea Journal of Population and Development, 22(1), pp.69-88.

Lee, Philip(1986), *Communication for All: New World Information and Communication Order*. Maryknoll, New York: Orbis Books.

Lieberson(1980), A Piece of the Pie, Los Angels: University of California, pp.316-319.

Los Angels County Departments of Regional Planning and Community Development (1973), Industrial-Commercial Employment Project(Los Angels: County Board of Supervisors).

Min, Pyong Gap(1983), Minority Business Enterprise : A Case Study of Korean Small Business in Atlanta, Ph. D. dissertation, Georgia State University.

______(1984), "From White-Collar Occupation to Small Business : Korean Immigrants' Occupational Adjustment," The Sociological Quarterly, 25, 333-352.

Min, Pyong Gap(1986), Ethnic Business Enterprise : Korean Business in Atlanta, Island, New York, The Center of Migration Studies.

______(1988), "Korean Immigrant Entrepreneurship: A Comprehensive Esplanation," in Seong Hyong Lee and Tae-Hwan Kwak, eds, *Koreans In North America: New Perspectives*, Kyungnam University Press, 1988, pp. 153-176.

______(1988), Ethnic Business Enterprise: Korean Small Business in Atlanta. New York: Center for Migration Studies.

______(1989), "Korean Immigrant Entrepreneruship : A Multivariate Analysis," Journal of Urban Affairs, 10, pp.197-212.

______(1990), "Problems of Korean Immigrant Entrepreneurs," International Migration Review, 24, pp.436-455.

______(1992), "The Structure and Social Functions of Korean Immigrant Churches in the United States," International Migration Review, 26, 4, pp.1370-1394.

______(1993), "Korean Immigrants in Los Angeles," Ivan Light and Bhachu Parminder(eds.), Immigration and Entrepreneurship, New York, Transaction Publications, pp.185-204.

______(1996), Caught in the Middle : Korean Communities in New York and Los Angeles, University of California Press.

______(1998), Change and Conflicts: Korean Immigrant Families in New York. Boston: Allyn and Bacon.

______(2001), "Changes in Korean Immigrants' Gender Role and Social Status, and Their Marital Conflicts," Sociological Forum, 16, 2, pp.301-320.

______(2003), "Korean "Comfort Women" The Intersection of Colonial Power, Gender, and Class," Gender & Society, 17, 6, pp.938-958.

Mintz(1980), "Kye is Key to Banking Korean Style," Koreatown, December 15, p.7.

Moon(1976), "The Korean Immigrants in America: The Quest for Identity in the Formative Years," 1903-1918, Ph.D Dissertation, University of Nevada, Reno.

Nagurney, Anna. 1999. Network Economics: A Variation Inequality Approach. Kluwer Academic Publishers: Dordrecht.

Ng, David. ed.(1996), People on the Way: Asian North Americans Discovering Christ, Culture, and Community, Valley Forge. P.A. Judson Press.

Oh(1972), "The Economics of Kye: An Informal Association of Individual for Savings and Loans in Korea," Ph.D Dissertation, Vanderbilt University (Nashville).

Oscar Handlin(1969)), Boston's Immigrants, 2nd ed., Cambridge: Harvard University.

Pai Young and Pemberton Deloras and Worley John(1987), Findings on Korean American Early Adolescents and Adolescents. Kansas City, Missouri: School of Education University of Missouri.

Pai, Young and Yi Jonghan(1990), Korean-American Ministry Survey: A Data Report. Kansas City, Missouri: School of Education, University of Missouri.

Park, Andrew Sung(1996), Racial Conflict and Healing: An Asian -American Theological Perspective. Maryknoll, New York: Orbis Books.

Park, Kyeyoung(1989), The Korean American Dream : Ideology and Small Business in Queens, New York, Ph. D. dissertation, City University of New York.

______(1997), The Korean American dream : Immigrants and Small Business in

New York City, Ithaca, New York, Cornell University Press.

Patterson, Wayne and Hyung Chan Kim(1994), The Korean Frontier in America: Immigration to Hawaii, 1896-1910, Honolulu: University of Hawaii Press.

Recinos, Harold J.(1992), Jesus Weeps: Global Encounters on Our Doorstep. Nashville: Abingdon Press.

Richardson, J.(1996), Vertical Integration and Rapid Response in Fashion apparel, Organizing Science, Vol.7 No. 4.

Robert Mark Silverman(2000), Ethnic and Ethnic Beauty Aids Industry, Garland Publishing, Inc.

Saxenian, Anna L.(1999), Silicon Valley's New Immigrant Entrepreneurs, San Francisco, CA: Public Policy Institute of California.

Shin, Eui-Hang and Han, Shin-Kap(1990), "Korean Immigrant Small Business in Chicago : an Analysis of the Resource Mobilization Processes," Amerasia Journal, 16, 39-60.

Snyder, Richard T.(1992), Divided We Fall: Moving from Suspicion to Solidarity. Louisville: Westminster, John Knox Press.

______(1988), Once You Were No People. Bloomington, IN.: Meyer-Stone Books.

Squire and Kim(1995), "Does Anybody Who Works Here Look Like Me? Mortgage Lending Race, and Lender Employment," Social Science Quality 76, pp.823-838.

Takaki, Ronald. ed.(1987), From different Shores: Perspectives on Race and Ethnicity in America. New York: Oxford University Press.

Taylor(1986), "Differential Migration, Networks, Information and Risk," Research in Human Capital and Development vol.4, pp.147-171.

Waldinger(1996), Still the Promised City? African-Americans and new Immigrants in Postindustrial New York, Cambridge: Harvard University, Press, p.255.

Ward and Jenkins(1984), Ethnic Communities in Business: Strategies for Economic Survival, Cambridge: Cambridge University Press.

Wilson, William Julius(1990), The Truly Disadvantaged: The Inner City, the Underclass, and Public Policy. Chicago: The University of Chicago Press.

Witnliet, Theo(1985), A Place in the Sun: An Introduction to Liberation Theology in the Third World. Maryknoll, N.A.: Orbis Books.

Yi, Jeong Duk(1994), "Bitter Fruit : Capital Accumulation and Everyday Life in New York City Korean Shopkeepers," Seoul Journal of Korean Studies, 7, pp.111-127.

Yoo, David K. ed.(1999), New Spiritual Homes: Religion and Asian Americans. Honolulu: University of Hawaii Press.

Yoo, Jin-Kyung(1996), Immigrant Entrepreneurs : Social and Family Networks and Ethnic Resources of Korean Immigrants in the Atlanta Metropolitan Statistical Area, Ph. D. Dissertation, University of Georgia.

______(1998), Korean Immigrant Entrepreneurs : Network and Ethnic Resources, New York and London, Garland Publishing, Inc.

Yoon, In-Jin(1991), Self-Employment in Business : Chinese-, Japanese-, Korean-Americans, Blacks, and Whites, Ph. D. Dissertation, University of Chicago.

Yoon, In-Jin(1997), On My Own: Korean Businesses and Race Relations in America. Chicago: University of Chicago Press.

Young, Philip K.(1983), "Family Labor, Sacrifice, and Competition : Korean Greengrocers in New York City," Amerasia Journal, 10(2), pp.53-71.

Yu, Eui-Young and Kandal, Terry R. eds.(1992), The Korean Peninsula in the Changing World Order, A joint publication of the Center for Korean-American and Korean Studies and California Sociologist, California State University, Los Angeles.

Yu, Eui-Young and Phillips, Earl H. eds.(1987), Korean Women in Transition : At Home and Abroad, Center for Korean-American and Korean Studies, California State University, Los Angeles.

Yu, Eui-Young(1987), Juvenile Delinquency in the Korean Community of Los Angeles, The Korea Times, Los Angeles, California.

Yu, Eui-Young, Kim, Elaine H., Smith, Anna Deavere. eds.(1997), East to America: Korean American Life Stories. New York: New Press.

Yu, Eui-Young, Peter Choe and Sang Il Han(2002), "Korean Population in the United States, 2000 : Demographic Characteristics and Socio-Economic Status," International Journal of Korean Studies, pp.71-107.

Yu, Eui-Young, Phillips, Earl H. and Yang, Eun Sik. eds.(1982), Koreans in Los Angeles : prospects and promises, Koryo Research Institute, Center for Korean-American and Korean Studies, California State University, Los Angeles.

미상무성 경제센서스 홈페이지(http://www.census.gov/econ/census).

# 부 록

## 1. 설문지(한국어)

안녕하십니까?

다음의 조사는 한국 학술진흥재단의 지원으로 '미국지역 한상네트워크 구축을 위한 기초조사'를 목적으로 시행되는 것입니다. 귀하의 솔직한 답변은 귀중한 자료가 될 것입니다. 귀하께서 응답해 주신 내용은 무기명 처리되어 비밀이 보장되며 학술적 목적 이외에는 절대로 사용되지 않습니다.

귀하의 협조를 부탁드리며 의문사항이 있으면 아래의 연락처로 연락 주시기 바랍니다. 본 조사를 위해 소중한 시간을 내 주셔서 진심으로 감사드립니다. 귀하와 재미동포 사회의 무궁한 발전을 기원합니다.

2006. 1.

연구책임자: 김태기(전남대학교 사회과학연구원 미국연구팀)

연　락　처: e-mail: tgkim@chonnam.ac.kr

　　　　　☎: +82-62-530-1455, fax: +82-62-530-0429

후　　　원: 대한민국 교육인적자원부 학술진흥재단

주　　　관: 세계한상·문화연구단

기업과의 네트워크

1. 귀사는 수출을 합니까?

    ① 예                         ② 아니오(2번으로)

     └1-1) 주로 어느 나라로 수출을 합니까?

        ① 한국  ② 중국  ③ 유럽  ④ 남미  ⑤ 기타(       )

     1-2) 귀사의 주요 수출품은 어떤 것입니까?

        ① 완제품  ② 원자재(반제품포함)  ③ 기타(       )

     1-3) 거래업체 중 한인기업이 있습니까?

        ① 없다  ② 조금 있다  ③ 대부분이다

2. 귀사는 수입을 합니까?

    ① 예                         ② 아니오(3번으로)

     └2-1) 주로 어느 나라로부터 수입을 합니까?

        ① 중국  ② 한국  ③ 유럽  ④ 남미  ⑤ 기타(       )

     2-2) 귀사의 주요 수입품은 어떤 것입니까?

        ① 완제품  ② 원자재(반제품포함)  ③ 기타(       )

     2-3) 귀사는 수입한 제품을 주로 어떻게 하십니까?

        ① 직접 소비자에게 판매

        ② 회사 또는 중개상(백화점등)에게 납품

        ③ 기타(       )

     2-4) 거래업체 중 한인기업이 있습니까?

        ① 없다  ② 조금 있다  ④ 대부분이다

3. 다음은 한인기업과의 거래관계에 대한 질문입니다.

     3-1) 미국내에 있는 한인기업과 거래한 경험이 있습니까?

        ① 있다             ② 없디

     3-2) 중국, 남미 등에서 있는 한인기업과의 거래 경험이 있습니까?

　　　　① 있다　　　　　　　　　② 없다

3-3) 현재 한국에 있는 기업과의 거래 경험이 있습니까?

　　　　① 있다　　　　　　② 없다

3-4) 미국내에 있는 한국투자기업(삼성, 현대, LG 등의 자회사)과 거래하신 적이 있습니까?

　　　　① 있다　　　　　　　　　② 없다


4. 한국내 기업, 미국내 한인기업 또는 제3국에 있는 한인기업과 거래를 한 적이 있는 기업에 대한 질문입니다. (위 3번의 3-1)~3-4) 중 적어도 하나에 ① 있다. 로 응답하신 분만 응답, 모두 ② 없다. 로 응답하신 분은 3페이지 ▶5번으로)

4-1) 한인기업과 주로 무엇을 거래합니까?

　　① 상품거래(원자재/완제품 등)

　　② 자본거래(금전거래, 투자, 합작 등)

　　③ 기타(　　　　　　　　　)

4-2) 한인기업과의 거래하는 이유는 무엇입니까?

　　① 거래 관행(언어, 의사소통 포함)이 편해서

　　② 한인을 더 신뢰할 수 있어서

　　③ 기업의 수익성을 더 높일 수 있어서

　　④ 기타(　　　　　　　　　　)

4-3) 한인기업과의 거래 비중은 어떻습니까?

　　① 매우 적은 편임　② 적은 편임　③ 보통

　　④ 많은 편임　　　⑤ 매우 많은 편임

4-4) 한인기업과의 거래 성과는 어떻습니까?

　　① 매우 불만족　② 불만족　③ 보통　④ 만족　⑤ 매우 만족

4-5) 어떠한 경로로 한인기업과 거래를 시작하게 되었습니까?

　　① 인적관계(학연, 지역, 혈연 등)

　　② 협회 등 업종 네트워크(무역인협회 등)

　　③ 사회 네트워크 (한인회, 교회 등)

④ 공신력 있는 기관의 네트워크(한상네트워크, 상공회의소 등)
⑤ 기타(                    )

4-6) 귀사가 한인기업과 거래 시작하던 단계에서 다음 네트워크는 얼마나 중요하게 작용했습니까? (해당사항에 √ 하십시오)

| | 매우 중요함 | 조금 중요함 | 보통 | 중요하지 않음 | 전혀 중요하지 않음 |
|---|---|---|---|---|---|
| 학연  (학교 동창) | | | | | |
| 지연  (고향 등 향우회) | | | | | |
| 혈연  (가족, 친인척) | | | | | |
| 협회 등 업종 네트워크 (무역인협회 등) | | | | | |
| 사회 네트워크(한인회, 교회 등) | | | | | |
| 공신력 있는 기관의 네트워크 (한상네트워크, 상공회의소 등) | | | | | |
| 기타(               ) | | | | | |

4-7) 귀사의 향후 한인기업과의 거래 활성화 또는 신규 거래처 발굴을 위해서 다음의 네트워크는 얼마나 중요하다고 생각하십니까? (해당사항에 √ 하십시오)

| | 매우 중요함 | 조금 중요함 | 보통 | 중요하지 않음 | 전혀 중요하지 않음 |
|---|---|---|---|---|---|
| 학연  (학교 동창) | | | | | |
| 지연  (고향 등 향우회) | | | | | |
| 혈연  (가족, 친인척) | | | | | |
| 협회 등 업종 네트워크 (무역인협회 등) | | | | | |
| 사회 네트워크(한인회, 교회 등) | | | | | |
| 공신력 있는 기관의 네트워크 (한상네트워크, 상공회의소 등) | | | | | |
| 기타(                 ) | | | | | |

4-8) 귀사는 향후 거래대상 업체 선정에서 가장 크게 고려할 사항을 세 가지만 선정해 중요한 순서대로 써 주십시오.

(1순위:          2순위:          3순위:          )

① 상대기업에 대한 충분한 정보(매출, 신용, 기업사, 기업주)를 가져야 한다.

② 상대 기업과 거래 시 수익성이 높아야 한다.

③ 상대기업이 믿을 수 있는 기업(신뢰성)이어야 한다.

④ 상대기업이 인적관계(학연, 지역, 혈연 등)에 있는 것이 중요하다.

⑤ 상대기업과 사회적 네트워크 관계(한인회, 교회 등)에 있어야 한다.

▶5. 한국내 기업, 미국내 한인기업 또는 제3국에 있는 한인기업과 거래관계가 없는 기업에 대한 질문입니다. (위 4번에 응답하신 분은 아래 6번으로)

5-1) 거래하지 않는 이유는 무엇입니까?

① 거래할 것이 없음          ② 믿을 만한 상대가 없음

③ 한인과 거래하는 것이 불편함

④ 기회가 없어서          ⑤ 기타(          )

5-2) 앞으로 한인기업과의 거래를 희망하십니까?

① 희망한다   ② 그저 그렇다   ③ 희망하지 않는다

6. 다음은 한인기업, 한국의 기업간의 네트워크에 대한 질문입니다.

6-1) 동일한 거래 조건이라면 한인 또는 한국기업과의 거래를 다른 외국기업과의 거래보다 선호합니까?

① 전혀 선호하지 않음          ② 선호하지 않음          ③ 보통

④ 선호함          ⑤ 매우 선호함

6-2) 만약 미국내 특정 지역에서 귀사와 관련된 업종의 한인 기업가들의 컨퍼런스가 개최된다면 참석할 의사가 있으십니까?

① 꼭 참석하겠다          ② 시간이 되면 참석하겠다

③ 별로 참석하고 싶지 않다   ④ 절대 참석하지 않겠다

6-3) 범세계적으로 한인교포기업간, 그리고 한국의 기업간의 네트워크 구축을 통해 서로간의 거래를 활성화하는 노력이 필요하다고 생각하십니까?

① 전혀 필요 없다      ② 필요 없다      ③ 보통
④ 필요하다      ⑤ 매우 필요하다

6-4) 범세계적인 한인기업간 네트워크 구축을 통한 경제 거래의 활성화를 위한 노력은 어떻게 추진되어야 한다고 생각하십니까?

① 개별기업들의 자체적인 노력

② 민간단체의 형성을 통한 공동노력

③ 한국 정부의 정책      ④ 기타(          )

6-5) 범세계적인 한인기업간 네트워크 구축을 위해 한국 정부의 노력이 필요하다면 어떤 정책이 가장 우선되어야 할까요?

① 세제혜택      ② 법률적 지원
③ 행정적 지원      ④ 정보공유를 위한 전산망 구축
⑤ 기타(          )


7. 온라인상 한상네트워크(한인기업의 포털사이트)의 구축에 대해 어떻게 생각하십니까?

① 필요하다      ② 필요없다      ③ 모르겠다

7-1) 온라인상 한상네트워크가 구축된다면 가장 얻고 싶은 정보는 어떤 것입니까?

① 해외 수출입정보      ② 자본 및 투자정보
③ 인력정보      ④ 기업정보(신용정보 등)
⑤ 기술정보      ⑥기타(          )

7-2) 포털사이트가 구축된다면 참여하실 의향(가입, 정보제공 등)이 있습니까?

① 반드시 참여하겠다      ② 참여하겠다
③ 고려해 보겠다      ④ 참여할 의사가 없다

8. 혹시 귀사의 지사나 본사 또는 공장이 따로 있습니까?

　① 있다　　　　　　　　　　　　② 없다

　↳8-1) 어느 국가에 있습니까?(있는 대로 표기)

　　　① 미국 내　　　② 남미　　　③ 중국

　　　④ 한국　　　　　⑤ 유럽　　　⑥기타(　　　　　)

　　8-2) 지사나 본사 또는 공장의 직원은 대략 (　　　　명)이며,
　　　　이중 한국인 – 조선족, 고려인 등 포함 – 은 (　　　　명)이다.

## 단체/정부/금융기관과의 네트워크

1. 현재 미국내에는 한인회 또는 협회 등을 포함해 약 3,000여개의 단체가
있는 것으로 조사되었습니다. 현재 귀사의 이들 단체와의 관련성에 대한
질문입니다.

　　1-1) 단체에 가입하셨습니까?　　① 예　② 아니오(▶2번으로)

　　1-2) 단체에 가입하신 목적은 무엇입니까?

　　　　① 사업 활동을 위해서　　　② 친목도모를 위해서

　　　　③ 둘다(사업, 친목)

　　1-3) 단체가 귀사의 사업에 주는 영향력은 어느 정도 입니까?

　　　　① 매우 중요하다　　② 중요하다　　③ 보통

　　　　④ 중요하지 않다　　⑤ 전혀 중요하지 않다

　　1-4) 단체로부터 어느 부분에 도움을 얻습니까?

　　　　① 사업투자정보　　　　② 인적 네트워크

　　　　③ 기술관련 정보　　　　④ 고용관련 정보

　　　　⑤ 법률·상거래관련정보　　⑥ 기타(　　　　　)

▶2. KOTRA(대한무역진흥공사), 한국무역협회 등 한국의 기관으로부터 다
음의 항목에 대해 정보를 얻으신 적이 있는지 답해주십시오.

　① 상품정보　　　　　　　　② 투자정보

　③ 기술관련 정보　　　　　　④ 고용관련 정보

　⑤ 법률·상거래관련정보　　　⑥ 기타(　　　　　)

3. 주로 거래하는 금융기관은 어디입니까?

　① 미국계은행(BOA 등)　　　　② 한인은행(나라은행 등)

　③ 한국 은행의 미국지점(조흥은행 등)　　④ 기타(　　　　　)

4. 다음 거래는 주로 어느 은행과 합니까? (해당사항에 √ 하십시오)

|  | 미국계은행 | 한인은행 | 한국의 은행 미국 지점 | 기타(　　　) |
|---|---|---|---|---|
| 예금 |  |  |  |  |
| 대출 |  |  |  |  |
| 무역금융 |  |  |  |  |
| 신용카드관련 |  |  |  |  |

5. 미국 정부의 다음 정책에 어느 정도 영향을 받습니까?(해당사항에 √ 하십시오)

|  | 아주 많이 받는다. | 많이 받는다 | 보통 수준이다 | 조금 받는다 | 거의 받지 않는다 |
|---|---|---|---|---|---|
| 무역정책 |  |  |  |  |  |
| 노동정책 |  |  |  |  |  |
| 이민자정책 |  |  |  |  |  |

6. 한국과 미국의 통상마찰은 귀사의 경영에 악영향을 미친다고 생각합니까?

　① 전혀 그렇지 않다　　② 그렇지 않다　　③ 보통

　④ 그렇다　　　　　　　⑤ 내우 그렇다

7. 한국의 미국에 대한 시위나 반미감정은 귀사의 경영에 나쁜 영향을 준다
고 생각합니까?

   ① 전혀 그렇지 않다    ② 그렇지 않다    ③ 보통
   ④ 그렇다    ⑤ 매우 그렇다

8. 미국 또는 한국의 대학이나 연구소와 관련을 맺은 적이 있습니까?

   ① 예    ② 아니오

   ⌐8-1) 귀사가 관련을 맺었다면 어느 부분입니까?

      ① 채용(인턴십)    ② 직원교육    ③ 제품·기술개발
      ④ 경영자문    ⑤ 기타(    )

9. 만약 한국의 대학이 귀사에 학생들의 인턴십을 지원하면 받아들이겠습
니까?

   ① 받아들일 수 있다    ② 받아들일 수 없다

10. 귀사는 향후 대학이나 연구소와 협력하기를 원하십니까?

   ① 예    ② 아니오

   ⌐9-1) 어떤 부분에서 협력을 원하십니까?

      ① 채용(인턴십)    ② 직원교육    ③ 제품·기술개발
      ④ 경영자문    ⑤ 기타(    )

※ 다음은 귀사에 관한 기본적인 질문입니다. 불편하시더라도 꼭 답변해
주십시오.

1. 회사명은? (         )

2. 설립연도는? (     년)

3. 종업원 수는? (     명)

4 소유자의 이민세대는?    ① 1세대  ② 1.5세대 ③ 2세대

5. zip code는? (       )

6. homepage 주소? (       )

## 2. 한인기업별 거래처 선정시 주안점 순위

| | | 1순위 | | 2순위 | | 3순위 | |
|---|---|---|---|---|---|---|---|
| | | 기업 수 | 비율 | 기업 수 | 비율 | 기업 수 | 비율 |
| 미국내에 있는 한인기업 | 충분한 정보 | 25 | 16.56 | 44 | 29.14 | 66 | 44 |
| | 수익성 | 73 | 48.34 | 46 | 30.46 | 30 | 20 |
| | 신뢰성 | 52 | 34.44 | 54 | 35.76 | 34 | 22.67 |
| | 인적관계 | 1 | 0.66 | 6 | 3.97 | 13 | 8.67 |
| | 사회적 관계 | | | 1 | 0.66 | 7 | 4.67 |
| | 전체 | 151 | 100 | 151 | 100 | 150 | 100 |
| | 무응답 | | | | | 1 | |
| 제3국에 있는 한인기업 | 충분한 정보 | 13 | 15.29 | 29 | 34.12 | 36 | 42.86 |
| | 수익성 | 43 | 50.59 | 26 | 30.59 | 16 | 19.05 |
| | 신뢰성 | 29 | 34.12 | 26 | 30.59 | 22 | 26.19 |
| | 인적관계 | | | 4 | 4.71 | 7 | 8.33 |
| | 사회적 관계 | | | | | 3 | 3.57 |
| | 전체 | 85 | 100 | 85 | 100 | 84 | 100 |
| | 무응답 | | | | | 1 | |
| 한국에 있는 기업 | 충분한 정보 | 13 | 17.33 | 21 | 28 | 32 | 43.24 |
| | 수익성 | 35 | 46.67 | 25 | 33.33 | 16 | 21.62 |
| | 신뢰성 | 27 | 36 | 23 | 30.67 | 18 | 24.32 |
| | 인적관계 | | | 6 | 8 | 7 | 9.46 |
| | 사회적 관계 | | | | | 1 | 1.35 |
| | 전체 | 75 | 100 | 75 | 100 | 74 | 100 |
| | 무응답 | | | | | 1 | |
| 미국에 투자한 한국기업 | 충분한 정보 | 1 | 6.67 | 기업 수 | 비율 | 5 | 33.33 |
| | 수익성 | 8 | 53.33 | 6 | 40.00 | 4 | 26.67 |
| | 신뢰성 | 6 | 40.00 | 3 | 20.00 | 3 | 20.00 |
| | 인적관계 | | | 3 | 20.00 | 2 | 13.33 |
| | 사회적 관계 | | | 3 | 20.00 | 1 | 6.67 |
| | 전체 | 15 | 100.00 | 15 | 100.00 | 15 | 100.00 |

## 3. 인종별 연령별 지역별 인구분포: 2000

(단위: 명)

| | 연령구분 | 미국 | 시카고 지역 | 로스앤젤레스 지역 | 뉴욕지역 | 샌프란시스코 지역 | 시애틀 지역 | 워싱턴 지역 |
|---|---|---|---|---|---|---|---|---|
| 전체 | 1~9세 | 39,655,036 | 1,390,548 | 2,671,464 | 2,957,064 | 933,817 | 480,220 | 1,071,012 |
| | 10~19세 | 40,529,251 | 1,313,982 | 2,462,831 | 2,785,017 | 896,874 | 490,376 | 1,036,118 |
| | 20~29세 | 38,238,224 | 1,303,355 | 2,392,075 | 2,783,073 | 993,103 | 493,249 | 1,004,947 |
| | 30~39세 | 43,448,450 | 1,471,330 | 2,730,204 | 3,497,171 | 1,241,745 | 606,544 | 1,314,560 |
| | 40~49세 | 43,003,261 | 1,400,454 | 2,400,255 | 3,270,575 | 1,140,338 | 593,828 | 1,242,847 |
| | 50~59세 | 30,780,733 | 957,441 | 1,565,494 | 2,387,022 | 798,223 | 404,295 | 894,815 |
| | 60~69세 | 20,357,178 | 593,320 | 985,315 | 1,558,437 | 463,014 | 217,023 | 494,899 |
| | 70~79세 | 16,317,733 | 468,301 | 762,010 | 1,247,728 | 363,310 | 168,808 | 359,897 |
| | 80세 이상 | 9,092,040 | 258,809 | 403,997 | 713,778 | 208,938 | 100,417 | 188,975 |
| 백인 | 1~9세 | 26,803,919 | 820,824 | 1,270,585 | 1,695,108 | 462,111 | 345,837 | 609,795 |
| | 10~19세 | 28,324,741 | 796,858 | 1,181,124 | 1,585,780 | 459,016 | 363,695 | 600,317 |
| | 20~29세 | 26,556,139 | 793,517 | 1,123,135 | 1,559,209 | 497,487 | 366,511 | 579,980 |
| | 30~39세 | 31,919,189 | 992,378 | 1,465,273 | 2,152,512 | 711,249 | 475,393 | 808,834 |
| | 40~49세 | 33,293,050 | 985,918 | 1,394,849 | 2,159,858 | 711,403 | 486,107 | 807,097 |
| | 50~59세 | 25,104,574 | 699,180 | 1,006,233 | 1,678,190 | 545,407 | 346,718 | 624,673 |
| | 60~69세 | 17,017,655 | 437,358 | 669,604 | 1,134,961 | 310,603 | 186,864 | 343,702 |
| | 70~79세 | 14,219,223 | 373,506 | 572,078 | 1,008,091 | 260,316 | 149,929 | 268,943 |
| | 80세 이상 | 8,115,235 | 219,749 | 323,646 | 608,443 | 165,687 | 92,869 | 148,059 |
| 흑인 | 1~9세 | 5,922,450 | 307,869 | 204,492 | 592,164 | 75,238 | 27,583 | 315,527 |
| | 10~19세 | 5,978,830 | 291,607 | 206,746 | 583,408 | 77,598 | 27,173 | 311,360 |
| | 20~29세 | 5,080,269 | 238,695 | 160,206 | 507,359 | 66,693 | 24,906 | 268,281 |
| | 30~39세 | 5,434,560 | 248,171 | 205,195 | 592,933 | 83,706 | 30,853 | 344,829 |
| | 40~49세 | 5,031,763 | 243,377 | 183,083 | 517,523 | 82,809 | 26,455 | 315,603 |
| | 50~59세 | 3,046,531 | 160,538 | 116,585 | 362,355 | 53,823 | 13,121 | 199,139 |
| | 60~69세 | 1,935,980 | 107,587 | 77,322 | 237,422 | 30,284 | 6,464 | 117,197 |
| | 70~79세 | 1,283,724 | 69,864 | 46,917 | 146,082 | 21,975 | 4,246 | 74,204 |
| | 80세 이상 | 647,633 | 30,332 | 22,182 | 67,175 | 11,338 | 1,824 | 34,846 |
| 아시아인 | 1~9세 | 1,331,445 | 50,940 | 198,691 | 193,063 | 161,911 | 35,424 | 51,339 |
| | 10~19세 | 1,410,925 | 51,500 | 234,782 | 182,516 | 160,788 | 40,233 | 49,871 |
| | 20~29세 | 1,750,459 | 70,958 | 258,723 | 241,316 | 210,199 | 46,216 | 68,875 |
| | 30~39세 | 1,885,043 | 73,933 | 290,395 | 286,263 | 247,973 | 53,230 | 78,891 |
| | 40~49세 | 1,638,456 | 61,215 | 294,986 | 246,858 | 211,096 | 46,855 | 65,134 |
| | 50~59세 | 1,038,383 | 43,502 | 191,097 | 149,197 | 131,230 | 27,534 | 42,821 |
| | 60~69세 | 602,895 | 21,942 | 115,842 | 82,378 | 88,097 | 16,265 | 22,717 |
| | 70~79세 | 368,321 | 11,228 | 76,640 | 40,443 | 61,376 | 10,844 | 10,736 |
| | 80세 이상 | 145,893 | 4,185 | 32,384 | 15,549 | 23,892 | 4,128 | 3,573 |

| | 연령구분 | 미국 | 시카고 지역 | 로스앤젤레스 지역 | 뉴욕지역 | 샌프란시스코 지역 | 시애틀 지역 | 워싱턴 지역 |
|---|---|---|---|---|---|---|---|---|
| 인<br>도<br>인 | 1~9세 | 246,169 | 16,745 | 14,284 | 62,673 | 23,006 | 2,829 | 11,758 |
| | 10~19세 | 208,996 | 16,160 | 14,541 | 50,417 | 12,823 | 1,780 | 10,415 |
| | 20~29세 | 355,443 | 24,078 | 19,197 | 74,359 | 36,472 | 4,708 | 18,673 |
| | 30~39세 | 344,028 | 22,208 | 19,224 | 83,859 | 35,429 | 4,493 | 17,981 |
| | 40~49세 | 235,557 | 17,433 | 16,525 | 63,124 | 15,863 | 2,225 | 12,405 |
| | 50~59세 | 150,544 | 11,757 | 11,342 | 37,838 | 9,447 | 1,234 | 8,312 |
| | 60~69세 | 69,874 | 4,995 | 5,431 | 17,692 | 5,272 | 647 | 4,430 |
| | 70~79세 | 26,551 | 1,643 | 2,411 | 6,363 | 2,228 | 278 | 1,962 |
| | 80세 이상 | 8,348 | 482 | 783 | 2,100 | 749 | 90 | 560 |
| 중<br>국<br>인 | 1~9세 | 293,272 | 9,412 | 44,894 | 59,961 | 53,930 | 6,823 | 9,963 |
| | 10~19세 | 290,374 | 7,464 | 54,215 | 61,263 | 53,318 | 6,541 | 8,144 |
| | 20~29세 | 385,370 | 11,200 | 62,108 | 75,904 | 65,824 | 8,508 | 11,879 |
| | 30~39세 | 465,816 | 15,053 | 69,011 | 97,014 | 87,939 | 10,965 | 16,089 |
| | 40~49세 | 424,861 | 11,627 | 75,853 | 90,984 | 84,002 | 9,812 | 14,240 |
| | 50~59세 | 245,471 | 6,744 | 45,570 | 53,513 | 48,916 | 5,367 | 7,870 |
| | 60~69세 | 161,357 | 4,506 | 28,362 | 35,657 | 38,191 | 3,626 | 4,558 |
| | 70~79세 | 109,566 | 2,627 | 20,851 | 21,755 | 28,908 | 2,255 | 2,730 |
| | 80세 이상 | 46,883 | 1,029 | 9,382 | 8,742 | 12,118 | 994 | 1,123 |
| 한<br>인 | 1~9세 | 126,147 | 5,033 | 29,083 | 20,970 | 5,748 | 4,306 | 9,198 |
| | 10~19세 | 169,755 | 6,779 | 37,246 | 23,921 | 7,712 | 6,945 | 10,985 |
| | 20~29세 | 185,821 | 8,352 | 38,816 | 30,905 | 10,778 | 6,038 | 11,237 |
| | 30~39세 | 190,419 | 7,799 | 44,676 | 31,898 | 11,354 | 7,288 | 13,544 |
| | 40~49세 | 177,704 | 7,109 | 46,027 | 28,918 | 8,582 | 8,091 | 12,421 |
| | 50~59세 | 116,455 | 5,850 | 29,466 | 18,757 | 5,834 | 4,563 | 8,932 |
| | 60~69세 | 65,511 | 3,511 | 19,005 | 10,153 | 3,528 | 2,497 | 5,059 |
| | 70~79세 | 29,488 | 1,517 | 9,783 | 4,159 | 1,941 | 1,457 | 2,061 |
| | 80세 이상 | 11,382 | 755 | 4,321 | 1,742 | 625 | 471 | 615 |

출처: U. S. Census Bureau, Census 2000. www.census.gov/main/www/cen2000.html

## 4. 인종별 세부직업분포: 2000

(단위: 명)

| 직업분류 | 전 체 | 백인 | 흑인 | 아시아인 | 인도인 | 중국인 | 한인 |
|---|---|---|---|---|---|---|---|
| 전 체 | 129,721,512 | 102,324,962 | 13,001,795 | 4,786,782 | 817,878 | 1,174,677 | 474,905 |
|  | 100 | 100 | 100 | 100 | 100 | 100 | 100 |
| 경영, 전문직 관련 | 43,646,731 | 36,433,309 | 3,281,151 | 2,132,705 | 490,053 | 613,824 | 183,790 |
|  | 33.6 | 35.6 | 25.2 | 44.6 | 59.9 | 52.3 | 38.7 |
| 경영, 사업, 금융활동 관련 | 17,448,038 | 14,909,489 | 1,168,223 | 668,149 | 125,898 | 202,182 | 68,658 |
|  | 13.5 | 14.6 | 9.0 | 14.0 | 15.4 | 17.2 | 14.5 |
| 농부와 농장 경영자를 제외한 경영 관련 | 11,115,046 | 9,592,229 | 677,894 | 399,982 | 81,367 | 122,403 | 46,155 |
|  | 8.6 | 9.4 | 5.2 | 8.4 | 9.9 | 10.4 | 9.7 |
| 농부와 농장 경영자 | 773,218 | 734,537 | 7,740 | 5,897 | 526 | 1,020 | 444 |
|  | 0.6 | 0.7 | 0.1 | 0.1 | 0.1 | 0.1 | 0.1 |
| 사업과 금융 활동 관련 | 5,559,774 | 4,582,723 | 482,589 | 262,270 | 44,005 | 78,759 | 22,059 |
|  | 4.3 | 4.5 | 3.7 | 5.5 | 5.4 | 6.7 | 4.6 |
| 사업 활동 전문가 | 2,718,121 | 2,240,753 | 256,758 | 92,485 | 18,534 | 23,356 | 8,474 |
|  | 2.1 | 2.2 | 2.0 | 1.9 | 2.3 | 2.0 | 1.8 |
| 금융 전문가 | 2,841,653 | 2,341,970 | 225,831 | 169,785 | 25,471 | 55,403 | 13,585 |
|  | 2.2 | 2.3 | 1.7 | 3.5 | 3.1 | 4.7 | 2.9 |
| 전문직 관련 | 26,198,693 | 21,523,820 | 2,112,928 | 1,464,556 | 364,155 | 411,642 | 115,132 |
|  | 20.2 | 21.0 | 16.3 | 30.6 | 44.5 | 35.0 | 24.2 |
| 컴퓨터, 수학 관련 | 3,168,447 | 2,459,171 | 213,990 | 373,244 | 143,640 | 118,270 | 17,263 |
|  | 2.4 | 2.4 | 1.6 | 7.8 | 17.6 | 10.1 | 3.6 |
| 건축, 공학 관련 | 2,659,298 | 2,223,123 | 117,374 | 217,047 | 46,591 | 70,218 | 11,841 |
|  | 2.1 | 2.2 | 0.9 | 4.5 | 5.7 | 6.0 | 2.5 |
| 건축가, 조사가, 지도제작자, 공학도 | 1,926,689 | 1,617,656 | 71,798 | 176,418 | 42,189 | 62,206 | 9,876 |
|  | 1.5 | 1.6 | 0.6 | 3.7 | 5.2 | 5.3 | 2.1 |
| 설계가, 공학과 지도제작 기술자 | 732,609 | 605,467 | 45,576 | 40,629 | 4,402 | 8,012 | 1,965 |
|  | 0.6 | 0.6 | 0.4 | 0.8 | 0.5 | 0.7 | 0.4 |
| 생명, 물리, 사회과학 관련 | 1,203,443 | 980,968 | 61,429 | 117,020 | 25,457 | 52,105 | 8,525 |
|  | 0.9 | 1.0 | 0.5 | 2.4 | 3.1 | 4.4 | 1.8 |
| 지역, 사회 봉사 관련 | 1,953,184 | 1,475,650 | 319,723 | 44,875 | 5,549 | 8,791 | 9,048 |
|  | 1.5 | 1.4 | 2.5 | 0.9 | 0.7 | 0.7 | 1.9 |
| 법률 관련 | 1,412,737 | 1,251,119 | 80,490 | 34,034 | 5,010 | 9,755 | 5,059 |
|  | 1.1 | 1.2 | 0.6 | 0.7 | 0.6 | 0.8 | 1.1 |
| 교육, 훈련, 도서관 관련 | 7,337,276 | 6,150,514 | 647,861 | 209,103 | 40,944 | 65,588 | 22,040 |
|  | 5.7 | 6.0 | 5.0 | 4.4 | 5.0 | 5.6 | 4.6 |
| 예술, 디자인, 연예, 스포츠, 미디어 관련 | 2,484,201 | 2,139,609 | 131,427 | 89,165 | 8,770 | 24,583 | 14,104 |
|  | 1.9 | 2.1 | 1.0 | 1.9 | 1.1 | 2.1 | 3.0 |
| 건강 관리와 기술 관련 | 5,980,107 | 4,843,666 | 540,634 | 380,068 | 88,194 | 62,332 | 27,252 |
|  | 4.6 | 4.7 | 4.2 | 7.9 | 10.8 | 5.3 | 5.7 |
| 건강 진단, 관리, 기술 관련 | 4,144,065 | 3,416,251 | 298,760 | 305,691 | 74,460 | 51,081 | 23,458 |
|  | 3.2 | 3.3 | 2.3 | 6.4 | 9.1 | 4.3 | 4.9 |

| 직업분류 | 전 체 | 백인 | 흑인 | 아시아인 | 인도인 | 중국인 | 한인 |
|---|---|---|---|---|---|---|---|
| 건강 기술자와 기능자 | 1,836,042 | 1,427,415 | 241,874 | 74,377 | 13,734 | 11,251 | 3,794 |
|  | 1.4 | 1.4 | 1.9 | 1.6 | 1.7 | 1.0 | 0.8 |
| 서비스 관련 | 19,276,947 | 13,660,630 | 2,861,041 | 675,200 | 57,205 | 162,966 | 70,335 |
|  | 14.9 | 13.4 | 22.0 | 14.1 | 7.0 | 13.9 | 14.8 |
| 건강관리 지원 관련 | 2,592,815 | 1,684,796 | 608,185 | 83,377 | 11,126 | 10,937 | 4,751 |
|  | 2.0 | 1.6 | 4.7 | 1.7 | 1.4 | 0.9 | 1.0 |
| 보호 서비스 관련 | 2,549,906 | 1,908,511 | 433,673 | 37,468 | 5,141 | 5,449 | 2,717 |
|  | 2.0 | 1.9 | 3.3 | 0.8 | 0.6 | 0.5 | 0.6 |
| 소방관, 예방, 법집행 근로자 | 1,536,287 | 1,227,354 | 211,074 | 14,416 | 893 | 2,812 | 1,274 |
|  | 1.2 | 1.2 | 1.6 | 0.3 | 0.1 | 0.2 | 0.3 |
| 기타 보호 관련 서비스 직업 | 1,013,619 | 681,157 | 222,599 | 23,052 | 4,248 | 2,637 | 1,443 |
|  | 0.8 | 0.7 | 1.7 | 0.5 | 0.5 | 0.2 | 0.3 |
| 식품 준비와 봉사 관련 | 6,251,618 | 4,551,332 | 688,407 | 295,321 | 23,271 | 106,725 | 32,306 |
|  | 4.8 | 4.4 | 5.3 | 6.2 | 2.8 | 9.1 | 6.8 |
| 건물과 대지 청소 및 유지 | 4,254,365 | 2,797,100 | 672,081 | 104,770 | 8,075 | 16,180 | 10,890 |
|  | 3.3 | 2.7 | 5.2 | 2.2 | 1.0 | 1.4 | 2.3 |
| 개인 치료, 봉사 관련 | 3,628,243 | 2,718,891 | 458,695 | 154,264 | 9,592 | 23,675 | 19,671 |
|  | 2.8 | 2.7 | 3.5 | 3.2 | 1.2 | 2.0 | 4.1 |
| 판매 및 사무직 | 34,621,390 | 27,667,075 | 3,544,677 | 1,148,775 | 175,300 | 244,125 | 143,458 |
|  | 26.7 | 27.0 | 27.3 | 24.0 | 21.4 | 20.8 | 30.2 |
| 판매 관련 | 14,592,699 | 11,987,016 | 1,151,616 | 527,320 | 93,612 | 108,923 | 92,676 |
|  | 11.2 | 11.7 | 8.9 | 11.0 | 11.4 | 9.3 | 19.5 |
| 사무실, 행정 지원 관련 | 20,028,691 | 15,680,059 | 2,393,061 | 621,455 | 81,688 | 135,202 | 50,782 |
|  | 15.4 | 15.3 | 18.4 | 13.0 | 10.0 | 11.5 | 10.7 |
| 농사, 어업, 임업 관련 | 951,810 | 646,450 | 48,995 | 14,066 | 1,438 | 1,146 | 784 |
|  | 0.7 | 0.6 | 0.4 | 0.3 | 0.2 | 0.1 | 0.2 |
| 건설, 추출, 유지 관련 | 12,256,138 | 10,014,316 | 849,144 | 172,887 | 17,339 | 30,631 | 18,520 |
|  | 9.4 | 9.8 | 6.5 | 3.6 | 2.1 | 2.6 | 3.9 |
| 건설과 추출 관련 | 7,149,269 | 5,787,869 | 461,050 | 65,833 | 6,612 | 12,402 | 9,065 |
|  | 5.5 | 5.7 | 3.5 | 1.4 | 0.8 | 1.1 | 1.9 |
| 감독자, 건설과 추출 근로자 | 911,013 | 804,199 | 37,974 | 7,283 | 1,037 | 1,312 | 1,113 |
|  | 0.7 | 0.8 | 0.3 | 0.2 | 0.1 | 0.1 | 0.2 |
| 건설 거래 근로자 | 6,116,087 | 4,877,006 | 417,265 | 58,169 | 5,574 | 11,055 | 7,912 |
|  | 4.7 | 4.8 | 3.2 | 1.2 | 0.7 | 0.9 | 1.7 |
| 추출 근로자 | 122,169 | 106,664 | 5,811 | 381 | 1 | 35 | 40 |
|  | 0.1 | 0.1 | 0.0 | 0.0 | 0.0 | 0.0 | 0.0 |
| 설치, 유지, 보수 관련 | 5,106,869 | 4,226,447 | 388,094 | 107,054 | 10,727 | 18,229 | 9,455 |
|  | 3.9 | 4.1 | 3.0 | 2.2 | 1.3 | 1.6 | 2.0 |
| 생산, 교통, 운송 관련 | 18,968,496 | 13,903,182 | 2,416,787 | 643,149 | 76,543 | 121,985 | 58,018 |
|  | 14.6 | 13.6 | 18.6 | 13.4 | 9.4 | 10.4 | 12.2 |
| 생산 관련 | 11,008,625 | 8,033,611 | 1,273,530 | 496,652 | 47,765 | 97,835 | 47,891 |
|  | 8.5 | 7.9 | 9.8 | 10.4 | 5.8 | 8.3 | 10.1 |
| 교통, 물류운송 관련 | 7,959,871 | 5,869,571 | 1,143,257 | 146,497 | 28,778 | 24,150 | 10,127 |
|  | 6.1 | 5.7 | 8.8 | 3.1 | 3.5 | 2.1 | 2.1 |

| 직업분류 | 전 체 | 백인 | 흑인 | 아시아인 | 인도인 | 중국인 | 한인 |
|---|---|---|---|---|---|---|---|
| 감독자, 교통과 운송 근로자 | 237,902 | 186,305 | 29,605 | 5,234 | 1,461 | 722 | 427 |
|  | 0.2 | 0.2 | 0.2 | 0.1 | 0.2 | 0.1 | 0.1 |
| 항공과 교통 제어 관련 | 158,481 | 147,635 | 4,620 | 1,741 | 230 | 342 | 193 |
|  | 0.1 | 0.1 | 0.0 | 0.0 | 0.0 | 0.0 | 0.0 |
| 자동차 운용자 | 3,852,820 | 2,934,688 | 528,715 | 62,851 | 15,563 | 11,421 | 4,829 |
|  | 3.0 | 2.9 | 4.1 | 1.3 | 1.9 | 1.0 | 1.0 |
| 철도, 해상 등 기타 교통관련 | 400,826 | 313,419 | 45,808 | 10,587 | 3,099 | 1,570 | 484 |
|  | 0.3 | 0.3 | 0.4 | 0.2 | 0.4 | 0.1 | 0.1 |
| 물류운송 근로자 | 3,309,842 | 2,287,524 | 534,509 | 66,084 | 8,425 | 10,095 | 4,194 |
|  | 2.6 | 2.2 | 4.1 | 1.4 | 1.0 | 0.9 | 0.9 |

출처: U. S. Census Bureau, Census 2000. www.census.gov/main/www/cen2000.html

## 5. NAICS code별 산업

| NAICS code | Description |
|---|---|
| 11 | Agriculture, Forestry, Fishing and Hunting |
| 21 | Mining |
| 22 | Utilities |
| 23 | Construction |
| 31~33 | Manufacturing |
| 42 | Wholesale Trade |
| 44~45 | Retail Trade |
| 48~49 | Transportation and Warehousing |
| 51 | Information |
| 52 | Finance and Insurance |
| 53 | Real Estate and Rental and Leasing |
| 54 | Professional, Scientific, and Technical Services |
| 55 | Management of Companies and Enterprises |
| 56 | Administrative and Support and Waste Management and Remediation Services |
| 61 | Educational Services |
| 62 | Health Care and Social Assistance |
| 71 | Arts, Entertainment, and Recreation |
| 72 | Accommodation and Food Services |
| 81 | Other Services (except Public Administration) |
| 99 | Industries not classified |

# 6. 민족별 산업별 기업 현황(2002년)

## 1) 전체기업(All firms)

| NAICS code | 기업 수 | 비율 | 매출액(천달러) | 비율 | 유급종업원이 있는 기업 | | | | | | | |
|---|---|---|---|---|---|---|---|---|---|---|---|---|
| | | | | | 기업 수 | 비율 | 매출액(천달러) | 비율 | 종업원 수 | 비율 | 연간임금(천달러) | 비율 |
| 전체 | 22,974,685 | 100.00 | 22,627,167,224 | 100.00 | 5,524,813 | 100.00 | 21,859,757,616 | 100.00 | 110,786,416 | 100.00 | 3,813,488,135 | 100.00 |
| 11 | 249,290 | 1.09 | 33,899,648 | 0.15 | 29,250 | 0.53 | 24,906,061 | 0.11 | 250,838 | 0.23 | 5,762,932 | 0.15 |
| 21 | 102,029 | 0.44 | 255,217,557 | 1.13 | 19,324 | 0.35 | 250,294,315 | 1.15 | 534,472 | 0.48 | 25,233,869 | 0.66 |
| 22 | 18,897 | 0.08 | 427,737,440 | 1.89 | 6,224 | 0.11 | 427,188,609 | 1.95 | 672,292 | 0.61 | 43,766,894 | 1.15 |
| 23 | 2,780,324 | 12.10 | 1,327,182,303 | 5.87 | 729,843 | 13.21 | 1,211,944,591 | 5.54 | 7,003,869 | 6.32 | 252,713,044 | 6.63 |
| 31~33 | 601,181 | 2.62 | 4,030,755,121 | 17.81 | 310,821 | 5.63 | 4,017,355,544 | 18.38 | 14,992,682 | 13.53 | 590,275,113 | 15.48 |
| 42 | 711,086 | 3.10 | 4,779,504,034 | 21.12 | 347,322 | 6.29 | 4,749,483,298 | 21.73 | 6,000,879 | 5.42 | 266,672,211 | 6.99 |
| 44~45 | 2,584,690 | 11.25 | 3,168,416,002 | 14.00 | 745,873 | 13.50 | 3,090,525,734 | 14.14 | 14,757,463 | 13.32 | 305,657,151 | 8.02 |
| 48~49 | 976,826 | 4.25 | 437,213,828 | 1.93 | 167,865 | 3.04 | 396,519,763 | 1.81 | 3,733,254 | 3.37 | 118,297,479 | 3.10 |
| 51 | 309,117 | 1.35 | 925,889,945 | 4.09 | 76,443 | 1.38 | 918,340,778 | 4.20 | 3,823,395 | 3.45 | 200,847,063 | 5.27 |
| 52 | 901,379 | 3.92 | 2,905,925,507 | 12.84 | 241,131 | 4.36 | 2,861,820,739 | 13.09 | 6,686,919 | 6.04 | 391,190,571 | 10.26 |
| 53 | 2,146,154 | 9.34 | 508,224,656 | 2.25 | 266,161 | 4.82 | 346,439,630 | 1.58 | 1,977,379 | 1.78 | 61,831,825 | 1.62 |
| 54 | 3,280,627 | 14.28 | 1,007,956,167 | 4.45 | 727,893 | 13.17 | 911,568,291 | 4.17 | 7,426,468 | 6.70 | 387,701,354 | 10.17 |
| 55 | 28,352 | 0.12 | 145,160,653 | 0.64 | 28,352 | 0.51 | 145,160,653 | 0.66 | 2,897,489 | 2.62 | 197,117,403 | 5.17 |
| 56 | 1,568,046 | 6.83 | 469,565,854 | 2.08 | 305,463 | 5.53 | 442,657,197 | 2.02 | 8,825,843 | 7.97 | 211,355,983 | 5.54 |
| 61 | 409,728 | 1.78 | 165,659,315 | 0.73 | 65,255 | 1.18 | 161,078,285 | 0.74 | 2,572,374 | 2.32 | 68,677,798 | 1.80 |
| 62 | 2,021,118 | 8.80 | 1,155,109,243 | 5.10 | 564,301 | 10.21 | 1,112,841,582 | 5.09 | 13,937,705 | 12.58 | 452,498,818 | 11.87 |
| 71 | 969,744 | 4.22 | 158,259,057 | 0.70 | 103,827 | 1.88 | 138,261,856 | 0.63 | 1,800,595 | 1.63 | 44,465,658 | 1.17 |
| 72 | 676,116 | 2.94 | 467,817,402 | 2.07 | 434,441 | 7.86 | 453,639,307 | 2.08 | 10,253,936 | 9.26 | 129,840,494 | 3.40 |
| 81 | 2,677,614 | 11.65 | 251,983,921 | 1.11 | 392,657 | 7.11 | 194,041,812 | 0.89 | 2,597,133 | 2.34 | 58,680,747 | 1.54 |
| 99 | 29,594 | 0.13 | 5,689,571 | 0.03 | 29,594 | 0.54 | 5,689,571 | 0.03 | 41,431 | 0.04 | 901,728 | 0.02 |

## 2) 아시아인 소유기업(Asian)

| NAICS code | 기업 수 | 비율 | 매출액(천달러) | 비율 | 기업 수 | 비율 | 유급종업원이 있는 기업 매출액(천달러) | 비율 | 종업원 수 | 비율 | 연간임금(천달러) | 비율 |
|---|---|---|---|---|---|---|---|---|---|---|---|---|
| 전체 | 1,104,189 | 100.00 | 326,352,983 | 100.00 | 319,295 | 100.00 | 290,805,663 | 100.00 | 2,212,813 | 100.00 | 55,991,382 | 100.00 |
| 11 | 6,261 | 0.57 | 490,646 | 0.15 | 224 | 0.07 | 237,379 | 0.08 | 1,147 | 0.05 | 43,828 | 0.08 |
| 21 | 456 | 0.04 | 213,054 | 0.07 | 59 | 0.02 | 200,716 | 0.07 | 730 | 0.03 | 31,796 | 0.06 |
| 22 | 225 | 0.02 | 36,739 | 0.01 | 41 | 0.01 | 31,172 | 0.01 | 256 | 0.01 | 6,076 | 0.01 |
| 23 | 38,742 | 3.51 | 9,720,210 | 2.98 | 7,397 | 2.32 | 8,135,150 | 2.80 | 46,927 | 2.12 | 1,666,045 | 2.98 |
| 31~33 | 23,716 | 2.15 | 26,445,057 | 8.10 | 11,844 | 3.71 | 25,934,628 | 8.92 | 169,879 | 7.68 | 5,115,700 | 9.14 |
| 42 | 46,554 | 4.22 | 87,079,166 | 26.68 | 24,556 | 7.69 | 83,919,720 | 28.86 | 154,518 | 6.98 | 5,589,992 | 9.98 |
| 44~45 | 151,551 | 13.73 | 64,930,753 | 19.90 | 61,622 | 19.30 | 58,351,545 | 20.07 | 291,351 | 13.17 | 4,988,552 | 8.91 |
| 48~49 | 52,046 | 4.71 | 4,961,360 | 1.52 | 3,321 | 1.04 | 3,204,587 | 1.10 | 25,050 | 1.13 | 677,931 | 1.21 |
| 51 | 12,092 | 1.10 | 4,841,799 | 1.48 | 2,911 | 0.91 | 4,554,564 | 1.57 | 25,811 | 1.17 | 1,259,779 | 2.25 |
| 52 | 30,041 | 2.72 | 6,957,300 | 2.13 | 5,475 | 1.71 | 5,156,548 | 1.77 | 25,554 | 1.15 | 1,354,715 | 2.42 |
| 53 | 74,666 | 6.76 | 9,790,963 | 3.00 | 8,625 | 2.70 | 4,778,485 | 1.64 | 35,209 | 1.59 | 1,031,556 | 1.84 |
| 54 | 154,235 | 13.97 | 27,211,001 | 8.34 | 29,995 | 9.39 | 23,336,678 | 8.02 | 195,841 | 8.85 | 9,952,081 | 17.77 |
| 55 | 478 | 0.04 | 229,923 | 0.07 | 478 | 0.15 | 229,923 | 0.08 | 25,752 | 1.16 | 1,083,871 | 1.94 |
| 56 | 53,254 | 4.82 | 6,787,396 | 2.08 | 7,548 | 2.36 | 5,808,348 | 2.00 | 118,224 | 5.34 | 2,572,385 | 4.59 |
| 61 | 15,518 | 1.41 | 778,786 | 0.24 | 2,115 | 0.66 | 612,052 | 0.21 | 10,457 | 0.47 | 205,111 | 0.37 |
| 62 | 123,689 | 11.20 | 29,929,830 | 9.17 | 44,890 | 14.06 | 26,661,428 | 9.17 | 279,781 | 12.64 | 10,304,495 | 18.40 |
| 71 | 26,543 | 2.40 | 1,646,489 | 0.50 | 1,642 | 0.51 | 1,166,196 | 0.40 | 20,884 | 0.94 | 372,276 | 0.66 |
| 72 | 104,978 | 9.51 | 32,829,199 | 10.06 | 75,263 | 23.57 | 31,093,684 | 10.69 | 670,671 | 30.31 | 7,697,399 | 13.75 |
| 81 | 188,673 | 17.09 | 11,265,526 | 3.45 | 30,816 | 9.65 | 7,185,076 | 2.47 | 113,216 | 5.12 | 2,004,081 | 3.58 |
| 99 | 1,201 | 0.11 | 207,783 | 0.06 | 1,201 | 0.38 | 207,783 | 0.07 | 1,555 | 0.07 | 33,713 | 0.06 |

## 3) 흑인소유기업(Black or African American)

| NAICS code | 기업 수 | 비율 | 매출액(천달러) | 비율 | 유급종업원이 있는 기업 | | | | | | | |
| --- | --- | --- | --- | --- | --- | --- | --- | --- | --- | --- | --- | --- |
| | | | | | 기업 수 | 비율 | 매출액(천달러) | 비율 | 종업원 수 | 비율 | 연간임금(천달러) | 비율 |
| 전체 | 1,197,661 | 100.00 | 88,779,041 | 100.00 | 94,585 | 100.00 | 65,933,700 | 100.00 | 756,697 | 100.00 | 17,576,171 | 100.00 |
| 11 | 3,724 | 0.31 | 230,376 | 0.26 | 349 | 0.37 | 127,441 | 0.19 | 1,842 | 0.24 | 24,829 | 0.14 |
| 21 | 325 | 0.03 | 57,471 | 0.06 | 0 | 0.00 | 0 | 0.00 | 0 | 0.00 | 0 | 0.00 |
| 22 | 508 | 0.04 | 95,876 | 0.11 | 32 | 0.03 | 86,201 | 0.13 | 132 | 0.02 | 7,324 | 0.04 |
| 23 | 75,020 | 6.26 | 9,635,050 | 10.85 | 8,736 | 9.24 | 7,506,982 | 11.39 | 55,145 | 7.29 | 1,718,104 | 9.78 |
| 31~33 | 10,084 | 0.84 | 4,648,160 | 5.24 | 2,076 | 2.19 | 4,457,455 | 6.76 | 30,583 | 4.04 | 1,021,902 | 5.81 |
| 42 | 12,498 | 1.04 | 5,648,113 | 6.36 | 1,951 | 2.06 | 5,179,938 | 7.86 | 11,410 | 1.51 | 393,297 | 2.24 |
| 44~45 | 102,123 | 8.53 | 13,586,686 | 15.30 | 8,823 | 9.33 | 11,550,199 | 17.52 | 44,618 | 5.90 | 981,840 | 5.59 |
| 48~49 | 99,341 | 8.29 | 5,466,549 | 6.16 | 4,742 | 5.01 | 2,180,870 | 3.31 | 27,448 | 3.63 | 561,174 | 3.19 |
| 51 | 14,319 | 1.20 | 2,518,049 | 2.84 | 1,392 | 1.47 | 2,299,709 | 3.49 | 14,680 | 1.94 | 689,562 | 3.92 |
| 52 | 28,324 | 2.36 | 2,821,823 | 3.18 | 3,665 | 3.87 | 2,081,093 | 3.16 | 13,579 | 1.79 | 548,518 | 3.12 |
| 53 | 52,375 | 4.37 | 2,875,513 | 3.24 | 2,537 | 2.68 | 1,266,341 | 1.92 | 12,534 | 1.66 | 305,959 | 1.74 |
| 54 | 115,765 | 9.67 | 9,397,194 | 10.58 | 11,015 | 11.65 | 7,101,235 | 10.77 | 70,906 | 9.37 | 2,881,641 | 16.40 |
| 55 | 178 | 0.01 | 111,436 | 0.13 | 178 | 0.19 | 111,436 | 0.17 | 3,907 | 0.52 | 165,680 | 0.94 |
| 56 | 121,143 | 10.11 | 6,447,564 | 7.26 | 9,820 | 10.38 | 4,939,543 | 7.49 | 134,980 | 17.84 | 2,325,883 | 13.23 |
| 61 | 25,256 | 2.11 | 763,488 | 0.86 | 1,247 | 1.32 | 541,025 | 0.82 | 10,666 | 1.41 | 224,381 | 1.28 |
| 62 | 245,767 | 20.52 | 11,827,609 | 13.32 | 20,220 | 21.38 | 8,414,713 | 12.76 | 164,135 | 21.69 | 3,495,443 | 19.89 |
| 71 | 54,430 | 4.54 | 2,292,380 | 2.58 | 1,853 | 1.96 | 1,389,962 | 2.11 | 11,455 | 1.51 | 445,927 | 2.54 |
| 72 | 25,326 | 2.11 | 5,040,741 | 5.68 | 6,576 | 6.95 | 4,423,245 | 6.71 | 115,159 | 15.22 | 1,173,595 | 6.68 |
| 81 | 210,498 | 17.58 | 5,199,718 | 5.86 | 8,646 | 9.14 | 2,113,532 | 3.21 | 32,090 | 4.24 | 574,156 | 3.27 |
| 99 | 1,012 | 0.08 | 115,244 | 0.13 | 1,012 | 1.07 | 115,244 | 0.17 | 860 | 0.11 | 18,891 | 0.11 |

## 4) 히스패닉 또는 라티노 소유기업(Hispanic or Latino)

| NAICS code | 기업 수 | 비율 | 매출액(천달러) | 비율 | 유급종업원이 있는 기업 | | | | | | | |
| --- | --- | --- | --- | --- | --- | --- | --- | --- | --- | --- | --- | --- |
| | | | | | 기업 수 | 비율 | 매출액(천달러) | 비율 | 종업원 수 | 비율 | 연간임금(천달러) | 비율 |
| 전체 | 1,573,600 | 100.00 | 221,976,823 | 100.00 | 199,601 | 100.00 | 179,556,102 | 100.00 | 1,537,801 | 100.00 | 36,733,799 | 100.00 |
| 11 | 9,710 | 0.62 | 1,303,614 | 0.59 | 1,156 | 0.58 | 1,086,655 | 0.61 | 40,782 | 2.65 | 442,650 | 1.21 |
| 21 | 1,473 | 0.09 | 718,895 | 0.32 | 280 | 0.14 | 669,200 | 0.37 | 3,142 | 0.20 | 108,175 | 0.29 |
| 22 | 717 | 0.05 | 41,459 | 0.02 | 25 | 0.01 | 26,687 | 0.01 | 110 | 0.01 | 2,079 | 0.01 |
| 23 | 212,496 | 13.50 | 31,439,374 | 14.16 | 25,139 | 12.59 | 22,655,674 | 12.62 | 190,076 | 12.36 | 5,279,187 | 14.37 |
| 31~33 | 30,948 | 1.97 | 18,002,370 | 8.11 | 10,360 | 5.19 | 17,282,952 | 9.63 | 125,620 | 8.17 | 3,746,195 | 10.20 |
| 42 | 34,188 | 2.17 | 39,337,551 | 17.72 | 12,432 | 6.23 | 37,517,653 | 20.89 | 86,446 | 5.62 | 2,833,676 | 7.71 |
| 44~45 | 151,501 | 9.63 | 40,466,216 | 18.23 | 25,958 | 13.00 | 35,552,989 | 19.80 | 156,598 | 10.18 | 3,273,636 | 8.91 |
| 48~49 | 125,750 | 7.99 | 10,616,280 | 4.78 | 8,882 | 4.45 | 5,568,354 | 3.10 | 54,011 | 3.51 | 1,338,022 | 3.64 |
| 51 | 14,516 | 0.92 | 2,294,001 | 1.03 | 1,895 | 0.95 | 1,934,471 | 1.08 | 13,247 | 0.86 | 564,919 | 1.54 |
| 52 | 33,282 | 2.12 | 5,066,488 | 2.28 | 6,536 | 3.27 | 3,930,287 | 2.19 | 24,301 | 1.58 | 886,627 | 2.41 |
| 53 | 68,823 | 4.37 | 6,176,564 | 2.78 | 5,792 | 2.90 | 2,680,730 | 1.49 | 20,528 | 1.33 | 503,218 | 1.37 |
| 54 | 138,345 | 8.79 | 15,011,043 | 6.76 | 19,360 | 9.70 | 11,523,005 | 6.42 | 98,418 | 6.40 | 4,164,421 | 11.34 |
| 55 | 235 | 0.01 | 904,430 | 0.41 | 235 | 0.12 | 904,430 | 0.50 | 5,984 | 0.39 | 304,590 | 0.83 |
| 56 | 208,125 | 13.23 | 12,228,650 | 5.51 | 15,990 | 8.01 | 9,109,674 | 5.07 | 243,394 | 15.83 | 4,115,884 | 11.20 |
| 61 | 19,589 | 1.24 | 1,142,631 | 0.51 | 1,428 | 0.72 | 955,516 | 0.53 | 12,177 | 0.79 | 300,956 | 0.82 |
| 62 | 181,677 | 11.55 | 13,757,965 | 6.20 | 20,206 | 10.12 | 11,208,335 | 6.24 | 140,477 | 9.13 | 4,236,792 | 11.53 |
| 71 | 44,168 | 2.81 | 1,869,401 | 0.84 | 1,695 | 0.85 | 985,047 | 0.55 | 10,001 | 0.65 | 294,908 | 0.80 |
| 72 | 48,069 | 3.05 | 11,266,211 | 5.08 | 22,188 | 11.12 | 10,385,134 | 5.78 | 237,253 | 15.43 | 2,812,102 | 7.66 |
| 81 | 249,277 | 15.84 | 10,083,095 | 4.54 | 19,333 | 9.69 | 5,328,725 | 2.97 | 73,720 | 4.79 | 1,486,277 | 4.05 |
| 99 | 1,166 | 0.07 | 250,584 | 0.11 | 1,166 | 0.58 | 250,584 | 0.14 | 1,517 | 0.10 | 39,486 | 0.11 |

## 5) 소유주가 히스패닉 또는 라티노가 아닌 경우(Not Hispanic or Latino)

| NAICS code | 기업 수 | 비율 | 매출액(천달러) | 비율 | 유급종업원이 있는 기업 | | | | | | | |
| --- | --- | --- | --- | --- | --- | --- | --- | --- | --- | --- | --- | --- |
| | | | | | 기업 수 | 비율 | 매출액(천달러) | 비율 | 종업원 수 | 비율 | 연간임금(천달러) | 비율 |
| 전체 | 20,793,413 | 100.00 | 8,522,506,063 | 100.00 | 4,960,281 | 100.00 | 7,826,741,510 | 100.00 | 53,771,351 | 100.00 | 1,588,690,358 | 100.00 |
| 11 | 231,683 | 1.11 | 26,677,506 | 0.31 | 26,364 | 0.53 | 18,196,404 | 0.23 | 170,500 | 0.32 | 4,059,811 | 0.26 |
| 21 | 96,760 | 0.47 | 50,547,083 | 0.59 | 17,370 | 0.35 | 45,855,438 | 0.59 | 202,662 | 0.38 | 7,932,743 | 0.50 |
| 22 | 14,093 | 0.07 | 12,581,320 | 0.15 | 2,831 | 0.06 | 12,136,255 | 0.16 | 22,610 | 0.04 | 1,095,019 | 0.07 |
| 23 | 2,551,704 | 12.27 | 1,078,192,316 | 12.65 | 680,937 | 13.73 | 967,408,040 | 12.36 | 5,845,521 | 10.87 | 208,484,888 | 13.12 |
| 31~33 | 532,432 | 2.56 | 1,031,597,166 | 12.10 | 279,488 | 5.63 | 1,020,213,012 | 13.03 | 6,458,674 | 12.01 | 218,464,672 | 13.75 |
| 42 | 638,696 | 3.07 | 1,768,982,230 | 20.76 | 311,838 | 6.29 | 1,740,622,547 | 22.24 | 3,485,598 | 6.48 | 136,176,205 | 8.57 |
| 44~45 | 2,389,966 | 11.49 | 1,645,136,431 | 19.30 | 692,766 | 13.97 | 1,572,993,059 | 20.10 | 6,968,040 | 12.96 | 158,193,222 | 9.96 |
| 48~49 | 831,774 | 4.00 | 215,324,658 | 2.53 | 149,622 | 3.02 | 181,894,697 | 2.32 | 1,744,488 | 3.24 | 50,844,175 | 3.20 |
| 51 | 281,745 | 1.35 | 166,561,302 | 1.95 | 65,356 | 1.32 | 159,617,074 | 2.04 | 1,020,727 | 1.90 | 44,732,970 | 2.82 |
| 52 | 823,127 | 3.96 | 314,882,728 | 3.69 | 209,099 | 4.22 | 273,761,221 | 3.50 | 1,418,413 | 2.64 | 71,988,110 | 4.53 |
| 53 | 1,965,300 | 9.45 | 347,949,313 | 4.08 | 236,395 | 4.77 | 204,707,262 | 2.62 | 1,364,267 | 2.54 | 40,694,315 | 2.56 |
| 54 | 3,102,508 | 14.92 | 569,627,242 | 6.68 | 679,138 | 13.69 | 479,662,772 | 6.13 | 4,348,154 | 8.09 | 193,859,461 | 12.20 |
| 55 | 17,139 | 0.08 | 27,597,328 | 0.32 | 17,139 | 0.35 | 27,597,328 | 0.35 | 552,649 | 1.03 | 28,453,530 | 1.79 |
| 56 | 1,330,061 | 6.40 | 260,985,089 | 3.06 | 274,230 | 5.53 | 239,010,670 | 3.05 | 5,181,056 | 9.64 | 113,116,693 | 7.12 |
| 61 | 363,388 | 1.75 | 28,321,037 | 0.33 | 38,845 | 0.78 | 24,256,341 | 0.31 | 417,529 | 0.78 | 9,592,102 | 0.60 |
| 62 | 1,747,705 | 8.41 | 405,254,434 | 4.76 | 468,010 | 9.44 | 368,000,891 | 4.70 | 4,750,532 | 8.83 | 154,493,167 | 9.72 |
| 71 | 890,195 | 4.28 | 81,844,496 | 0.96 | 77,586 | 1.56 | 63,901,893 | 0.82 | 851,415 | 1.58 | 21,984,767 | 1.38 |
| 72 | 600,469 | 2.89 | 289,297,627 | 3.39 | 390,773 | 7.88 | 277,295,701 | 3.54 | 6,887,887 | 12.81 | 79,519,410 | 5.01 |
| 81 | 2,400,756 | 11.55 | 197,703,807 | 2.32 | 358,581 | 7.23 | 146,167,953 | 1.87 | 2,051,464 | 3.82 | 44,437,463 | 2.80 |
| 99 | 21,911 | 0.11 | 3,442,951 | 0.04 | 21,911 | 0.44 | 3,442,951 | 0.04 | 29,165 | 0.05 | 567,638 | 0.04 |

## 6) 공공소유 및 기타(Publicly held and other firms not classifiable by gender, Hispanic or Latino origin, and race)

| NAICS code | 기업 수 | 비율 | 매출액(천달러) | 비율 | 유급종업원이 있는 기업 | | | | | | | |
|---|---|---|---|---|---|---|---|---|---|---|---|---|
| | | | | | 기업 수 | 비율 | 매출액(천달러) | 비율 | 종업원 수 | 비율 | 연간임금(천달러) | 비율 |
| 전체 | 494,332 | 100.00 | 13,834,625,297 | 100.00 | 352,715 | 100.00 | 13,811,550,829 | 100.00 | 55,360,910 | 100.00 | 2,185,112,553 | 100.00 |
| 11 | 2,650 | 0.54 | 5,934,232 | 0.04 | 1,762 | 0.50 | 5,863,181 | 0.04 | 37,046 | 0.07 | 1,299,933 | 0.06 |
| 21 | 3,567 | 0.72 | 202,933,538 | 1.47 | 1,743 | 0.49 | 202,686,715 | 1.47 | 330,638 | 0.60 | 17,263,585 | 0.79 |
| 22 | 3,939 | 0.80 | 414,307,415 | 2.99 | 3,295 | 0.93 | 414,234,669 | 3.00 | 651,179 | 1.18 | 42,688,690 | 1.95 |
| 23 | 28,750 | 5.82 | 225,790,261 | 1.63 | 23,540 | 6.67 | 224,768,364 | 1.63 | 1,027,183 | 1.86 | 39,850,603 | 1.82 |
| 31~33 | 20,921 | 4.23 | 2,978,776,689 | 21.53 | 19,731 | 5.59 | 2,978,601,386 | 21.57 | 8,380,716 | 15.14 | 367,989,573 | 16.84 |
| 42 | 25,225 | 5.10 | 2,946,897,009 | 21.30 | 22,083 | 6.26 | 2,946,333,146 | 21.33 | 2,417,005 | 4.37 | 128,037,051 | 5.86 |
| 44~45 | 32,880 | 6.65 | 1,470,083,769 | 10.63 | 28,824 | 8.17 | 1,469,637,969 | 10.64 | 7,649,503 | 13.82 | 143,730,554 | 6.58 |
| 48~49 | 12,028 | 2.43 | 211,319,995 | 1.53 | 9,811 | 2.78 | 211,025,933 | 1.53 | 1,945,301 | 3.51 | 66,516,883 | 3.04 |
| 51 | 10,788 | 2.18 | 755,031,589 | 5.46 | 9,457 | 2.68 | 754,790,376 | 5.46 | 2,774,664 | 5.01 | 154,608,187 | 7.08 |
| 52 | 40,518 | 8.20 | 2,583,289,054 | 18.67 | 24,834 | 7.04 | 2,581,746,982 | 18.69 | 5,229,029 | 9.45 | 317,695,514 | 14.54 |
| 53 | 106,637 | 21.57 | 152,293,337 | 1.10 | 22,240 | 6.31 | 138,070,505 | 1.00 | 580,367 | 1.05 | 20,865,606 | 0.95 |
| 54 | 35,799 | 7.24 | 423,894,520 | 3.06 | 28,186 | 7.99 | 422,509,237 | 3.06 | 2,955,278 | 5.34 | 190,229,784 | 8.71 |
| 55 | 10,493 | 2.12 | 124,239,074 | 0.90 | 10,493 | 2.97 | 124,239,074 | 0.90 | 2,352,501 | 4.25 | 168,853,770 | 7.73 |
| 56 | 18,014 | 3.64 | 189,927,011 | 1.37 | 15,585 | 4.42 | 189,511,195 | 1.37 | 3,311,784 | 5.98 | 91,336,588 | 4.18 |
| 61 | 24,168 | 4.89 | 136,285,344 | 0.99 | 23,594 | 6.69 | 136,232,029 | 0.99 | 2,140,242 | 3.87 | 59,196,144 | 2.71 |
| 62 | 77,151 | 15.61 | 737,565,962 | 5.33 | 74,644 | 21.16 | 736,574,086 | 5.33 | 9,109,703 | 16.46 | 294,141,598 | 13.46 |
| 71 | 26,226 | 5.31 | 66,679,392 | 0.48 | 23,117 | 6.55 | 66,328,088 | 0.48 | 844,180 | 1.52 | 20,296,029 | 0.93 |
| 72 | 21,784 | 4.41 | 164,850,209 | 1.19 | 20,087 | 5.69 | 164,205,939 | 1.19 | 3,127,098 | 5.65 | 47,329,893 | 2.17 |
| 81 | 19,073 | 3.86 | 43,102,334 | 0.31 | 15,967 | 4.53 | 42,767,391 | 0.31 | 490,890 | 0.89 | 12,935,153 | 0.59 |
| 99 | 1,889 | 0.38 | 1,424,563 | 0.01 | 1,889 | 0.54 | 1,424,563 | 0.01 | 6,602 | 0.01 | 247,415 | 0.01 |

# 7. 아시아 소수민족별 산업별 기업 현황(2002년)

## 1) 인도인

| NAICS code | 기업 수 | 비율 | 매출액(천달러) | 비율 | 유급종업원이 있는 기업 | | | | | | | |
| --- | --- | --- | --- | --- | --- | --- | --- | --- | --- | --- | --- | --- |
| | | | | | 기업 수 | 비율 | 매출액(천달러) | 비율 | 종업원 수 | 비율 | 연간임금(천달러) | 비율 |
| 전체 | 231,179 | 100.00 | 89,022,573 | 100.00 | 83,522 | 100.00 | 80,786,633 | 100.00 | 615,549 | 100.00 | 17,655,262 | 100.00 |
| 11 | 218 | 0.09 | 14,387 | 0.02 | 32 | 0.04 | 0 | 0.00 | 0 | 0.00 | 0 | 0.00 |
| 21 | 206 | 0.09 | 27,621 | 0.03 | 17 | 0.02 | 21,310 | 0.03 | 100 | 0.02 | 4,132 | 0.02 |
| 22 | 37 | 0.02 | 18,107 | 0.02 | 0 | 0.00 | 0 | 0.00 | 0 | 0.00 | 0 | 0.00 |
| 23 | 5,661 | 2.45 | 2,227,665 | 2.50 | 1,022 | 1.22 | 2,041,845 | 2.53 | 8,931 | 1.45 | 333,394 | 1.89 |
| 31~33 | 3,811 | 1.65 | 6,872,340 | 7.72 | 1,952 | 2.34 | 6,757,126 | 8.36 | 36,096 | 5.86 | 1,208,284 | 6.84 |
| 42 | 8,059 | 3.49 | 13,105,962 | 14.72 | 3,853 | 4.61 | 12,401,809 | 15.35 | 21,267 | 3.45 | 765,882 | 4.34 |
| 44~45 | 40,897 | 17.69 | 22,820,534 | 25.63 | 22,738 | 27.22 | 20,911,190 | 25.88 | 87,235 | 14.17 | 1,449,466 | 8.21 |
| 48~49 | 22,796 | 9.86 | 1,359,022 | 1.53 | 686 | 0.82 | 469,309 | 0.58 | 4,225 | 0.69 | 99,337 | 0.56 |
| 51 | 2,969 | 1.28 | 1,860,746 | 2.09 | 917 | 1.10 | 1,788,894 | 2.21 | 10,583 | 1.72 | 582,670 | 3.30 |
| 52 | 5,686 | 2.46 | 1,634,421 | 1.84 | 1,282 | 1.53 | 1,234,860 | 1.53 | 5,265 | 0.86 | 370,153 | 2.10 |
| 53 | 13,505 | 5.84 | 1,965,001 | 2.21 | 1,560 | 1.87 | 1,024,734 | 1.27 | 9,188 | 1.49 | 250,447 | 1.42 |
| 54 | 38,916 | 16.83 | 12,157,354 | 13.66 | 11,266 | 13.49 | 11,199,039 | 13.86 | 92,961 | 15.10 | 4,975,274 | 28.18 |
| 55 | 120 | 0.05 | 69,758 | 0.08 | 120 | 0.14 | 69,758 | 0.09 | 4,384 | 0.71 | 308,840 | 1.75 |
| 56 | 9,318 | 4.03 | 1,950,026 | 2.19 | 1,866 | 2.23 | 1,793,538 | 2.22 | 38,136 | 6.20 | 875,092 | 4.96 |
| 61 | 2,543 | 1.10 | 178,114 | 0.20 | 363 | 0.43 | 140,271 | 0.17 | 2,221 | 0.36 | 57,775 | 0.33 |
| 62 | 33,813 | 14.63 | 11,111,890 | 12.48 | 14,271 | 17.09 | 10,162,106 | 12.58 | 91,269 | 14.83 | 3,895,515 | 22.06 |
| 71 | 2,909 | 1.26 | 237,755 | 0.27 | 177 | 0.21 | 192,119 | 0.24 | 3,024 | 0.49 | 60,340 | 0.34 |
| 72 | 24,497 | 10.60 | 9,860,054 | 11.08 | 18,115 | 21.69 | 9,279,682 | 11.49 | 184,006 | 29.89 | 2,057,074 | 11.65 |
| 81 | 15,006 | 6.49 | 1,437,526 | 1.61 | 3,070 | 3.68 | 1,162,852 | 1.44 | 16,324 | 2.65 | 339,449 | 1.92 |
| 99 | 0 | 0.00 | 0 | 0.00 | 0 | 0.00 | 0 | 0.00 | 0 | 0.00 | 0 | 0.00 |

## 2) 중국인

| NAICS code | 기업 수 | 비율 | 매출액(천달러) | 비율 | 기업 수 | 비율 | 매출액(천달러) | 비율 | 종업원 수 | 비율 | 연간임금(천달러) | 비율 |
|---|---|---|---|---|---|---|---|---|---|---|---|---|
| | | | | | 유급종업원이 있는 기업 | | | | | | | |
| 전체 | 290,197 | 100.00 | 106,269,540 | 100.00 | 90,179 | 100.00 | 96,771,671 | 100.00 | 656,565 | 100.00 | 15,472,533 | 100.00 |
| 11 | 543 | 0.19 | 12,736 | 0.01 | 0 | 0.00 | 0 | 0.00 | 0 | 0.00 | 0 | 0.00 |
| 21 | 111 | 0.04 | 5,650 | 0.01 | 2 | 0.00 | 0 | 0.00 | 0 | 0.00 | 0 | 0.00 |
| 22 | 54 | 0.02 | 2,074 | 0.00 | 0 | 0.00 | 0 | 0.00 | 0 | 0.00 | 0 | 0.00 |
| 23 | 8,824 | 3.04 | 2,223,746 | 2.09 | 1,910 | 2.12 | 1,907,541 | 1.97 | 11,344 | 1.73 | 391,072 | 2.53 |
| 31~33 | 6,767 | 2.33 | 8,499,740 | 8.00 | 3,400 | 3.77 | 8,372,739 | 8.65 | 51,897 | 7.90 | 1,560,859 | 10.09 |
| 42 | 20,795 | 7.17 | 43,016,771 | 40.48 | 11,305 | 12.54 | 41,735,751 | 43.13 | 76,089 | 11.59 | 2,752,780 | 17.79 |
| 44~45 | 28,784 | 9.92 | 14,461,931 | 13.61 | 10,202 | 11.31 | 13,375,458 | 13.82 | 72,898 | 11.10 | 1,315,039 | 8.50 |
| 48~49 | 7,927 | 2.73 | 1,314,622 | 1.24 | 1,035 | 1.15 | 1,078,997 | 1.11 | 7,230 | 1.10 | 207,379 | 1.34 |
| 51 | 3,551 | 1.22 | 1,346,657 | 1.27 | 793 | 0.88 | 1,261,258 | 1.30 | 6,066 | 0.92 | 284,631 | 1.84 |
| 52 | 9,088 | 3.13 | 2,610,197 | 2.46 | 1,825 | 2.02 | 2,048,874 | 2.12 | 9,602 | 1.46 | 485,818 | 3.14 |
| 53 | 27,305 | 9.41 | 3,832,872 | 3.61 | 3,351 | 3.72 | 1,730,077 | 1.79 | 10,393 | 1.58 | 323,767 | 2.09 |
| 54 | 50,166 | 17.29 | 7,030,552 | 6.62 | 8,731 | 9.68 | 5,769,290 | 5.96 | 46,861 | 7.14 | 2,364,842 | 15.28 |
| 55 | 144 | 0.05 | 73,053 | 0.07 | 144 | 0.16 | 73,053 | 0.08 | 3,237 | 0.49 | 143,672 | 0.93 |
| 56 | 11,645 | 4.01 | 1,644,913 | 1.55 | 1,323 | 1.47 | 1,436,366 | 1.48 | 26,287 | 4.00 | 636,606 | 4.11 |
| 61 | 5,958 | 2.05 | 234,360 | 0.22 | 650 | 0.72 | 170,191 | 0.18 | 3,284 | 0.50 | 54,649 | 0.35 |
| 62 | 25,728 | 8.87 | 5,530,122 | 5.20 | 8,807 | 9.77 | 4,768,378 | 4.93 | 42,771 | 6.51 | 1,649,030 | 10.66 |
| 71 | 7,788 | 2.68 | 432,657 | 0.41 | 392 | 0.43 | 292,009 | 0.30 | 7,237 | 1.10 | 114,589 | 0.74 |
| 72 | 44,028 | 15.17 | 12,238,498 | 11.52 | 32,139 | 35.64 | 11,646,662 | 12.04 | 265,249 | 40.40 | 2,881,929 | 18.63 |
| 81 | 30,877 | 10.64 | 1,725,509 | 1.62 | 4,038 | 4.48 | 1,066,100 | 1.10 | 15,722 | 2.39 | 298,608 | 1.93 |
| 99 | 302 | 0.10 | 32,880 | 0.03 | 302 | 0.33 | 32,880 | 0.03 | 342 | 0.05 | 4,978 | 0.03 |

## 3) 필리핀인

| NAICS code | 기업 수 | 비율 | 매출액(천달러) | 비율 | 유급종업원이 있는 기업 | | | | | | | |
| --- | --- | --- | --- | --- | --- | --- | --- | --- | --- | --- | --- | --- |
| | | | | | 기업 수 | 비율 | 매출액(천달러) | 비율 | 종업원 수 | 비율 | 연간임금(천달러) | 비율 |
| 전체 | 128,223 | 100.00 | 14,614,862 | 100.00 | 20,149 | 100.00 | 11,306,707 | 100.00 | 133,933 | 100.00 | 3,642,822 | 100.00 |
| 11 | 446 | 0.35 | 22,781 | 0.16 | 0 | 0.00 | 0 | 0.00 | 0 | 0.00 | 0 | 0.00 |
| 21 | 24 | 0.02 | 7,763 | 0.05 | 0 | 0.00 | 0 | 0.00 | 0 | 0.00 | 0 | 0.00 |
| 22 | 0 | 0.00 | 0 | 0.00 | 0 | 0.00 | 0 | 0.00 | 0 | 0.00 | 0 | 0.00 |
| 23 | 5,581 | 4.35 | 838,855 | 5.74 | 828 | 4.11 | 648,671 | 5.74 | 4,530 | 3.38 | 160,540 | 4.41 |
| 31~33 | 1,702 | 1.33 | 616,202 | 4.22 | 489 | 2.43 | 577,480 | 5.11 | 3,995 | 2.98 | 121,358 | 3.33 |
| 42 | 2,218 | 1.73 | 1,258,742 | 8.61 | 873 | 4.33 | 1,162,554 | 10.28 | 3,142 | 2.35 | 104,813 | 2.88 |
| 44~45 | 12,353 | 9.63 | 1,554,680 | 10.64 | 1,312 | 6.51 | 1,181,126 | 10.45 | 7,059 | 5.27 | 136,076 | 3.74 |
| 48~49 | 4,451 | 3.47 | 358,468 | 2.45 | 345 | 1.71 | 235,758 | 2.09 | 2,524 | 1.88 | 62,837 | 1.72 |
| 51 | 1,652 | 1.29 | 161,525 | 1.11 | 189 | 0.94 | 133,736 | 1.18 | 971 | 0.72 | 33,547 | 0.92 |
| 52 | 5,818 | 4.54 | 481,407 | 3.29 | 439 | 2.18 | 272,363 | 2.41 | 1,409 | 1.05 | 46,684 | 1.28 |
| 53 | 8,437 | 6.58 | 472,719 | 3.23 | 470 | 2.33 | 162,402 | 1.44 | 1,421 | 1.06 | 31,984 | 0.88 |
| 54 | 18,197 | 14.19 | 1,465,449 | 10.03 | 2,143 | 10.64 | 1,041,708 | 9.21 | 9,726 | 7.26 | 418,385 | 11.49 |
| 55 | 6 | 0.00 | 0 | 0.00 | 6 | 0.03 | 0 | 0.00 | 116 | 0.09 | 6,365 | 0.17 |
| 56 | 9,652 | 7.53 | 521,250 | 3.57 | 1,076 | 5.34 | 380,435 | 3.36 | 10,611 | 7.92 | 189,045 | 5.19 |
| 61 | 1,874 | 1.46 | 44,189 | 0.30 | 133 | 0.66 | 25,916 | 0.23 | 541 | 0.40 | 8,679 | 0.24 |
| 62 | 30,928 | 24.12 | 5,586,821 | 38.23 | 9,272 | 46.02 | 4,685,838 | 41.44 | 73,187 | 54.64 | 2,088,509 | 57.33 |
| 71 | 5,217 | 4.07 | 166,733 | 1.14 | 169 | 0.84 | 95,165 | 0.84 | 1,690 | 1.26 | 35,555 | 0.98 |
| 72 | 4,032 | 3.14 | 378,361 | 2.59 | 1,090 | 5.41 | 256,092 | 2.26 | 6,871 | 5.13 | 67,602 | 1.86 |
| 81 | 15,600 | 12.17 | 676,714 | 4.63 | 0 | 0.00 | 0 | 0.00 | 0 | 0.00 | 0 | 0.00 |
| 99 | 21 | 0.02 | 1,157 | 0.01 | 21 | 0.10 | 1,157 | 0.01 | 5 | 0.00 | 778 | 0.02 |

## 4) 일본인

| NAICS code | 기업 수 | 비율 | 매출액(천달러) | 비율 | 유급종업원이 있는 기업 | | | | | | | |
|---|---|---|---|---|---|---|---|---|---|---|---|---|
| | | | | | 기업 수 | 비율 | 매출액(천달러) | 비율 | 종업원 수 | 비율 | 연간임금(천달러) | 비율 |
| 전체 | 86,863 | 100.00 | 30,622,830 | 100.00 | 22,166 | 100.00 | 27,854,820 | 100.00 | 205,423 | 100.00 | 5,780,834 | 100.00 |
| 11 | 576 | 0.66 | 200,075 | 0.65 | 110 | 0.50 | 188,217 | 0.68 | 919 | 0.45 | 31,735 | 0.55 |
| 21 | 53 | 0.06 | 152,650 | 0.50 | 11 | 0.05 | 0 | 0.00 | 0 | 0.00 | 0 | 0.00 |
| 22 | 10 | 0.01 | 0 | 0.00 | 3 | 0.01 | 0 | 0.00 | 0 | 0.00 | 0 | 0.00 |
| 23 | 3,573 | 4.11 | 1,932,082 | 6.31 | 1,175 | 5.30 | 1,773,342 | 6.37 | 10,452 | 5.09 | 448,999 | 7.77 |
| 31~33 | 2,292 | 2.64 | 2,533,040 | 8.27 | 1,259 | 5.68 | 2,488,980 | 8.94 | 16,040 | 7.81 | 506,809 | 8.77 |
| 42 | 4,343 | 5.00 | 9,007,095 | 29.41 | 2,088 | 9.42 | 8,654,274 | 31.07 | 17,574 | 8.56 | 766,567 | 13.26 |
| 44~45 | 9,628 | 11.08 | 4,915,275 | 16.05 | 2,748 | 12.40 | 4,700,280 | 16.87 | 27,969 | 13.62 | 563,996 | 9.76 |
| 48~49 | 1,710 | 1.97 | 564,802 | 1.84 | 371 | 1.67 | 509,133 | 1.83 | 4,871 | 2.37 | 146,511 | 2.53 |
| 51 | 1,299 | 1.50 | 430,298 | 1.41 | 311 | 1.40 | 401,403 | 1.44 | 1,956 | 0.95 | 90,912 | 1.57 |
| 52 | 2,707 | 3.12 | 716,861 | 2.34 | 0 | 0.00 | 0 | 0.00 | 0 | 0.00 | 0 | 0.00 |
| 53 | 7,985 | 9.19 | 1,429,708 | 4.67 | 1,411 | 6.37 | 872,042 | 3.13 | 6,865 | 3.34 | 267,965 | 4.64 |
| 54 | 17,778 | 20.47 | 2,117,548 | 6.91 | 2,676 | 12.07 | 1,573,372 | 5.65 | 14,956 | 7.28 | 626,634 | 10.84 |
| 55 | 96 | 0.11 | 18,111 | 0.06 | 96 | 0.43 | 18,111 | 0.07 | 1,062 | 0.52 | 49,023 | 0.85 |
| 56 | 5,191 | 5.98 | 757,680 | 2.47 | 1,070 | 4.83 | 674,371 | 2.42 | 8,660 | 4.22 | 298,394 | 5.16 |
| 61 | 1,959 | 2.26 | 131,488 | 0.43 | 293 | 1.32 | 115,862 | 0.42 | 1,625 | 0.79 | 36,760 | 0.64 |
| 62 | 7,712 | 8.88 | 1,816,449 | 5.93 | 3,028 | 13.66 | 1,647,393 | 5.91 | 21,370 | 10.40 | 651,522 | 11.27 |
| 71 | 4,626 | 5.33 | 350,455 | 1.14 | 319 | 1.44 | 255,245 | 0.92 | 4,375 | 2.13 | 83,280 | 1.44 |
| 72 | 3,852 | 4.43 | 2,616,150 | 8.54 | 3,274 | 14.77 | 2,591,065 | 9.30 | 52,836 | 25.72 | 805,655 | 13.94 |
| 8- | 11,570 | 13.32 | 912,458 | 2.98 | 1,453 | 6.56 | 635,891 | 2.28 | 10,622 | 5.17 | 228,331 | 3.95 |
| 99 | 0 | 0.00 | 0 | 0.00 | 0 | 0.00 | 0 | 0.00 | 0 | 0.00 | 0 | 0.00 |

## 5) 한 인

| NAICS code | 기업 수 | 비율 | 매출액(천달러) | 비율 | 유급종업원이 있는 기업 | | | | | | | |
|---|---|---|---|---|---|---|---|---|---|---|---|---|
| | | | | | 기업 수 | 비율 | 매출액(천달러) | 비율 | 종업원 수 | 비율 | 연간임금(천달러) | 비율 |
| 전체 | 158,031 | 100.00 | 46,947,937 | 100.00 | 57,078 | 100.00 | 41,279,844 | 100.00 | 320,522 | 100.00 | 6,699,091 | 100.00 |
| 11 | 210 | 0.13 | 23,287 | 0.05 | 5 | 0.01 | 14,502 | 0.04 | 52 | 0.02 | 3,275 | 0.05 |
| 21 | 27 | 0.02 | 3,013 | 0.01 | 0 | 0.00 | 0 | 0.00 | 0 | 0.00 | 0 | 0.00 |
| 22 | 0 | 0.00 | 0 | 0.00 | 0 | 0.00 | 0 | 0.00 | 0 | 0.00 | 0 | 0.00 |
| 23 | 7,828 | 4.95 | 1,595,100 | 3.40 | 1,672 | 2.93 | 1,207,697 | 2.93 | 6,874 | 2.14 | 233,439 | 3.48 |
| 31~33 | 3,989 | 2.52 | 3,893,391 | 8.29 | 2,634 | 4.61 | 3,831,330 | 9.28 | 32,272 | 10.07 | 873,254 | 13.04 |
| 42 | 7,474 | 4.73 | 12,342,782 | 26.29 | 4,739 | 8.30 | 11,937,008 | 28.92 | 24,595 | 7.67 | 752,875 | 11.24 |
| 44~45 | 34,144 | 21.61 | 13,075,356 | 27.85 | 14,941 | 26.18 | 11,265,969 | 27.29 | 63,376 | 19.77 | 1,008,710 | 15.06 |
| 48~49 | 3,914 | 2.48 | 726,620 | 1.55 | 517 | 0.91 | 624,547 | 1.51 | 4,299 | 1.34 | 114,457 | 1.71 |
| 51 | 1,233 | 0.78 | 422,479 | 0.90 | 303 | 0.53 | 393,083 | 0.95 | 2,790 | 0.87 | 92,235 | 1.38 |
| 52 | 3,527 | 2.23 | 897,938 | 1.91 | 772 | 1.35 | 618,165 | 1.50 | 3,771 | 1.18 | 162,959 | 2.43 |
| 53 | 8,296 | 5.25 | 1,055,908 | 2.25 | 1,021 | 1.79 | 495,514 | 1.20 | 4,112 | 1.28 | 91,395 | 1.36 |
| 54 | 14,112 | 8.93 | 2,200,516 | 4.69 | 2,834 | 4.97 | 1,775,616 | 4.30 | 15,007 | 4.68 | 703,808 | 10.51 |
| 55 | 44 | 0.03 | 57,994 | 0.12 | 44 | 0.08 | 57,994 | 0.14 | 610 | 0.19 | 22,300 | 0.33 |
| 56 | 7,780 | 4.92 | 1,145,461 | 2.44 | 1,450 | 2.54 | 953,517 | 2.31 | 24,464 | 7.63 | 359,345 | 5.36 |
| 61 | 2,001 | 1.27 | 135,212 | 0.29 | 548 | 0.96 | 115,019 | 0.28 | 2,109 | 0.66 | 33,722 | 0.50 |
| 62 | 9,846 | 6.23 | 2,073,755 | 4.42 | 4,071 | 7.13 | 1,850,483 | 4.48 | 19,980 | 6.23 | 649,619 | 9.70 |
| 71 | 3,824 | 2.42 | 315,591 | 0.67 | 519 | 0.91 | 235,221 | 0.57 | 4,009 | 1.25 | 61,844 | 0.92 |
| 72 | 14,038 | 8.88 | 3,920,021 | 8.35 | 9,691 | 16.98 | 3,670,229 | 8.89 | 75,061 | 23.42 | 960,999 | 14.35 |
| 81 | 35,625 | 22.54 | 3,032,681 | 6.46 | 11,182 | 19.59 | 2,201,368 | 5.33 | 36,813 | 11.49 | 569,427 | 8.50 |
| 99 | 196 | 0.12 | 25,502 | 0.05 | 196 | 0.34 | 25,502 | 0.06 | 235 | 0.07 | 4,065 | 0.06 |

## 6) 베트남인

| NAICS code | 기업 수 | 비율 | 매출액(천달러) | 비율 | 유급종업원이 있는 기업 | | | | | | | |
| --- | --- | --- | --- | --- | --- | --- | --- | --- | --- | --- | --- | --- |
| | | | | | 기업 수 | 비율 | 매출액(천달러) | 비율 | 종업원 수 | 비율 | 연간임금(천달러) | 비율 |
| 전체 | 147,081 | 100.00 | 15,651,008 | 100.00 | 25,636 | 100.00 | 11,671,482 | 100.00 | 127,785 | 100.00 | 2,816,459 | 100.00 |
| 11 | 4,121 | 2.80 | 196,440 | 1.26 | 0 | 0.00 | 0 | 0.00 | 0 | 0.00 | 0 | 0.00 |
| 21 | 16 | 0.01 | 3,479 | 0.02 | 0 | 0.00 | 0 | 0.00 | 0 | 0.00 | 0 | 0.00 |
| 22 | 37 | 0.03 | 0 | 0.00 | 0 | 0.00 | 0 | 0.00 | 0 | 0.00 | 0 | 0.00 |
| 23 | 4,376 | 2.98 | 407,086 | 2.60 | 454 | 1.77 | 223,251 | 1.91 | 1,516 | 1.19 | 34,892 | 1.24 |
| 31~33 | 3,819 | 2.60 | 1,769,653 | 11.31 | 1,454 | 5.67 | 1,687,792 | 14.46 | 16,235 | 12.70 | 438,077 | 15.55 |
| 42 | 1,829 | 1.24 | 1,785,179 | 11.41 | 690 | 2.69 | 1,624,823 | 13.92 | 3,226 | 2.52 | 79,408 | 2.82 |
| 44~45 | 14,308 | 9.73 | 3,572,233 | 22.82 | 4,738 | 18.48 | 2,874,173 | 24.63 | 16,499 | 12.91 | 248,859 | 8.84 |
| 48~49 | 3,544 | 2.41 | 162,163 | 1.04 | 91 | 0.35 | 65,911 | 0.56 | 386 | 0.30 | 9,946 | 0.35 |
| 51 | 790 | 0.54 | 227,258 | 1.45 | 261 | 1.02 | 201,154 | 1.72 | 1,446 | 1.13 | 68,491 | 2.43 |
| 52 | 2,156 | 1.47 | 320,960 | 2.05 | 334 | 1.30 | 179,103 | 1.53 | 1,081 | 0.85 | 36,184 | 1.28 |
| 53 | 5,730 | 3.90 | 376,778 | 2.41 | 389 | 1.52 | 107,420 | 0.92 | 1,120 | 0.88 | 15,975 | 0.57 |
| 54 | 8,506 | 5.78 | 964,755 | 6.16 | 1,191 | 4.65 | 797,160 | 6.83 | 6,773 | 5.30 | 347,762 | 12.35 |
| 55 | 54 | 0.04 | 0 | 0.00 | 54 | 0.21 | 0 | 0.00 | 0 | 0.00 | 0 | 0.00 |
| 56 | 7,221 | 4.91 | 272,142 | 1.74 | 347 | 1.35 | 149,606 | 1.28 | 3,349 | 2.62 | 63,563 | 2.26 |
| 61 | 627 | 0.43 | 14,467 | 0.09 | 53 | 0.21 | 10,021 | 0.09 | 189 | 0.15 | 3,375 | 0.12 |
| 62 | 8,460 | 5.75 | 1,238,650 | 7.91 | 2,597 | 10.13 | 1,079,134 | 9.25 | 8,591 | 6.72 | 305,528 | 10.85 |
| 71 | 1,095 | 0.74 | 28,873 | 0.18 | 0 | 0.00 | 0 | 0.00 | 0 | 0.00 | 0 | 0.00 |
| 72 | 6,701 | 4.56 | 1,387,963 | 8.87 | 4,662 | 18.19 | 1,299,316 | 11.13 | 29,792 | 23.31 | 290,498 | 10.31 |
| 81 | 73,626 | 50.06 | 2,915,678 | 18.63 | 8,209 | 32.02 | 1,349,553 | 11.56 | 22,205 | 17.38 | 360,300 | 12.79 |
| 99 | 72 | 0.05 | 0 | 0.00 | 72 | 0.28 | 0 | 0.00 | 0 | 0.00 | 0 | 0.00 |

## 7) 기타 아시아인

| NAICS code | 기업 수 | 비율 | 매출액(천달러) | 비율 | 유급종업원이 있는 기업 | | | | | | | |
| --- | --- | --- | --- | --- | --- | --- | --- | --- | --- | --- | --- | --- |
| | | | | | 기업 수 | 비율 | 매출액(천달러) | 비율 | 종업원 수 | 비율 | 연간임금(천달러) | 비율 |
| 전체 | 71,439 | 100.00 | 20,315,711 | 100.00 | 21,443 | 100.00 | 18,353,035 | 100.00 | 138,634 | 100.00 | 3,239,646 | 100.00 |
| 11 | 395 | 0.55 | 27,444 | 0.14 | 0 | 0.00 | 0 | 0.00 | 0 | 0.00 | 0 | 0.00 |
| 21 | 26 | 0.04 | 12,904 | 0.06 | 0 | 0.00 | 0 | 0.00 | 0 | 0.00 | 0 | 0.00 |
| 22 | 0 | 0.00 | 0 | 0.00 | 0 | 0.00 | 0 | 0.00 | 0 | 0.00 | 0 | 0.00 |
| 23 | 3,525 | 4.93 | 581,607 | 2.86 | 405 | 1.89 | 397,338 | 2.16 | 2,319 | 1.67 | 77,775 | 2.40 |
| 31~33 | 1,425 | 1.99 | 2,138,499 | 10.53 | 653 | 3.05 | 2,095,264 | 11.42 | 12,497 | 9.01 | 370,392 | 11.43 |
| 42 | 2,206 | 3.09 | 4,857,106 | 23.91 | 1,185 | 5.53 | 4,714,579 | 25.69 | 8,305 | 5.99 | 306,065 | 9.45 |
| 44~45 | 11,840 | 16.57 | 4,815,219 | 23.70 | 5,266 | 24.56 | 4,369,780 | 23.81 | 18,460 | 13.32 | 296,080 | 9.14 |
| 48~49 | 9,383 | 13.13 | 590,106 | 2.90 | 308 | 1.44 | 297,032 | 1.62 | 1,660 | 1.20 | 43,261 | 1.34 |
| 51 | 610 | 0.85 | 311,486 | 1.53 | 130 | 0.61 | 300,890 | 1.64 | 1,517 | 1.09 | 78,940 | 2.44 |
| 52 | 1,232 | 1.72 | 213,550 | 1.05 | 253 | 1.18 | 164,768 | 0.90 | 1,194 | 0.86 | 37,716 | 1.16 |
| 53 | 2,562 | 3.59 | 335,503 | 1.65 | 349 | 1.63 | 208,940 | 1.14 | 2,127 | 1.53 | 50,549 | 1.56 |
| 54 | 7,429 | 10.40 | 1,088,397 | 5.36 | 1,163 | 5.42 | 924,145 | 5.04 | 7,836 | 5.65 | 397,752 | 12.28 |
| 55 | 15 | 0.02 | 0 | 0.00 | 15 | 0.07 | 0 | 0.00 | 0 | 0.00 | 0 | 0.00 |
| 56 | 3,220 | 4.51 | 496,301 | 2.44 | 462 | 2.15 | 425,080 | 2.32 | 6,194 | 4.47 | 148,648 | 4.59 |
| 61 | 873 | 1.22 | 47,011 | 0.23 | 93 | 0.43 | 38,769 | 0.21 | 562 | 0.41 | 10,981 | 0.34 |
| 62 | 7,283 | 10.19 | 1,808,031 | 8.90 | 2,842 | 13.25 | 1,690,400 | 9.21 | 17,645 | 12.73 | 682,310 | 21.06 |
| 71 | 1,763 | 2.47 | 99,371 | 0.49 | 26 | 0.12 | 72,873 | 0.40 | 160 | 0.12 | 7,998 | 0.25 |
| 72 | 8,174 | 11.44 | 2,258,315 | 11.12 | 6,520 | 30.41 | 2,178,020 | 11.87 | 49,836 | 35.95 | 581,942 | 17.96 |
| 81 | 9,386 | 13.14 | 608,297 | 2.99 | 1,683 | 7.85 | 433,851 | 2.36 | 6,373 | 4.60 | 101,682 | 3.14 |
| 99 | 100 | 0.14 | 10,484 | 0.05 | 100 | 0.47 | 10,484 | 0.06 | 654 | 0.47 | 1,189 | 0.04 |

# 찾아보기